Workbook / Laboratory Manual
to accompany

EXPERIENCE SPANISH

Un mundo sin límites

Third Edition

**Workbook / Laboratory Manual
to accompany**

EXPERIENCE
SPANISH

Un mundo sin límites

Third Edition

María J. Amores
West Virginia University

José Luis Suárez-García
Colorado State University

Annie Rutter Wendel
University of Georgia

Mc
Graw
Hill
Education

WORKBOOK/LABORATORY MANUAL TO ACCOMPANY EXPERIENCE SPANISH: UN MUNDO SIN LIMITES, THIRD EDITION

Published by McGraw-Hill Education, 2 Penn Plaza, New York, NY 10121. Copyright © 2020 by McGraw-Hill Education. All rights reserved. Printed in the United States of America. Previous editions © 2015, and 2012. No part of this publication may be reproduced or distributed in any form or by any means, or stored in a database or retrieval system, without the prior written consent of McGraw-Hill Education, including, but not limited to, in any network or other electronic storage or transmission, or broadcast for distance learning.

Some ancillaries, including electronic and print components, may not be available to customers outside the United States.

This book is printed on acid-free paper.

1 2 3 4 5 6 QVS 22 21 20 19 18

ISBN 978-1-260-26787-7
MHID 1-260-26787-3

Senior Portfolio Manager: *Katie Crouch*
Product Developer: *Pennie Nichols*
Senior Marketing Manager: *Ann Helgerson*
Marketing Manager: *Raúl Vázquez López*
Content Project Manager: *Ryan Warczynski/Amber Bettcher/Sandra Schnee*
Senior Buyer: *Susan K. Culbertson*
Senior Designer: *Matt Backhaus*
Content Licensing Specialist: *Sarah Flynn*
Cover Image: *©Alexa Stickel*
Compositor: *Lumina Datamatics, Inc.*

All credits appearing on page or at the end of the book are considered to be an extension of the copyright page.

The Internet addresses listed in the text were accurate at the time of publication. The inclusion of a website does not indicate an endorsement by the authors or McGraw-Hill Education, and McGraw-Hill Education does not guarantee the accuracy of the information presented at these sites.

Contents

Preface

The *Workbook / Laboratory Manual* to accompany *Experience Spanish* follows the organization of the textbook and provides you with additional review and practice of vocabulary and grammatical structures. At the end of each **Tema,** you will find a **Síntesis y repaso** section that recycles the vocabulary and grammatical structures learned in that **Tema.** In addition, each chapter includes a **Pronunciación** section to give you tips on spelling and pronunciation of Spanish. The final section of each chapter gives you exercises about the three **Un mundo sin límites** videos.

You will find several types of activities in this workbook:

- **Vocabulary practice activities** allow you to make meaningful associations of new words with previously studied material or with situations that are familiar to you.
- **Mechanical activities** help you to review and practice how a grammar point works in expressing meaning.
- **Open-ended writing activities** allow you to integrate the material you have studied and convert it into meaningful communication in Spanish.
- **Listening activities** (denoted by a headphones icon in the margin) help you to develop the important skill of aural comprehension.
- **Pronunciation and orthography activities** help you isolate problems in your pronunciation and spelling that may impede effective communication with Spanish speakers.
- The full **Laboratory Audio Program** can be found as part of each chapter of the Online Learning Center at **www.mhhe.com/experiencespanish.**

The following suggestions should help you to use the *Workbook / Laboratory Manual* successfully.

- You will benefit most if you complete the activities in this workbook immediately after the material is presented and practiced in your class. That is, do not wait until the end of the chapter to complete all the exercises!
- Remember that it is more important to know *why* a given answer is correct than just to guess the right one, especially while doing the grammar activities.
- Even if your teacher does not assign all of the exercises, you may wish to complete them for extra practice.
- Try to complete the activities with your textbook closed. One effective way of proceeding is to review the textbook material first, then test your understanding by working in the Manual.
- Most of the answers are given in the Answer Key at the back of the Manual. You may want to highlight the items you were unable to answer correctly. This will help you study and review before chapter tests.

About the Authors

María J. Amores received her Ph.D. in Spanish Applied Linguistics with a concentration in Second Language Acquisition from Pennsylvania State University. She is currently an Associate Professor of Spanish at West Virginia University, Morgantown, where she coordinates and supervises the Basic Spanish Program and teaches undergraduate and graduate courses in language, culture, methodology, and linguistics. Her teaching has been recognized by the state of West Virginia and West Virginia University when she was elected the 2011–2012 Outstanding Teacher of the Year in the state of West Virginia and was the recipient of the 1999–2000 Eberly College Outstanding Teacher Award at West Virginia University.

Professor Amores' research is oriented toward pedagogical issues related to the teaching of second language writing and culture and to the professional development of graduate teaching assistants. These studies are published in various peer-reviewed journals such as *Dimension, The Northeast Conference on the Teaching of Foreign Languages Review,* and *Foreign Language Annals.* Her most recent publications include three coauthored volumes of a bilingual pedagogical project entitled *Cuentos del Mundo: La Luz / Tales of the World: The Light* published by Ediciones Clásicas, Madrid, Spain. She has also conducted numerous professional presentations as well as several in-service workshops at national institutions for language instructors at the public school levels, and at international institutions for teachers of Spanish as a second language.

José Luis Suárez-García (Ph.D., University of Illinois at Urbana-Champaign, 1991) is currently a Professor of Spanish and Graduate Coordinator at the Department of Foreign Languages and Literatures at Colorado State University in Fort Collins. He regularly teaches undergraduate and graduate Spanish Golden Age, Contemporary Literature, and Hispanic Cultures. Professor Suárez-García has presented at national and international languages, literature, culture, and learning and knowledge conferences (LAK, ACTFL, AITENSO, ALMAGRO); he is currently vice president of AITENSO. Professor Suárez-García was coauthor of two manuals for Intensive/High Beginning, and Intermediate Grammar Review courses (*Nuevos Destinos*) and contributing writer for *Pasajes* (Cultura and Literatura, 4e) published by McGraw-Hill. He has also published several reviews, articles, and books on Spanish literatures and cultures. Some of his publications have appeared in *LAK* (analytics), *Criticón, Journal of Hispanic Philology, Editorial Castalia,* and *Editorial Universidad de Granada.* He has been the recipient of teaching and learning courses and program redesign major grants from the Institute for Learning and Teaching (CSU) to revamp basic language instruction, and is actively involved in curriculum and program assessment, and adaptive learning technology at CSU. Professor Suárez-García is currently working on different areas of learning analytics to promote student inclusion and success: mindset analysis, metacognitive skills assessment (under-confidence vs following negative feedback. Professor Suárez-García has been selected by CSU over-confidence in humanities and social sciences), and gender differences Semester at Sea as a Global Teaching Scholar for Fall 2019.

Annie Rutter Wendel received her M.A. in Spanish Linguistics from the University of Georgia in 2007, where she is currently an instructor teaching Introductory and Intermediate Spanish, Conversation and Composition, and Business Spanish. Once preceptor of the high beginner program, she now oversees intermediate courses and provides support and training to students, TAs and instructors of online courses. With years of experience teaching English as a second language abroad and having learned Spanish entirely through immersion herself, she is fascinated by second language acquisition and passionate about pedagogy. Twice named an Online Learning Fellow at her university, she specializes in innovations in instructional technology, as well as hybrid and online learning and has successfully developed scalable hybrid and online courses that emphasize communication and culture. She has presented on these topics at regional and national conferences such as ACTFL and TACC, and has offered numerous webinars and workshops at her and other schools and on a national level. Recently her efforts have been focused on improving methods of assessment, creating opportunities for experiential learning using digital tools, and the development of intercultural communicative competence by integrating authentic culture at the earliest stages of language learning. Additionally, she has consulted with faculty nationwide on their implementation of the Connect platform and other digital tools.

Capítulo 1

TEMA I: Hola, ¿qué tal?

Vocabulario en acción

Práctica 1. **Hola.** Look at the drawings and match each one with the letter of the interaction that is most likely occurring.

a. —¡Hasta luego!
  —¡Adiós!

b. —Buenas tardes, José.

c. —¿Cómo está usted?
  —No muy bien.

d. —Me llamo Lisa.
  —Mucho gusto.

e. —Buenos días, profesora Martínez.

f. —¿Qué tal, Felicia?
  —Bien. ¿Y tú, Jorge?

_____ 1.

_____ 2.

_____ 3.

_____ 4.

_____ 5.

_____ 6.

Práctica 2. Saludos y presentaciones. Complete each dialogue with words from the corresponding list.

Mark y Ángela

cómo	igualmente	nombre
de dónde eres	me llamo	y tú

—Hola.

—Hola. ¿_____[1] te llamas?

—_____[2] Ángela. ¿Cuál es tu nombre?

—Mi _____[3] es Mark. Mucho gusto.

—_____.[4]

—¿_____,[5] Ángela?

—Soy de Texas. ¿_____[6]?

—Soy de Florida.

Juan y el profesor Peña

buenos días	hasta luego	gracias	usted

—Buenos días, Juan.

—_____,[7] profesor Peña. ¿Cómo está _____[8]?

—Bien, _____.[9] ¿Y usted?

—Muy bien, gracias.

—_____.[10]

Práctica 3. Las matemáticas. Perform the following calculations and spell out the resulting number. Note: + (más), − (menos), = (son).

MODELO uno + dos = → tres

1. veinte + seis = _____
2. diez + cinco = _____
3. trece − once = _____
4. quince + catorce = _____
5. dos + ocho = _____
6. diecinueve − dos = _____

Práctica 4. ¿Qué número es? Listen to each phrase and write the numeral that you hear.

MODELO (you see) _____ estudiantes
        (you hear) dos estudiantes
        (you write) 2

1. _____ clases
2. _____ computadoras
3. _____ amigos
4. _____ teléfonos celulares
5. _____ carros
6. _____ mapas
7. _____ diccionario
8. _____ números

Práctica 5. ¡**Encuentra las diferencias!** (*Spot the differences!*) Indicate if each sentence is **cierto (C)** or **falso (F)** based on the following drawings of two classrooms.

C   F
☐ ☐ **1.**
☐ ☐ **2.**
☐ ☐ **3.**
☐ ☐ **4.**
☐ ☐ **5.**
☐ ☐ **6.**
☐ ☐ **7.**
☐ ☐ **8.**

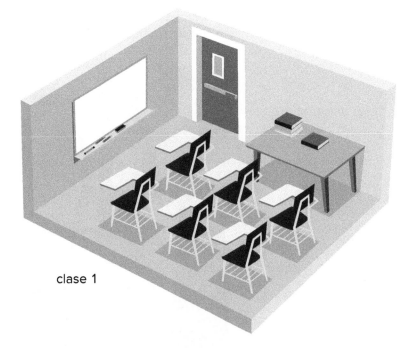

clase 1

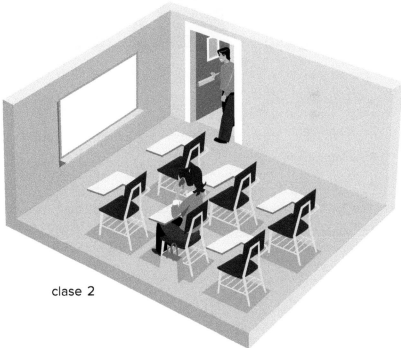

clase 2

Práctica 6. **En el salón de clase.** Complete each sentence with words from the list to describe what each student is carrying on his or her first day of classes. **¡OJO!** Not all of the words will be used, and some will be used more than once.

un bolígrafo	una computadora portátil	un lápiz	una mochila
un teléfono celular	un cuaderno	unos libros de texto	unos papeles

Sam   Linda   Mateo   Yasmin

1. Sam tiene (*has*) _____ y _____.

2. Linda tiene _____ y _____.

3. Mateo tiene _____ y _____.

4. Yasmin tiene _____ y _____.

Práctica 7. **Las carreras (*Majors*).** Indicate the class that does *not* correspond to the major.

1. Matemáticas
   a. la geometría   **b.** el periodismo   **c.** el álgebra   **d.** el cálculo

2. Administración Empresarial
   a. las finanzas   **b.** la economía   **c.** la física   **d.** la contabilidad

3. Ciencias
   a. la química   **b.** el derecho   **c.** la biología   **d.** la astronomía

4. Bellas Artes
   a. la informática   **b.** la música   **c.** el arte   **d.** el teatro

5. Estudios Internacionales
   a. la geografía   **b.** las ciencias políticas   **c.** el español   **d.** la anatomía

Práctica 8. Mi futuro. Read the first sentence about each student's future career goals. Then complete the second sentence about what he or she would logically study, using words from the list.

| arquitectura | ciencias políticas | economía | ingeniería | literatura |
| biología | derecho | estadística | inglés | química |

1. Alberto desea ser (*wants to be*) novelista. Estudia _____ y

    _____.

2. Lisa desea ser una mujer política (*politician*). Estudia _____ y

    _____.

3. Miguel desea ser profesor de ciencias. Estudia _____ y _____.

4. Amanda desea ser economista. Estudia _____ y _____.

5. Manolo desea ser arquitecto. Estudia _____ y _____.

Gramática

1.1 Nouns, Articles, Gender, and Number

Práctica 1. ¿Masculino o femenino? Imagine that you have been hired to give a tour of the Southwest area of the United States. You will be giving the tour in both English and Spanish.

PASO 1. Give the correct definite article (**el, la, los, las**) for each word that you might need during your tour.

1. _____ montañas
2. _____ ruta
3. _____ museos
4. _____ señora
5. _____ hombre
6. _____ intereses

PASO 2. Now give the correct indefinite article (**un, una, unos, unas**) for these additional words you might need.

1. _____ actor
2. _____ días
3. _____ personas
4. _____ nación
5. _____ problema
6. _____ café

Práctica 2. Singular y plural

PASO 1. Here is a list of essentials you will need to bring for the members of your tour group. Give the plural of each item, as you will need more than one of these things.

1. el cuaderno _____
2. el lápiz _____
3. el papel _____
4. la silla _____
5. el dólar _____

PASO 2. This is the list of essentials you will need to bring for yourself. Give the singular form of the following items, as you only need one of each.

1. las novelas _____
2. los mapas _____
3. las sandalias _____
4. los diccionarios _____
5. las luces (*lights*) _____

1.2 Subject Pronouns and the Verb ser

Práctica 1. ¿Formal o informal? Choose the correct personal pronoun (**tú, Ud., Uds.**) to address the following people.

tú	Ud.	Uds.		
☐	☐	☐	**1.**	un actor chileno famoso
☐	☐	☐	**2.**	un bebé
☐	☐	☐	**3.**	un amigo
☐	☐	☐	**4.**	la presidente de una compañía
☐	☐	☐	**5.**	un policía
☐	☐	☐	**6.**	unos doctores
☐	☐	☐	**7.**	una compañera de clase
☐	☐	☐	**8.**	un animal
☐	☐	☐	**9.**	unas profesoras
☐	☐	☐	**10.**	unos amigos

Práctica 2. Los pronombres personales. Write the correct personal pronoun for talking *about* each of the following people.

yo	nosotros
tú	vosotros
Ud.	Uds.
él/ella	ellos/ellas

1. la profesora _____

2. el doctor _____

3. unos amigos _____

4. unas amigas _____

5. mis amigos y yo _____

6. tú y tres mujeres _____

7. Juan y Carlos _____

8. Sofía _____

9. tú y él _____

10. el presidente _____

Práctica 3. Descripciones con el verbo ser. As you get to know the people on your tour, you find out some interesting information about them, such as where they are from and some adjectives that describe them. Complete each sentence with the correct form of the verb **ser.**

1. Yo _____ una persona interesante.

2. Uds. y yo _____ amigos.

3. Ellos _____ unos cantantes (*singers*) famosos.

4. Uds. _____ optimistas.

5. ¿_____ ellos los profesores?

6. ¿_____ el autobús de Guatemala?

7. Ellas _____ de Nueva York.

8. Ella _____ la estudiante puertorriqueña.

9. Tú no _____ de Colorado.

10. Ud. _____ muy paciente.

Síntesis y repaso

Práctica 1. Una conversación con el profesor. Listen to the conversation between Professor Gómez and two of his new Spanish literature students on the first day of classes. Then listen again and answer the following questions. Don't worry if you don't understand every word. Phrases you have learned in this chapter will help you understand the gist of the conversation.

VOCABULARIO PRÁCTICO

ocupado   busy

1. ¿Cómo se llama el profesor? _____

2. ¿Cómo se llaman los dos estudiantes? _____

3. ¿Cómo está el profesor hoy?

☐ Regular.   ☐ Muy bien.

4. ¿Quién (*Who*) es de Arizona? _____

5. ¿Quién es de Texas? _____

6. ¿Quién es de California? _____

Práctica 2. Formal e (*and*) informal. Indicate the appropriate person with whom you might use each expression: with a professor, with a fellow student, or with both (**ambos**).

PROFESOR	ESTUDIANTE	AMBOS	
☐	☐	☐	**1.** Buenas tardes.
☐	☐	☐	**2.** ¿Qué tal?
☐	☐	☐	**3.** ¿De dónde es Ud.?
☐	☐	☐	**4.** ¿Cómo se llama?
☐	☐	☐	**5.** Gracias.
☐	☐	☐	**6.** ¿Cuál es tu nombre?

Práctica 3. Una encuesta (*survey*)

PASO 1. You are conducting a survey of the Spanish-speaking students in your dormitory for a class project. You want to find out (1) their names, (2) where they are from, and (3) how many students are in their English classes. First, write the three questions that would be appropriate to ask the students in order to find out this information:

1. ¿_____?

2. ¿_____?

3. ¿_____ en tu clase de inglés?

PASO 2. Now listen as the students respond to your questions. Complete the chart based on what they say. You may listen more than once if you like.

	NOMBRE	LUGAR (*PLACE*)	NÚMERO DE ESTUDIANTES
ESTUDIANTE 1	_____	_____	_____
ESTUDIANTE 2	_____	_____	_____
ESTUDIANTE 3	_____	_____	_____

Práctica 4. La primera semana (*first week*) de clases. Listen to Lisa and Miguel talking during the first week of classes, then answer the questions. Don't worry if you don't understand every word—just try to get the gist of the conversation. Listen to the dialogue once to see what you can understand. Then read over the questions and replay the dialogue again, this time listening for the answers.

VOCABULARIO PRÁCTICO

¿Cómo van las clases?	How are your classes going?
todas	all
pues...	well . . .
claro	of course
¿Qué clases tomas?	What classes are you taking?
también	also
hispanohablantes	Spanish speakers

1. ¿Qué clases toma Miguel este (*this*) semestre?

☐ cálculo   ☐ arquitectura   ☐ química
☐ farmacia   ☐ sociología   ☐ sicología
☐ español   ☐ anatomía   ☐ informática

2. Las clases de Miguel son: ☐ difíciles   ☐ fáciles

3. ¿Cuál es la carrera de Miguel? _____

4. ¿Cuál es la clase favorita de Miguel? _____

5. ¿Cómo es la profesora Peña? _____

Práctica 5. Dos personas famosas

PASO 1.   Read the following descriptions of two famous Hispanic actors. Don't worry if you don't understand every word. Use context and other clues to get the gist of the reading. Read the paragraphs at least two times before answering the questions. Then, read the following sentences and indicate whom each sentence describes: Zoe Saldana, Michelle Rodríguez, or both (**ambas**).

Zoe Saldana es una actriz hispana. En la película[a] *Avatar*, Zoe es Neytiri, una habitante nativa de Pandora. Zoe nació[b] en Nueva Jersey, y es de origen hispano. Su papá es de la República Dominicana y su mamá es de Puerto Rico. De niña,[c] vive[d] en la República Dominicana, donde estudia ballet clásico, jazz y danza latina moderna. Zoe vive hoy día[e] en los Estados Unidos.

La actriz Michelle Rodríguez es Trudy Chacon en *Avatar*, la ex policía Ana Lucía en la serie de televisión *Lost* y la boxeadora[f] Diana Guzmán en *Girlfight*. Michelle es de Texas y es de ascendencia[g] dominicana y puertorriqueña. De niña, vive en la República Dominicana y Puerto Rico con su familia y allí aprende[h] español. Actualmente,[i] Michelle vive en Nueva Jersey.

[a]*movie* [b]*was born* [c]*De... As a child* [d]*she lives* [e]*hoy... nowadays* [f]*boxer* [g]*descent* [h]*learns* [i]*Currently*

ZOE	MICHELLE	AMBAS	
☐	☐	☐	**1.** Es famosa.
☐	☐	☐	**2.** Es de Texas.
☐	☐	☐	**3.** Actualmente vive en Nueva Jersey.
☐	☐	☐	**4.** Tiene (*She has*) experiencia con la danza.
☐	☐	☐	**5.** Es de origen puertorriqueño y dominicano.
☐	☐	☐	**6.** Es una actriz en *Avatar*.
☐	☐	☐	**7.** De niña, vive en la República Dominicana.

PASO 2. Imagine that you are also a famous actor or actress. Write a paragraph with information about a fictional character you play. Answer each of the questions in your paragraph.

1. ¿Cómo te llamas?
2. ¿De dónde eres?
3. ¿Cómo eres? (descripción de tu personalidad)
4. ¿Cuál (*What*) es tu palabra (*word*) favorita en español?

_____

_____

_____

Práctica 6. Los cognados

PASO 1. Cognates, words that are similar in form and meaning in Spanish and English, can help you understand commercials, announcements and other forms. Scan the following announcement. Then indicate whether the sentences are true (**C**) or false (**F**) based on the ad. The cognates will help you answer correctly.

EMPIEZA A HABLAR INGLÉS - EDUCACIÓN CLASES PARTICULARES	
EDUCACIÓN: Texas, Estados Unidos	
Titular:	Empieza a hablar inglés
Localización:	Texas
Categoría:	EDUCACIÓN > CLASES DE INGLÉS
Precio:	20 $
DESCRIPCIÓN DEL CLASIFICADO	

EMPIEZA A HABLAR INGLÉS
Profesora en traducción e interpretación da clases de inglés a profesionales.
Énfasis en la conversación.

Tengo 4 años de experiencia viviendo en Londres y Dublín.

C F

☐ ☐ 1. Ella ofrece (*offers*) clases de español.
☐ ☐ 2. La clase cuesta (*costs*) treinta dólares.
☐ ☐ 3. Las clases son (*are*) en Dublín.
☐ ☐ 4. Ella tiene (*has*) un año de experiencia.
☐ ☐ 5. Ella practica mucho la conversación.
☐ ☐ 6. Las clases son para (*for*) profesionales.

PASO 2. Using the preceding notice as a guide, write a classified ad for giving classes in a subject you enjoy. Include a title, place, category, price, and a short description.

Titular:
Localización:
Categoría:
Precio:
DESCRIPCIÓN DEL CLASIFICADO

Pronunciación

El alfabeto español

The Spanish alphabet has twenty-seven letters, one more than the English alphabet. These letters are listed below, along with their Spanish names. You will have the chance to practice most of these letters individually in future chapters.

Práctica 1. **El abecedario.** Listen and repeat the letters of the Spanish alphabet and names that feature each letter.

a	a	Alberto, Ana	ñ	eñe	Íñigo, Begoña
b	be	Bernardo, Belinda	o	o	Óscar, Olivia
c	ce	Carlos, Cecilia	p	pe	Pedro, Paula
d	de	David, Diana	q	cu	Roque, Enriqueta
e	e	Ernesto, Evita	r	erre	Ramón, Rosa
f	efe	Felipe, Francisca	s	ese	Santiago, Sara
g	ge	Gerardo, Graciela	t	te	Tomás, Teresa
h	hache	Héctor, Herminia	u	u	Ulises, Úrsula
i	i	Ignacio, Isabel	v†	uve	Víctor, Verónica
j	jota	José, Juanita	w*†	doble ve	Wilfredo, Wilma
k*	ka	Karlos, Kiki	x	equis	Xavier, Xenia
l	ele	Luis, Leticia	y‡	ye	Cayo, Yolanda
m	eme	Marcos, Margarita	z	zeta	Zacarías, Zunilda
n	ene	Norberto, Natalia			

Práctica 2. **Pronunciación de la *h*.** The Spanish spelling system is easy to learn. Each letter of the Spanish alphabet generally has only one pronunciation associated with it. Most of the letters are similar to English, with a few exceptions. One of these exceptions is the letter **h,** which in Spanish is silent. Listen carefully and repeat the following phrases containing **h.** Don't worry if you don't recognize all the words. Just focus on pronouncing them correctly.

1. Hola.
2. Hasta luego.
3. No hay hospital.
4. Hablo español.
5. Hoy estudio historia.
6. El hombre es mi profesor.

Práctica 3. **Letras similares.** Many Spanish letters are pronounced very similarly to English letters. Listen to and repeat the following words. You will hear each word twice. Note that the pronunciation of the highlighted letter is nearly identical to the pronunciation of the English letter.

1. mucho 2. café 3. luego 4. muy 5. nada 6. bonito 7. papel 8. famoso

Práctica 4. **La ortografía (*Spelling*).** Throughout this chapter, you have learned many expressions to use when meeting new people. One commonly occurring problem when meeting people is learning not only how their names are pronounced but also how they are spelled. By knowing the names of the letters in Spanish, you can easily ask for the spelling of any word you are unsure of.

Listen as three people spell their names for you using the Spanish alphabet. You will hear each name spelled twice. Follow along and write the names as you hear them. You can check your answers in the Answer Key.

1. _ _ _ _ _ _ _
2. _ _ _ _ _ _ _ _ _
3. _ _ _ _ _ _ _ _ _ _ _ _

---

*The letters **k** and **w** only appear in words borrowed from another language.
†The letter **v** can also be called **ve** and the letter **w** can also be called **uve doble.**
‡The letter **y** can also be called **i griega.**

TEMA II: ¿Estudias y trabajas?

Vocabulario en acción

Práctica 1. Las actividades y los lugares. Indicate the most logical place for each activity to be done.

1. caminar a clase o andar en bicicleta
   a. el laboratorio **b.** el campus **c.** el salón de clase
2. practicar vólibol o basquetbol
   a. la librería **b.** el teatro **c.** el gimnasio
3. buscar libros y estudiar
   a. la biblioteca **b.** el laboratorio **c.** la librería
4. comprar los libros
   a. la librería **b.** el gimnasio **c.** la oficina
5. lavar la ropa y mirar la televisión
   a. el salón de clase **b.** la residencia **c.** el estadio
6. jugar al fútbol o al béisbol
   a. el estadio **b.** la librería **c.** la clínica
7. escuchar y tomar apuntes
   a. el salón de clase **b.** el gimnasio **c.** la librería
8. charlar con amigos y mirar la televisión
   a. el estadio **b.** la biblioteca **c.** el centro estudiantil

Práctica 2. Los edificios. In what buildings on campus would you find the following people or things?

_____ **1.** la clase de drama

_____ **2.** una pintura

_____ **3.** libros y mapas

_____ **4.** el equipo (*team*) de basquetbol

_____ **5.** la clase de anatomía

_____ **6.** estudiantes en pijama (*pajamas*)

_____ **7.** la clase de sicología

_____ **8.** pizza y hamburguesas

a. la biblioteca
b. la Facultad de Ciencias Sociales
c. el museo
d. el teatro
e. la residencia
f. el gimnasio
g. la cafetería
h. la Facultad de Medicina

Práctica 3.   Los días feriados (*Holidays*). Many university students in the United States look forward to various holidays that occur over winter break. Use the December calendar to answer questions about the days of the week on which some of these special days fall.

DICIEMBRE						
D	L	MA	MI	J	V	S
		1 Día mundial del SIDA (*World AIDS Day*)	2	3	4	5
6	7 Día de Pearl Harbor	8	9	10 Día de los derechos humanos (*human rights*)	11	12
13	14 Primer día de Hanuká	15	16	17	18	19
20	21	22	23	24 La Nochebuena (*Christmas Eve*)	25 La Navidad	26 Primer día de Kwanzaa
27	28	29	30	31 La Noche Vieja (*New Year's Eve*)		

1. ¿Qué día de la semana es la Nochebuena? _____

2. ¿Qué día de la semana es el primer día de Kwanzaa? _____

3. Si hoy es el Día mundial del SIDA, ¿qué día de la semana es mañana? _____

4. ¿Qué día de la semana es el día antes de Hanuká? _____

5. ¿Qué día de la semana es la Navidad? _____

Práctica 4.   El reloj. You will hear a series of times. Indicate them on the following clocks. You will hear each time twice.

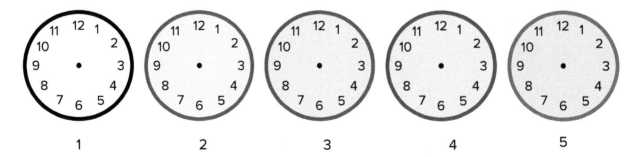

Práctica 5. La semana de Miguel. Look at Miguel's class schedule and answer the questions that follow.

	LUNES	MARTES	MIÉRCOLES	JUEVES	VIERNES
8:00	historia de Europa		historia de Europa		historia de Europa
9:00		sicología		sicología	
10:00					
11:00	ciencias políticas	geografía	ciencias políticas	geografía	
12:00	español		español		español
13:00	trabajar en la cafetería				trabajar en la cafetería
14:00	trabajar en la cafetería		literatura mexicana		trabajar en la cafetería
15:00	estudiar	estudiar		jugar al fútbol	jugar al fútbol

1. ¿A qué hora es la clase de geografía?

   _____

2. ¿Cuántas clases de literatura tiene Miguel?

   _____

3. ¿Cuándo es la práctica de fútbol?

   _____

4. ¿Qué clases toma Miguel por la mañana los lunes?

   _____

5. ¿Qué hace (*does he do*) los lunes y viernes entre la una y las tres?

   _____

6. ¿Cuántas horas de tiempo libre tiene Miguel por la mañana los viernes?

   _____

7. Si hoy es miércoles, ¿qué clases tiene Miguel mañana?

   _____

Gramática

1.3 Descriptive and Possessive Adjectives

Práctica 1. Identificaciones. Identify someone or something you know that fits the following descriptions. Write a complete sentence for each response using the verb **ser**. The first one is done for you.

1. un escritor inteligente: *John Grisham es un escritor inteligente.*

2. una mujer elegante: _____

3. un cantante arrogante: _____

4. un hombre idealista: _____

5. una persona pesimista: _____

6. una ciudad grande: _____

7. un libro interesante: _____

Práctica 2. Adjetivos opuestos (*opposite*). Complete the sentences with the adjective that is the opposite of the one in the first statement. Be sure that the adjective matches the noun in number and gender.

1. Mis clases son interesantes, pero tus clases son _____.

2. Tu teléfono es pequeño, pero mi teléfono es _____.

3. Mi profesor es trabajador, pero tu profesor es _____.

4. Mis compañeros de cuarto son simpáticos, pero tus compañeros de cuarto son

   _____.

5. Tus amigos son altos, pero mis amigos son _____.

6. Mis notas son buenas pero tus notas son _____.

7. Tu perro (*dog*) es bonito, pero mi perro es _____.

Práctica 3. Descripción. Imagine that you work in the admissions office and you take calls from prospective students. Answer affirmatively the questions they ask about your campus, adding the descriptive adjective given in order to convince the caller that your university is a good place to attend. Then listen and repeat the correct answer.

> MODELO (*you hear*) ¿Hay una librería en el campus? (*you see*) bueno →
>
> (*you say*) Sí, hay una librería buena en el campus.

1. moderno
2. famoso
3. bonito
4. grande
5. interesante

Práctica 4. Nuestras cosas (*things*). Complete the sentence with the possessive adjective **mi, tu,** or **su.**

1. Juan, ¿cuál (*what*) es _____ clase favorita este semestre?

2. Lilia desea ser novelista. _____ clase favorita es literatura.

3. Guy es de Francia. _____ ciudad de origen es París.

4. Yo soy muy creativa. _____ clase favorita es arte.

5. Ana, ¿cuál es _____ carrera?

6. Me gusta (*I like*) la música. _____ artista favorita es Shakira.

1.4 Present Tense of Regular **-ar** Verbs

Práctica 1. Un día típico. Indicate the things that might happen on a typical day.

- ☐ Camino a clase con mi novio/a.
- ☐ Mis compañeros de clase buscan un libro en la biblioteca.
- ☐ Mis profesores y yo hablamos.
- ☐ Trabajo por la tarde.
- ☐ Compro una hamburguesa en la cafetería.
- ☐ Escucho música en mi teléfono celular.
- ☐ Mis compañeros/as de cuarto y yo miramos la televisión por tres horas.
- ☐ Estudio en la residencia.

Practica 2. En el campus. Complete each sentence with the correct form of the verb in parentheses.

1. Mi amigo y yo _____ **(practicar)** tenis por una hora por la mañana.

2. Alicia _____ **(regresar)** a la residencia para estudiar.

3. Yo _____ **(hablar)** con una amiga por teléfono celular.

4. Los estudiantes _____ **(tomar)** muchos apuntes en clase.

5. Uds. _____ **(trabajar)** en la cafetería.

6. Tú _____ **(buscar)** al profesor de historia.

7. Los estudiantes de teatro _____ **(cantar)** en clase.

8. Yo _____ **(tocar)** la guitarra en la clase de español.

Práctica 3. Necesidades y deseos. Write about your current daily routine and then express your ideal routine following the model. For item 6, provide an additional verb.

MODELO practicar: Practico tenis los lunes, pero deseo practicar todos los días.

1. practicar: _____ pero _____.

2. trabajar: _____ pero _____.

3. bailar: _____ pero _____.

4. estudiar: _____ pero _____.

5. escuchar: _____ pero _____.

6. _____: _____ pero _____.

Práctica 4. Yo escucho, tú escuchas.

PASO 1. Listen to the series of statements about what several people do during the week. You will hear each statement twice. Then restate the sentence using the subject listed.

> MODELO (*you hear*) El profesor trabaja mucho. (*you see*) tú →
> (*you say*) Tú trabajas mucho.

1. nosotros **2.** Ud. **3.** tú **4.** yo

PASO 2. Now you will hear questions about what *you* do during the weekend. You will hear each question twice. Respond affirmatively, following the model. Then listen and repeat the correct answer.

> MODELO (*you hear*) ¿Estudias los sábados? →
> (*you say*) Sí, estudio los sábados.

1. ... **2.** ... **3.** ... **4.** ...

Síntesis y repaso

Práctica 1. La universidad típica. Listen to the description of student life at a university. Indicate the correct word(s) to complete each item based on what you hear. **¡OJO!** If there is more than one answer, check all that apply. Don't worry if you don't understand every word you hear. You may listen more than once if you like.

1. El estudiante típico llega a la universidad a las _____.

☐ nueve o diez ☐ ocho o nueve ☐ diez u once

2. El estudiante típico toma café en _____.

☐ la clase ☐ un restaurante elegante ☐ la cafetería

3. La biblioteca en el centro del campus es _____.

☐ una gran biblioteca ☐ una biblioteca grande

4. Los estudiantes normalmente toman _____ clases.

☐ cinco o seis ☐ cuatro o cinco ☐ dos o tres

5. En la universidad hay clases de _____.

☐ español ☐ historia ☐ arquitectura
☐ matemáticas ☐ medicina ☐ periodismo

6. ¿Cómo son los profesores de la universidad?

☐ liberales ☐ flexibles ☐ inteligentes

7. ¿Cuáles de los siguientes deportes practica el estudiante típico?

☐ béisbol ☐ tenis ☐ fútbol

8. Los fines de semana, muchos estudiantes _____.

☐ hablan con sus amigos ☐ estudian en la biblioteca ☐ bailan

Práctica 2. Nuestra universidad. Listen to the description of the university campus, then answer the questions. Don't worry if you don't understand every word—just try to understand the main points of the narration. You may listen more than once if you like.

VOCABULARIO PRÁCTICO

la vida estudiantil	student life
los estudiantes de primer año	freshmen
viven	they live
ofrece	offers

1. Las clases son _____.

   a. difíciles   **b.** populares   **c.** aburridas

2. La universidad ofrece clases en la Facultad de _____.

   a. Ciencias   **b.** Bellas Artes   **c.** las dos (*both*)

3. Los estudiantes de primer año viven en _____.

   a. residencias   **b.** apartamentos   **c.** casas

4. ¿Qué hay en el centro del campus?

   a. una cafetería   **b.** una biblioteca   **c.** un teatro

5. El campus tiene un hospital para _____.

   a. animales   **b.** estudiantes   **c.** profesores y estudiantes

Práctica 3. Una semana de clases. Listen to Sara's description of a typical week and complete the following chart. Listen once all the way through, then listen a second time to fill in the information.

	LUNES	MARTES	MIÉRCOLES	JUEVES	VIERNES
8:00					
9:00					
10:00					
11:00					
12:00					
13:00					
14:00					
15:00					
16:00					

Práctica 4.   Nuestras rutinas diarias. Read the following essay in which Julio describes his daily routine and the routine of his friend Celia. Then indicate whether each of the following statements is **cierto (C)** or **falso (F)**. If a sentence is false, correct it by writing a complete sentence.

Me llamo Julio y estudio lingüística en la universidad. Me gusta mucho mi universidad. A mi amiga Celia le gusta la universidad también, pero ella estudia ingeniería. Celia también trabaja en la librería de la universidad todos los días de las ocho y media a las once y media de la mañana.

A las nueve de la mañana los lunes, miércoles y viernes tomo una clase de español. Es mi clase favorita. No es muy difícil. El profesor, el señor García, es colombiano y es simpático. Los lunes, miércoles y viernes también tomo una clase de literatura americana. No me gusta la literatura, pero la profesora es inteligente e interesante. Los martes y jueves tomo dos clases: una clase de lingüística española y otra clase de sociología. Las clases son buenas, pero difíciles. Estudio en la biblioteca todos los días. ¡Hay muchos exámenes en mis clases!

La primera clase de Celia, los lunes, miércoles y viernes, es la clase de ingeniería civil a la una de la tarde. Los martes y jueves, toma clases de arquitectura, cálculo e inglés. Su carrera es muy difícil, pero a Celia le gusta mucho. Estudia en la biblioteca todas las noches.

Los fines de semana, me gusta hablar con mis amigos y bailar en el club. Me gusta tocar el piano los sábados. También practico deportes con mis amigos. A Celia le gusta descansar los fines de semana. No trabaja y no estudia. Mira mucho la televisión.

C   F

☐   ☐   **1.** Julio y Celia estudian ingeniería.

_____

☐   ☐   **2.** Celia trabaja en la biblioteca.

_____

☐   ☐   **3.** Julio tiene un profesor de lingüística simpático.

_____

☐   ☐   **4.** Julio toma muchos exámenes.

_____

☐   ☐   **5.** Celia toma cuatro clases.

_____

☐   ☐   **6.** Celia toca el piano.

_____

Práctica 5. Las escuelas bilingües

PASO 1. Read the following description of bilingual schools. Then, based on the description, indicate the correct answer for each question that follows. **¡OJO!** There may be more than one correct answer.

En los Estados Unidos hay más de 300[a] colegios y escuelas con programas bilingües español-inglés. Hay tres tipos de escuelas bilingües.

- Escuelas con instructores bilingües que enseñan una parte del día en inglés y la otra parte en español
- Escuelas que enseñan el inglés y el español en días alternos:[b] un día entero[c] enseñan inglés y el otro día solo[d] español
- Escuelas que enseñan cursos específicos en español (por ejemplo, ciencias) y los demas[e] en inglés

¿Por qué[f] hay escuelas bilingües? Los niños tienen[g] la capacidad de comprender muchas lenguas. Para los niños es fácil aprender dos o tres lenguas, pero para los adultos es más difícil. Hay evidencia de que las personas bilingües son más inteligentes. ¿Hay una escuela bilingüe en tu ciudad?

[a]trescientos [b]alternate [c]whole [d]only [e]los... the rest [f]Por... Why [g]have

1. ¿Cuántos escuelas y colegios hay en los Estados Unidos con programas bilingües?

   ☐ muchos   ☐ tres   ☐ más de trescientos

2. ¿Cuántos tipos de escuelas bilingües hay?

   ☐ trescientos   ☐ tres   ☐ diferentes

3. En el primer (*first*) tipo de programa, enseñan _____ en español.

   ☐ parte del día   ☐ un día entero   ☐ todo (*everything*)

4. Es fácil para _____ aprender dos o tres lenguas.

   ☐ los niños   ☐ para los adultos   ☐ las personas bilingües

PASO 2. Search the internet for bilingual or dual language programs in your city. If there are no programs in your area, choose one in another city. Explain which model is followed in terms of percentages of Spanish and English.

_____
_____
_____
_____
_____
_____

Un mundo sin límites

In this chapter, you watched three video segments about Jaume and Martin in Georgia, the United States. Watch the segments again and complete the following activities. You may watch the videos more than once if you like.

©McGraw-Hill Education/Zenergy

Práctica 1. Comprensión. Indicate if the following statements are true (**C**) or false (**F**).

C   **F**

☐ ☐   **1.** Jaume es de Valencia, España. Es un estudiante internacional.

☐ ☐   **2.** Jaume y Martin estudian en una universidad de Georgia.

☐ ☐   **3.** Jaume y Martin también (*also*) son profesores de español en la universidad.

☐ ☐   **4.** Jaume es un profesor aburrido.

☐ ☐   **5.** La clase de Jaume es difícil y la clase de Martin es divertida.

☐ ☐   **6.** Hay trece estudiantes en la clase de Jaume y veintitrés en la clase de Martin.

☐ ☐   **7.** El pasatiempo (*pastime*) favorito de Martin es jugar con sus perros.

☐ ☐   **8.** Jaume y Martin son amigos y charlan mucho sobre (*about*) la cultura de España.

Práctica 2. Oraciones. Complete the following sentences with the words and expressions from the list.

caminan	una computadora portátil	un estadio
un centro estudiantil	escritorios	responsables

1. En el salón de clase de Jaume hay _____ para todos (*for all*) sus estudiantes.

2. La clase de Martin es virtual y él necesita _____ .

3. Los estudiantes de Martin son _____, independientes y divertidos.

4. En la Universidad de Valencia hay una biblioteca y una librería, pero no hay _____ para los deportes (*sports*).

5. En las universidades de los Estados Unidos hay _____ y gimnasios.

6. En España, los estudiantes _____ por las calles (*streets*) y practican deportes, pero fuera de (*outside of*) la universidad.

Práctica 3. En la universidad. In a well-developed paragraph, describe the differences and similarities between the university experience in Spain and the United States that you have learned in the videos and in your institution. Are there aspects of university life in Spain that you would prefer? Which one(s)? Why? You may answer in English.

_____

_____

_____

_____

_____

Capítulo 2

TEMA I: Una pasión por los deportes

Vocabulario en acción

Práctica 1. **¿Qué deporte es?** Indicate which caption corresponds to each drawing.

1. **a.** nadar en la piscina
   b. patinar en línea

2. **a.** pasear en el parque
   b. correr en el parque

3. **a.** jugar al basquetbol
   b. jugar al vólibol

4. **a.** navegar en internet
   b. sacar fotos

Práctica 2. ¿En la casa o en el parque? Indicate whether each activity would typically be done **en casa** or **en el parque.**

CASA	PARQUE		
☐	☐	**1.**	jugar al fútbol
☐	☐	**2.**	mirar la televisión
☐	☐	**3.**	andar en bicicleta
☐	☐	**4.**	jugar al béisbol
☐	☐	**5.**	navegar en internet
☐	☐	**6.**	patinar en línea

Práctica 3. El tiempo libre y el trabajo. Pick the activity that would be most likely to occur in each situation.

1. el lunes por la mañana, en clase
   a. cantar   **b.** estudiar   **c.** correr
2. el sábado por la tarde, en el parque
   a. mirar la televisión   **b.** tocar el piano   **c.** andar en bicicleta
3. el viernes por la noche, en una fiesta
   a. trabajar   **b.** nadar   **c.** bailar
4. el domingo por la mañana, en las montañas
   a. sacar fotos   **b.** jugar al tenis   **c.** nadar en la piscina
5. el martes por la tarde, en el restaurante
   a. navegar en internet   **b.** correr   **c.** comer
6. el lunes por la noche, en casa
   a. escuchar música   **b.** tomar el sol   **c.** patinar en línea

Práctica 4. La palabra intrusa. Indicate the word that does not correspond to the series.

1. **a.** pasar tiempo con el/la novio/a   **c.** jugar al fútbol
   b. jugar al vólibol   **d.** nadar en la piscina
2. **a.** el pasatiempo   **c.** la calle
   b. el tiempo libre   **d.** descansar
3. **a.** el partido   **c.** el tenis
   b. el fútbol   **d.** la piscina
4. **a.** andar en bicicleta   **c.** navegar en internet
   b. mirar la televisión   **d.** escuchar música
5. **a.** tomar el sol   **c.** tocar un instrumento musical
   b. pasear con el perro   **d.** patinar en línea
6. **a.** bailar   **c.** cantar
   b. la fiesta   **d.** la piscina

Práctica 5. **¿De qué color es?** Write the color of each object.

amarillo	azul	gris	negro	verde
anaranjado	blanco	morado	rojo	

1. _____ 2. _____ 3. _____

4. _____ 5. _____ 6. _____

7. _____ 8. _____ 9. _____

Gramática

2.1 Present Tense of Regular **-er** and **-ir** Verbs

Práctica 1. **Detective.** Read the following paragraphs, then underline and list all the **-er** and **-ir** verbs as they appear in the paragraphs. Do not write down **-ar** verbs.

Los profesores creen que es difícil enseñar[a] cinco días a la[b] semana porque[c] también necesitan publicar[d] artículos y libros. Leen y escriben muchos artículos y estudios académicos. Necesitan más tiempo para trabajar.

Los estudiantes también trabajan mucho y viven con mucho estrés. Asisten a clases cinco o seis días a la semana y generalmente no comen bien porque estudian mucho. Algunos[e] estudiantes no reciben dinero de sus padres u otras fuentes[f] y necesitan trabajar también.

[a]*to teach* [b]*a... per* [c]*because* [d]*publish* [e]*Some* [f]*sus... their parents or other sources*

VERBOS REGULARES -**ER**	VERBOS REGULARES -**IR**
1. _____	4. _____
2. _____	5. _____
3. _____	6. _____
	7. _____

Práctica 2. **Un día normal.** Describe the following people's activities by completing each sentence with the correct form of the verb in parentheses.

1. Yo _____ (**aprender**) mucho cuando escucho podcasts.

2. Nosotros _____ (**escribir**) la fecha en las invitaciones.

3. Ellos siempre (*always*) _____ (**asistir**) a las fiestas de sus amigos.

4. Tú no _____ (**deber**) comer cuando estás aburrido.

5. A veces, yo no _____ (**comprender**) las ideas de mis padres.

6. El novio _____ (**creer**) que es un buen día para caminar en el parque.

7. Para estudiar, tú _____ (**leer**) los libros.

8. Cuando hay una fiesta, nosotros _____ (**abrir**) las puertas de la casa.

9. Pablo _____ (**recibir**) mucha atención del profesor.

10. Al final del semestre, ellas _____ (**vender**) los libros.

Práctica 3. **¿Qué creen los estudiantes?** The local news station is interviewing you regarding the general student population's opinions and behaviors. Respond to the questions you hear using the **nosotros** form of the given verb. Then listen to and repeat the correct answer.

VOCABULARIO PRÁCTICO

al final del semestre   at the end of the semester

MODELO (*you hear*) ¿Comprenden Uds. el español? (*you see*) sí →
(*you say*) Sí, comprendemos el español.

1. no **2.** sí **3.** sí **4.** no **5.** sí **6.** no **7.** sí **8.** no **9.** sí **10.** sí

Práctica 4. El fin de semana. Write the activities that Diego does every Saturday, according to the drawing. **¡OJO!** Don't forget to conjugate the verbs.

asistir a un concierto
cantar
comer con el compañero de cuarto
comprar un cuaderno

correr en el parque
escribir un ensayo (*essay*)
escuchar música

hablar con una amiga
leer muchos libros
trabajar en una tienda

1. _____

2. _____

3. _____

4. _____

5. _____

6. _____

2.2   **Ir** + **a** + *infinitive*

Práctica 1.   Tus planes. Indicate the activities that you and your friends plan to do this Saturday.

☐ Voy a estudiar.
☐ Vamos a practicar deportes.
☐ Vamos a mirar la televisión.
☐ Voy a navegar en internet.
☐ Vamos a andar en bicicleta.
☐ Voy a pasar tiempo con mis amigos.
☐ Voy a sacar fotos.
☐ Voy a nadar en la piscina.
☐ Voy a tocar el piano.
☐ Voy a escribir un e-mail.

Práctica 2.　Planes para mañana. Imagine that tomorrow evening you have a big test in calculus. Answer the following questions about what you are going to do tomorrow to be well-prepared for the test. Use **ir** + **a** + *infinitive* to form your responses. Then listen and repeat the correct answer.

> MODELO　(*you hear*)　¿Vas a ir a una fiesta esta noche?
>
> 　　　　　(*you see*)　no →
>
> 　　　　　(*you say*)　No, no voy a ir a una fiesta esta noche.
>
> 　　　　　(*you hear*)　¿Vas a ir a la biblioteca con nosotros?
>
> 　　　　　(*you see*)　sí →
>
> 　　　　　(*you say*)　Sí, voy a ir a la biblioteca con Uds.

1. sí　　**2.** sí　　**3.** sí　　**4.** sí　　**5.** no　　**6.** no　　**7.** sí　　**8.** no　　**9.** sí

Práctica 3.　¿Cómo van a pasar el fin de semana? Write what each person will do this weekend, based on the drawings. The first one is done for you.

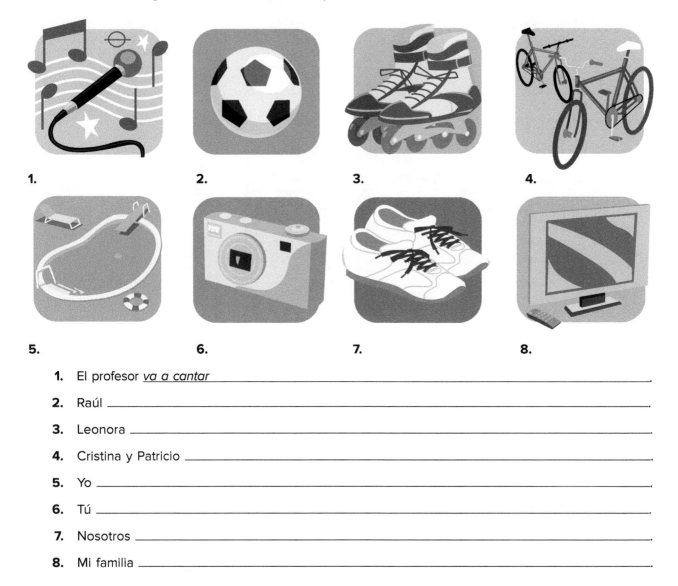

1.　　　　　　　　　　2.　　　　　　　　　　3.　　　　　　　　　　4.

5.　　　　　　　　　　6.　　　　　　　　　　7.　　　　　　　　　　8.

　1.　El profesor *va a cantar* _____.

　2.　Raúl _____.

　3.　Leonora _____.

　4.　Cristina y Patricio _____.

　5.　Yo _____.

　6.　Tú _____.

　7.　Nosotros _____.

　8.　Mi familia _____.

Síntesis y repaso

Práctica 1.   Los pasatiempos. Listen to the description of Nicolás and Felipe. Then indicate to whom each statement refers. You may listen more than once if you like.

VOCABULARIO PRÁCTICO

hace   does

NICOLÁS	FELIPE	AMBOS	
☐	☐	☐	**1.** Es de México.
☐	☐	☐	**2.** Su pasatiempo favorito es practicar deportes.
☐	☐	☐	**3.** Le gusta jugar al fútbol.
☐	☐	☐	**4.** Anda en bicicleta.
☐	☐	☐	**5.** Le gusta jugar al béisbol.
☐	☐	☐	**6.** Corre en el parque.

Práctica 2.   El fin de semana de Isabel. Listen as Isabel describes her plans for the upcoming weekend. Then indicate whether the following statements are **cierto (c)** or **falso (f)**. You may listen more than once if you like.

VOCABULARIO PRÁCTICO

cosas	things
voy a quedarme	I am going to stay

C	F	
☐	☐	**1.** El viernes, Isabel va a jugar al vólibol.
☐	☐	**2.** El viernes, Isabel va a comer en un restaurante y bailar en un club con sus amigos.
☐	☐	**3.** El béisbol es el deporte favorito de Isabel.
☐	☐	**4.** El sábado, Isabel va a leer un libro.
☐	☐	**5.** El domingo, Isabel va a escuchar música.
☐	☐	**6.** El domingo por la mañana, Isabel va a pasear con el perro.

Práctica 3.   Las actividades de Inés. Listen to the dialogue between Inés and her friend Miguel. Then indicate the correct answer for each question. You may listen more than once if you like.

VOCABULARIO PRÁCTICO

los ratos libres	free time
la natación	swimming (*noun*)

1. ¿Cuántas clases toma Inés?
   a. cinco   **b.** cuatro   **c.** diez   **d.** tres
2. ¿Qué estudia Inés?
   a. sociología   **b.** sicología   **c.** ingeniería   **d.** medicina
3. ¿Qué hace (*does*) Inés en su tiempo libre?
   a. patina   **b.** baila   **c.** escucha música   **d.** mira la tele
4. ¿Cuál es el pasatiempo favorito de Miguel?
   a. correr   **b.** pasear   **c.** nadar   **d.** patinar
5. ¿Cuál es el pasatiempo favorito de Inés?
   a. correr   **b.** pasear   **c.** nadar   **d.** patinar
6. ¿Dónde hace Inés su actividad favorita?
   a. en casa   **b.** en el restaurante   **c.** en la universidad   **d.** en el parque

Práctica 4.   Un futbolista mexicano

PASO 1.   Read the following paragraph about Rafael Márquez, a Mexican soccer player. Then indicate the correct word or phrase to complete the sentences that follow, based on the reading.

Rafael Márquez Álvarez es un famoso futbolista mexicano de Zamora, Michoacán. En 1996 Rafael comienza[a] su carrera profesional con el Atlas de Guadalajara, México, pero desde[b] 1999, juega[c] con equipos extranjeros, como el Barcelona y los Red Bulls de Nueva York. Con el Barcelona, Márquez gana[d] más de[e] diez campeonatos[f] y títulos. Rafael regresa a México en 2012 y ahora juega con el Atlas de Guadalajara otra vez. En 2014, Márquez es el primer[g] futbolista mexicano que participa como capitán del equipo nacional en cuatro Copas Mundiales[h] consecutivas (2002, 2006, 2010 y 2014). Para entrenarse,[i] a Rafael también le gusta correr y practicar otros deportes. En su tiempo libre, le gusta pasar tiempo con su familia y escuchar música de Shakira.

[a]*begins*   [b]*pero... but since*   [c]*he plays*   [d]*wins*   [e]*más... more than*   [f]*championships*   [g]*first*   [h]*Copas... World Cups*
[i]*to train himself*

1. Rafael Márquez es de _____.

2. Márquez comienza su carrera profesional con el _____.

3. Actualmente (*Currently*), Márquez juega para _____.

4. Con el Club _____, Márquez gana muchos campeonatos y títulos.

5. Márquez es el primer futbolista mexicano que participa como capitán en cuatro _____.

6. A Márquez también le gusta _____ para entrenarse.

7. En su tiempo libre, a Márquez le gusta escuchar música y _____.

a. Copas Mundiales
b. pasar tiempo con su familia
c. Barcelona
d. Atlas
e. correr
f. México
g. el Atlas

PASO 2.   Choose your favorite athlete or research a famous Hispanic athlete and write a brief description of him or her. Answer the following questions in your description. Remember to title your description.

¿Cómo se llama?
¿De dónde es?
¿Dónde vive ahora?

¿Qué deporte practica?
¿Juega solo o en equipo?
¿Qué hace para entrenarse?

¿Cuáles son sus éxitos más importantes? ¿Va a competir (*compete*) otra vez en el futuro?
¿Por qué es una persona interesante para ti?

_____ (título)

_____

_____

_____

_____

_____

_____

_____

Pronunciación

Las vocales (*vowels*)

Spanish has five vowels that, unlike English vowels, are pronounced only one way. For example, the vowel *a* is pronounced many different ways in English: c*a*t, f*a*ther, m*a*de, *a*bout. But the Spanish **a** is pronounced in only one way, similar to the "ah" sound in English f*a*ther.

Below are the five Spanish vowels along with a description of their pronunciations.

Práctica 1.   Las vocales. Listen to each vowel and repeat what you hear. You will hear each vowel twice.

a   *ah* as in f*a*ther
e   *ay* as in caf**é**
i   *ee* as in m**ee**t
o   *oh* as in **oa**k
u   *oo* as in f**oo**d

Note that these vowels do not sound exactly like their English counterparts. The reason for this is that in English, most long vowels are pronounced as though they have a *y* or a *w* on the end; **lo** ≠ *low*, **de** ≠ *day*. Spanish vowels are short and tense.

Práctica 2.   Las vocales en inglés y español comparadas. Listen to the following pairs of words, paying attention to the differences in the vowels. Pay particular attention to the *y* and *w* sounds at the end of English words, and their absence in the Spanish words. Repeat each Spanish word and try to imitate the vowel sound you hear.

	ENGLISH	SPANISH
1.	see	**si**
2.	say	**se**
3.	lay	**le**
4.	too	**tu**
5.	no	**no**
6.	low	**lo**
7.	sue	**su**

Práctica 3.   Repeticiones. Listen to and repeat the correct pronunciation, imitating the speaker.

1. la, pa, ma   **2.** le, pe, me   **3.** pi, mi, ti   **4.** lo, po, mo   **5.** fu, tu, mu

One final difference between Spanish and English vowels is that Spanish vowels are never pronounced with an *uh* sound as in the English *apartment* (*uh*-PART-m*uh*nt) or *economics* (ee-kuh-NAH-m*uh*ks). Therefore, a word like **hola** will <u>not</u> be pronounced as *OH-luh*. The correct pronunciation is **OH-lah**.

Práctica 4.   Las vocales en español. Listen to and repeat each of the following cognates paying close attention to the pronunciation of the vowel sounds.

1. apartamento   **3.** profesor   **5.** campus   **7.** regular
2. económica   **4.** universidad **6.** literatura

TEMA II: El tiempo y las estaciones
Vocabulario en acción

Práctica 1. El termómetro. Read each thermometer and write out the temperature that it shows in Celsius. Then, indicate what the weather is like using **frío, fresco,** or **calor,** based on the temperature.

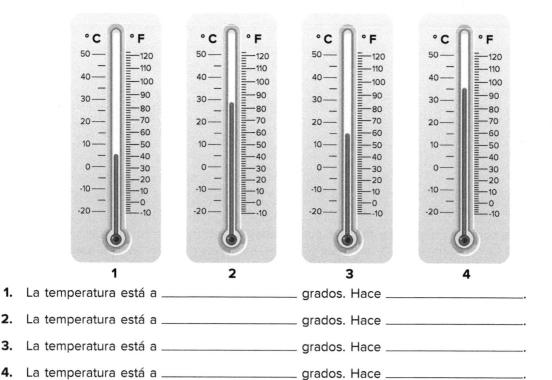

1. La temperatura está a _____ grados. Hace _____.

2. La temperatura está a _____ grados. Hace _____.

3. La temperatura está a _____ grados. Hace _____.

4. La temperatura está a _____ grados. Hace _____.

Práctica 2. Los meses y el tiempo. Complete the sentences with the names of the appropriate months for the northern hemisphere. Then, indicate which weather is most typical of those months. **¡OJO!** You may need to check more than one box.

1. Los meses de verano son _____, _____ y _____.

En el verano, _____. ☐ hace sol ☐ hace calor ☐ hace frío

2. Los meses de invierno son _____, _____ y _____.

En el invierno, _____. ☐ hace frío ☐ nieva ☐ hace mucho calor

3. Los meses de otoño son _____, _____ y _____.

En el otoño, _____. ☐ hace fresco ☐ está nublado ☐ hace mucho calor

4. Los meses de primavera son _____, _____ y _____.

En la primavera, _____. ☐ llueve ☐ hace fresco ☐ hace mucho frío

Práctica 3. El tiempo y las actividades. Indicate which activity is best suited to the different types of weather described in each phrase.

1. Hace mucho viento y está nublado.
   a. sacar fotos en el parque   b. estudiar en casa
2. Está lloviendo.
   a. mirar la tele   b. andar en bicicleta
3. Hace muy mal tiempo y está nevando.
   a. jugar al golf   b. navegar en internet
4. Hace mucho calor y hace sol.
   a. caminar en la calle   b. nadar en la piscina
5. Hace fresco, pero hace sol.
   a. esquiar   b. correr en el parque

Gramática

2.3 The Verb **estar**

Práctica 1. ¿Dónde están todos? Imagine that your mother has come to visit campus and wants to meet all your friends and acquaintances, but everyone is away. Respond using the correct form of **estar** and the cues given. Then, listen and repeat the correct answer.

MODELO   (*you hear*) ¿Y Raúl?   (*you see*) en la biblioteca →
         (*you say*)   Raúl está en la biblioteca.

1. en el centro (*downtown*)   3. en el gimnasio   5. en casa
2. en el partido de básquetbol   4. en el parque   6. contigo (*with you*)

Práctica 2. ¿Cómo está Adela hoy? Match each drawing of Adela to the description of how she is feeling.

a.

b.

c.

d.

e.

f.

_____ 1. Está irritada.   _____ 3. Está feliz.   _____ 5. Está sorprendida.
_____ 2. Está preocupada.   _____ 4. Está asustada.   _____ 6. Está enferma.

Práctica 3. Veo, veo (*I spy*). Follow the directions given to identify the correct object.

1. Está encima de la mesa. Está a la derecha del papel. Es _____.

   a. el libro de texto   **b.** un lápiz

2. Está en su escritorio. Está lejos de la maestra. Está detrás de otra estudiante. Es _____.

   a. Alberto   **b.** Antonia

3. Está a la izquierda de los estudiantes. Está a la derecha de la profesora. Es _____.

   a. la mesa   **b.** el pizarrón

4. Están encima del escritorio de las estudiantes. Son _____.

   a. los cuadernos   **b.** los papeles

5. Está encima de la mesa. Está cerca del papel. Es _____.

   a. el bolígrafo de Sergio   **b.** el bolígrafo de la profesora

6. Están enfrente de la profesora. Son _____.

   a. los pizarrones   **b.** los estudiantes

Práctica 4. Dando direcciones. Use **estar** and the prepositional phrases to describe where the following items are located on your campus.

cerca de	delante de	encima de	a la derecha de
lejos de	detrás de	debajo de	a la izquierda de

1. ¿Dónde está el edificio de administración?

_____

2. ¿Dónde está la librería?

_____

3. ¿Dónde está el gimnasio?

_____

4. ¿Dónde está la cafetería?

_____

5. ¿Dónde está la biblioteca?

_____

6. ¿Dónde está _____?

_____

Práctica 5. Penélope y sus amigos. Complete each sentence with the correct form of **estar** to describe how Penélope and the people she knows are feeling.

1. Yo _____ nerviosa.

2. Mi familia _____ muy contenta.

3. Mis amigos _____ alegres.

4. Mi director _____ cansado.

5. Nosotros _____ un poquito preocupados.

6. Ud. _____ triste porque no tiene (*you don't have*) una televisión.

7. Uds. _____ locos de alegría (*crazy with happiness*).

8. Y tú, ¿_____ interesado/a en los deportes?

2.4 The Present Progressive

Práctica 1. ¿Qué está pasando en el campus? While taking a walk around campus, you run into one of your friends who wants to know what everyone is doing. Complete each sentence using the present progressive of the verb in parentheses to explain what everyone is doing.

1. Mi amigo Matías _____ (**comprar**) ropa (*clothing*) en el centro.

2. Samuel y Elías _____ (**mirar**) el partido de basquetbol.

3. Carolina y Menchu _____ (**practicar**) tenis.

4. Carmen _____ (**leer**) en el parque.

5. Los profesores _____ (**trabajar**) en su casa.

6. Yo _____ (**hablar**) contigo.

7. Nosotros _____ (**pasear**) por el campus.

8. ¿Y tú? ¿Cómo _____ (**pasar**) el día hoy?

Práctica 2. ¿En qué actividades están participando? You will hear a series of questions about what the people in the drawings are doing. Answer each question using the present progressive, then listen to and repeat the correct answer.

MODELO (*you see*) Elisa
(*you hear*) ¿En qué actividad está participando Elisa? →
(*you say*) Está nadando.

1. Pedro

2. Nora y Tanya

3. el Sr. Jiménez

4. Tito

5. Jaime

6. Adelina

Práctica 3. Ahora mismo. Use the present progressive form to write sentences about what these people are doing at this very moment. You may use verbs from the list or any other verb of your choosing.

andar	chatear	escribir	hablar	mirar	pasear
bailar	correr	escuchar	jugar	nadar	sacar
cantar	enseñar	estudiar	leer	navegar	trabajar

1. Mi mamá _____.

2. Mi papá _____.

3. El presidente de este país _____.

4. Mi profesor(a) de español _____.

5. Mi compañero/a de cuarto _____.

6. Mis amigos _____.

7. Yo _____.

Síntesis y repaso

Práctica 1. ¿Qué tiempo hace? Listen to the weather report on the radio for two different cities. Then answer the following questions using complete sentences. You may listen more than once if you like.

1. ¿Qué día de la semana es hoy? _____

2. ¿Y qué mes es? _____

3. ¿Qué tiempo hace en Guadalajara? _____

4. ¿Cuál es la temperatura? Está a _____

5. ¿Está nublado en Guadalajara? _____

6. ¿Qué tiempo hace en Buenos Aires? _____

7. ¿Cuál es la temperatura? Está a _____

8. ¿Hace viento en Buenos Aires? _____

Práctica 2. Escenas (*scenes*) de las estaciones. Listen to the three descriptions. Then circle the letter of the drawing that corresponds to each description. You may listen more than once if you like.

1.   **A**   **B**   **C**

2.   **A**   **B**   **C**

3.   **A**   **B**   **C**

Práctica 3. **Mis vacaciones** (*vacation*). Listen as Jessica describes her ideal vacation, then complete the sentences based on what you hear. You may listen more than once if you like.

VOCABULARIO PRÁCTICO

desde	since
hasta	until
voy de vacaciones	I'm going on vacation

1. Desde el otoño hasta la primavera, Jessica _____

    _____

2. Con frecuencia, Jessica _____
   en el invierno.

3. A Jessica le gusta el verano porque _____

    _____

4. En las vacaciones, Jessica va a _____ en la playa (*beach*) y
   _____ por las noches.

5. En las vacaciones, Jessica *no* va a _____

    _____

Práctica 4. Una página Web

PASO 1. Read the blog and answer the following questions. Don't worry if you don't understand every word. Use cognates and the structures you know as clues to find information.

---

http://artesania.blog.com

Artesanía Blog en español

Inicio   Acerca de[a]   Contacto

Delicadas imágenes...
Una entrevista con Lidia Tinieblas
Publicado en: Ilustraciones; Talentos y artistas
Autora: Paulina

Paulina: ¿Cómo te llamas?
Lidia: Me llamo Lidia Tinieblas, y en el mundo de internet me conocen[b] como Litín.

P: ¿De dónde eres?
L: Soy de Cancún, México, pero ahora vivo en Madrid.

P: ¿Qué puedes contarnos[c] sobre ti?
L: Estudié[d] la carrera de antropología en la Universidad Nacional Autónoma de México, pero me gustó[e] el mundo de la ilustración y decidí[f] estudiar bellas artes. Ahora no imagino mi vida sin dibujar y crear.[g] Espero algún día poder vivir exclusivamente de la ilustración.

P: ¿De dónde vienen[h] tus ideas?
L: Cualquier cosa[i] resulta inspiradora. Todas las situaciones pueden crear una historia, solo hay que estar atenta.[j]

P: ¿Cómo entraste al mundo artístico-creativo?
L: Supongo que siempre he estado[k] dentro del mundo artístico-creativo. Conservo dibujos de cuando era[l] pequeña. Un día tu hobby se convierte en tu profesión casi sin darte cuenta.[m] ¡Y qué feliz día!

P: ¿Solo te dedicas a la actividad creativa?
L: Trabajo por las mañanas en un estudio de escenografía. Es otro trabajo que requiere la creatividad. Además[n] de la ilustración.

Usuarios en línea
  5 Usuarios en línea

Categorías
Accesorios (3)
Arte y pintura (8)
Editorial (14)

Guía de regalos (4)
Ilustraciones (4)
Joyería (16)
Mis creaciones (3)
Negocios (17)
Publica tu testimonio (10)
Talentos y artistas (75)
Tejido (11)
Textil (5)
Universo de blogs (4)

---

[a]acerca... *about* [b]me... *I'm known as* [c]tell us [d]*I studied* [e]me... *I liked* [f]*I decided* [g]sin... *without drawing and creating* [h]come [i]Cualquier... *Anything* [j]solo... *you just have to pay attention* [k]siempre... *I have always been* [l]*I was* [m]sin... *without noticing* [n]Además... *Besides*

1. ¿Cómo se llama la persona que escribe el blog? _____

2. ¿De dónde es la artista? _____

3. ¿Dónde estudió (*did she study*) ilustración? _____

4. ¿Qué desea hacer (*to do*) con sus ilustraciones? _____

5. ¿Dónde trabaja por las mañanas? _____

PASO 2. Now skim the structure of the Web page from **Paso 1** and answer the following questions.

1. ¿Cómo se llama la página Web? _____

2. Para escribir un e-mail a esta página Web, ¿en qué palabra haces clic? _____

3. ¿Cuántas personas están en línea? _____

4. ¿Qué categoría del blog debes usar para publicar (*publish*) tu opinión? _____

Un mundo sin límites

You watched three video segments about Frank and Efraín in Tulum, Mexico. Watch the segments again and complete the following activities. You may watch the videos more than once if you like.

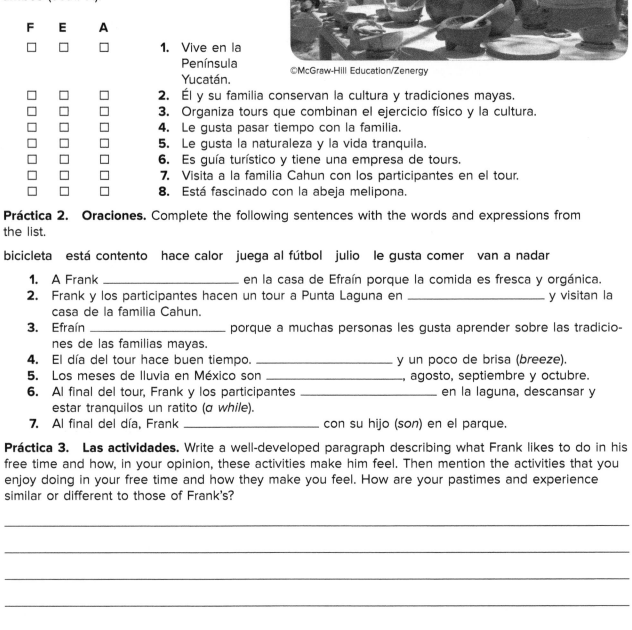

©McGraw-Hill Education/Zenergy

Práctica 1.   ¿Quién? Indicate if each statement applies to Frank (**F**), Efraín (**E**), or **ambos** (*both:* **A**).

F	E	A		
☐	☐	☐	**1.**	Vive en la Península Yucatán.
☐	☐	☐	**2.**	Él y su familia conservan la cultura y tradiciones mayas.
☐	☐	☐	**3.**	Organiza tours que combinan el ejercicio físico y la cultura.
☐	☐	☐	**4.**	Le gusta pasar tiempo con la familia.
☐	☐	☐	**5.**	Le gusta la naturaleza y la vida tranquila.
☐	☐	☐	**6.**	Es guía turístico y tiene una empresa de tours.
☐	☐	☐	**7.**	Visita a la familia Cahun con los participantes en el tour.
☐	☐	☐	**8.**	Está fascinado con la abeja melipona.

Práctica 2.   Oraciones. Complete the following sentences with the words and expressions from the list.

bicicleta   está contento   hace calor   juega al fútbol   julio   le gusta comer   van a nadar

1. A Frank _____ en la casa de Efraín porque la comida es fresca y orgánica.
2. Frank y los participantes hacen un tour a Punta Laguna en _____ y visitan la casa de la familia Cahun.
3. Efraín _____ porque a muchas personas les gusta aprender sobre las tradiciones de las familias mayas.
4. El día del tour hace buen tiempo. _____ y un poco de brisa (*breeze*).
5. Los meses de lluvia en México son _____, agosto, septiembre y octubre.
6. Al final del tour, Frank y los participantes _____ en la laguna, descansar y estar tranquilos un ratito (*a while*).
7. Al final del día, Frank _____ con su hijo (*son*) en el parque.

Práctica 3.   Las actividades. Write a well-developed paragraph describing what Frank likes to do in his free time and how, in your opinion, these activities make him feel. Then mention the activities that you enjoy doing in your free time and how they make you feel. How are your pastimes and experience similar or different to those of Frank's?

_____

_____

_____

_____

_____

Capítulo 3

TEMA I: Las obligaciones y los quehaceres
Vocabulario en acción

Práctica 1. Quehaceres necesarios. Write the chores that need to be done in each room.

arreglar el cuarto   lavar los platos   planchar la ropa   sacar la basura
hacer la cama   pasar la aspiradora quitar la mesa   trapear

1. En la cocina, necesitamos...

_____

_____

_____

_____

2. En el dormitorio (*bedroom*), necesitamos...

_____

_____

_____

_____

Práctica 2. Los aparatos domésticos. Match each household appliance to its use.

_____ **1.** la aspiradora   **a.** cocinar
                                      b. lavar los platos
_____ **2.** la secadora   **c.** secar la ropa
                                      d. lavar la ropa
_____ **3.** el horno   **e.** limpiar el piso

_____ **4.** la lavadora

_____ **5.** el lavaplatos

Gramática

3.1 **Deber/Necesitar** + *infinitive*

Práctica 1.   Obligaciones

PASO 1.   Indicate the things you should do on a typical day.

- ☐ Debo asistir a clase por la tarde.
- ☐ Debo leer mi e-mail.
- ☐ Debo ir al gimnasio.
- ☐ Debo hacer la cama.
- ☐ Debo comer más fruta.
- ☐ Debo lavar los platos.
- ☐ Debo mirar los partidos de fútbol americano en la televisión.
- ☐ Debo estudiar por tres horas.

PASO 2.   Now indicate the things you need to do today or tomorrow.

- ☐ Necesito trabajar dos horas o más.
- ☐ Necesito buscar un libro en la biblioteca.
- ☐ Necesito hablar con mi profesor(a) de español.
- ☐ Necesito correr tres millas.
- ☐ Necesito arreglar el cuarto.
- ☐ Necesito escuchar la lección de español en el laboratorio o por internet.
- ☐ Necesito lavar la ropa.
- ☐ Necesito barrer el piso.

Práctica 2.   ¿Qué debemos hacer? Write original sentences using **deber** or **necesitar** + *infinitive* to tell what everyone should do. Use verbs from the list.

aprender	comer	creer	leer	recibir
asistir	comprar	hablar	limpiar	trabajar

MODELO   Todos debemos practicar un deporte.

1. Todos _____.

2. Todos _____.

3. Todos _____.

4. Todos _____.

5. Todos _____.

3.2 **Tener, venir, preferir,** and **querer**

Práctica 1. **Expresiones con *tener*.** Read the explanations and decide which **tener** expression best describes the situation. **¡OJO!** Don't forget to conjugate **tener.**

tener + calor / éxito / frío / miedo / razón / prisa / suerte / sueño

1. Hoy es un día increíble. A las 11:00 de la mañana, recibo una llamada de Bill Gates. Él quiere trabajar conmigo en un proyecto que estoy preparando para mi clase de informática. También, él me va a pagar un millón de dólares por mi trabajo. Yo _____.

2. Hoy Pedro necesita hacer muchas cosas antes de ir al trabajo: tiene que lavar los platos a mano, tiene que dar de comer (*feed*) al perro, tiene que sacar la basura y tiene que leer un artículo sobre la literatura medieval. Pedro solo tiene media hora para completar todas estas cosas. Pedro _____.

3. Nosotros estamos sufriendo. Hace mucho sol, la temperatura es de 35 grados y estamos en el campo jugando con los niños. Nosotros _____.

4. Carolina estudia mucho. Ella estudia en la biblioteca cuarenta horas cada semana. Ella siempre lee todas las lecciones y hace la tarea. Beto estudia mucho también. Él busca información para sus clases y estudia en el café todas las tardes. Carolina y Beto siempre sacan notas muy buenas. Carolina y Beto _____ en sus estudios.

5. No te gusta patinar en línea. Cuando las personas patinan van muy rápido y tú no quieres caerte (*fall down*). Tú _____.

Práctica 2. **Una voluntaria del Cuerpo de Paz (*Peace Corps*).** Complete the following paragraph with the correct form of **tener, venir, preferir,** and **querer.**

Mi día es muy interesante. En la mañana yo _____[1] que hacer la cama.

En Chiapas hay muchos escorpiones y nosotros _____[2] mucho miedo de

encontrar uno en la casa, por eso limpiamos muy bien todos los días. Hay una mujer simpática que

_____[3] a mi casa para ayudarme a limpiar. Yo _____[4]

pagarle cinco dólares por hora, pero ella _____[5] recibir libros y no dinero.

Después de limpiar la casa, los niños _____[6] para leer libros conmigo. Ellos

_____[7] leer libros de aventuras, pero yo _____[8] las novelas

clásicas para ellos.

Por la tarde, yo _____[9] mucho calor. _____[10] tomar una siesta

y no hacer nada. Por las noches, siempre me gusta pasear por el pueblo.

Práctica 3. ¿Qué tienes? ¿Qué prefieres? ¿Qué quieres? Listen to the following survey questions and the most popular answers. Use the answers to form complete sentences. Then listen and repeat the correct answer.

1. sí
2. Perú
3. sí
4. calor
5. charlar con mis amigos
6. muchos
7. no
8. sí
9. no
10. barrer el piso

Práctica 4. Nota comunicativa: *Tener que* + infinitive. Describe what each person or group of people has to do based on the situation given. Use **tener que** + *infinitive*. **¡OJO!** There may be more than one possible answer.

1. El piso está sucio. Mariana _____.

2. La basura está llena (*full*). Yo _____.

3. Todos los platos están sucios. Nosotros _____.

4. Toda la ropa está arrugada (*wrinkled*). Tú _____.

5. Estas toallas (*towels*) están mojadas (*wet*). Las niñas _____.

6. ¿Ud. no tiene ropa limpia? Ud. _____.

Síntesis y repaso

Práctica 1. Las obligaciones de Ana. Listen to the dialogue between Ana and her friend Jon. Based on the information you hear, indicate whether each statement is **cierto (C)** or **falso (F)**.

VOCABULARIO PRÁCTICO

responsabilidad   responsibility

C	F	
☐	☐	**1.** Ana tiene obligaciones en la casa.
☐	☐	**2.** Ana trabaja en el jardín los miércoles.
☐	☐	**3.** Jon va a comer en el restaurante italiano.
☐	☐	**4.** Ana no quiere comer con sus amigos.
☐	☐	**5.** Ana debe limpiar la casa hoy.

Práctica 2. Los quehaceres de la casa. Listen to the description of shared chores. Then underneath each drawing, write the name of the corresponding person, based on the description.

1. _____

2. _____

3. _____

4. _____

 Práctica 3. Quehaceres preferidos (*preferred*). Listen to the description of Roberto and his chores and answer the questions in complete sentences based on what you hear.

VOCABULARIO PRÁCTICO

afuera   outside
por eso   therefore

1. ¿Qué necesita hacer Roberto afuera? _____

2. ¿Por qué no quiere trabajar afuera hoy? _____

3. ¿Qué prefiere hacer hoy? _____

4. ¿Qué va a hacer por la mañana? _____

5. ¿Qué va a hacer por la tarde? _____

Práctica 4.   Cleaning Wizards, LLC

PASO 1.   Read the paragraph about a small business in Oregon. Then read the questions that follow and indicate the correct answer based on the reading. **¡OJO!** There may be more than one correct answer.

Cleaning Wizards, LLC, es una empresa de limpieza[a] que ofrece limpieza «verde», o natural, para casas, apartamentos y empresas pequeñas. Las dueñas,[b] Idolina, Gabriela y Margarita, son de Michoacán, México. Participan en el programa para adultos que se llama «Adelante,[c] mujeres». En 2007, fundaron[d] su empresa de limpieza para apoyar[e] a sus familias económicamente.[f] Cleaning Wizards ofrece una variedad de servicios: arreglar, limpiar, sacudir el polvo, barrer el piso, trapear, limpiar los baños, limpiar las ventanas y otras cosas. Estas mujeres prefieren usar productos orgánicos y no tóxicos para proteger la naturaleza de Oregón.[g] Gracias al programa «Adelante, mujeres» y a la inspiración de Idolina, Gabriela y Margarita, actualmente hay en Oregón más empresas de limpieza que usan productos ecológicos. «Adelante, mujeres» ofrece también, hoy día, programas de educación para jóvenes y adultos latinos y de agricultura sostenible, entre otros.[h]

[a]empresa... *cleaning company*   [b]*owners*   [c]*Forward*   [d]*they founded*   [e]*support*   [f]*economically*   [g]proteger... *protect Oregon's nature*   [h]entre... *among others*

1. ¿Dónde trabajan las mujeres de Cleaning Wizards?
   ☐ en las casas   ☐ en empresas grandes   ☐ en empresas pequeñas
2. ¿De qué lugar son las mujeres de esta empresa?
   ☐ Oregón   ☐ México   ☐ Adelante
3. ¿En qué programa participan Idolina, Gabriela y Margarita?
   ☐ «Arriba, mujeres»   ☐ «Adelante, mujeres»   ☐ «Delante de las mujeres»
4. ¿A quiénes apoyan económicamente Idolina, Gabriela y Margarita?
   ☐ a sus familias   ☐ a «Adelante, mujeres»   ☐ a una empresa grande
5. ¿Cuál es una cosa que *no* hace Cleaning Wizards?
   ☐ sacudir los muebles   ☐ limpiar las ventanas   ☐ cortar el césped
6. ¿Qué clase de productos de limpieza usan?
   ☐ productos orgánicos   ☐ productos naturales   ☐ productos tóxicos

PASO 2.   To make some extra money, you plan to establish a cleaning service in your area. Answer the following questions about your cleaning service.

1. ¿Cómo se llama tu empresa? _____

2. ¿Qué clase de productos quieres usar? _____

   _____

3. ¿Qué servicios vas a ofrecer? _____

   _____

   _____

4. ¿A qué horas prefieres trabajar? _____

Pronunciación

Diphthongs

Spanish has five vowels: **a, e, i, o,** and **u.** The vowels **a, e,** and **o** are considered strong vowels. The weak vowels are **i** and **u.** Two successive weak vowels or a combination of a strong and weak vowel form a diphthong and are pronounced as one syllable. For example, in the Spanish word **bueno,** the **u** and the **e** are pronounced together as **BWE-no** (not **bu-EH-no**).

Práctica 1. Los diptongos. Listen to each word containing a diphthong and repeat what you hear. Notice that the vowels are pronounced as a single syllable.

1. **ai** b*ai*lar
2. **au** *au*to
3. **ei** v*ei*nte
4. **eu** *Eu*ropa
5. **ia** p*ia*no
6. **ie** f*ie*sta
7. **io** estac*io*nes

8. **iu** c*iu*dad
9. **oi** s*oy*
10. **ua** c*ua*tro
11. **ue** b*ue*no
12. **ui** m*uy*
13. **uo** individ*uo*

Linking

Another important aspect of Spanish pronunciation is known as linking. For example, in the phrase **una amiga,** the **a** at the end of the first word and at the beginning of the second word link resulting in one continuous phrase: **unaamiga.** Dipthongs can also be formed by linking two words together and pronouncing them as one long word.

Práctica 2. Entre palabras. Listen to the following phrases pronounced first as individual words and then strung together. Imitate the speaker and note how the sounds are linked together in the second repetition.

1. Elena‿es una‿amiga de‿Isabel.   2. Voy‿a ver a mi‿hermano.   3. Enrique‿estudia‿inglés.

Linking Consonants

In Spanish, consonants can also link. For example, in the phrase **con Nora,** the two occurrences of **n** are pronounced as one long sound, instead of two separate ones.

Práctica 3. Las consonantes. Listen to and repeat the following phrases, paying attention to the linking of the consonants.

1. con Nora
2. los señores
3. el lápiz
4. la libertad de expresión

Práctica 4. Frases y oraciones. Now listen and repeat the following phrases, making sure to link the sounds when appropriate.

1. la escuela
2. un estadio
3. Los señores son normales.
4. La estudiante está alegre.

TEMA II: El tiempo libre

Vocabulario en acción

Práctica 1. **Distracciones saludables (*healthy*).** Read the description of how each person is feeling and indicate which activity would most likely improve his/her mood or physical state.

1. Juan está enfermo y tiene frío. Juan debe...
   a. levantar pesas.   b. tomar medicinas.
2. Lisa está aburrida y quiere ver a sus amigos. Lisa debe...
   a. ir al cine.   b. mirar la televisión.
3. Eric está muy cansado. Eric debe...
   a. tomar una siesta.   b. correr.
4. Alita está enojada. Alita debe...
   a. practicar yoga.   b. jugar al billar.

Práctica 2. **¿Qué quiere hacer Ben?** Look at the calendar of activities that Ben wants to do this week. Complete each sentence with the name of the activity that he wants to do.

L   M   M   J   V   S   D

1. El lunes, Ben quiere _____.

2. El martes, Ben quiere _____.

3. El miércoles, Ben quiere _____.

4. El jueves, Ben quiere _____.

5. El viernes, Ben quiere _____.

6. El sábado, Ben quiere _____.

7. El domingo, Ben quiere _____.

Gramática

3.3   More Stem Changing Verbs

Práctica 1.   Los verbos

1. Underline the stem vowel that will change to **ie.**
   a. pensar   **b.** perder   **c.** cerrar   **d.** empezar   **e.** entender
2. Underline the stem vowel that will change to **ue.**
   a. jugar   **b.** almorzar   **c.** dormir   **d.** volver   **e.** poder
3. Underline the stem vowel that will change to **i.**
   a. repetir   **b.** pedir   **c.** servir   **d.** seguir

Práctica 2.   ¿Qué hacemos hoy? Complete the following conversation with the correct form of the verbs in parentheses.

VÍCTOR: ¿Qué tal, Esteban?

ESTEBAN: Bien. ¿Qué _____[1] (*tú:* **pensar**) que debemos hacer hoy?

VÍCTOR: Yo no _____[2] (**querer**) perder tiempo hablando. _____[3]

(*Yo:* **Cerrar**) la puerta y nos vamos.

ESTEBAN: Está bien, pero yo no _____[4] (**entender**) adónde vamos.

VÍCTOR: El partido de vólibol _____[5] (**empezar**) a las 11:00 y ya son las 9:50.

ESTEBAN: Hombre, yo no _____[6] (**poder**) ver jugar a nuestro equipo. ¡Ellas siempre

_____[7] (**perder**)!

VÍCTOR: ¡Qué actitud! Nuestra amiga Lilia _____[8] (**jugar**) en el equipo.

_____ [9] (*Yo:* **Pensar**) que debemos asistir a los partidos para darles ánimo a

las jugadoras.[a]

ESTEBAN: _____[10] (*Tú:* **Tener**) razón.[b] Vamos. Pero después del partido,

_____[11] (*nosotros:* **almorzar**) en el centro.[c]

VÍCTOR: Sí, claro. _____[12] (*Nosotros:* **Poder**) ir a ese café nuevo, cerca del parque.

Creo que hoy lo vamos a pasar muy bien.[d]

[a]darles... *encourage the players*   [b]tener... *to be right*   [c]*downtown*   [d]lo... *we're going to have a good time*

Práctica 3. Actividades de un día

PASO 1. Refer to Rodolfo's schedule to answer the following questions. Use complete sentences.

LUNES	
8:00	*desayunar*
9:30	*clases*
12:15	*almorzar*
1:00	*llamar a mi novia*
2:30	*clase*
4:00	*rugby*
6:00	*cenar*
7:00	*estudiar*
11:30	*dormir*

1. ¿A qué hora almuerza? _____

2. ¿Qué puede hacer después de almorzar? _____

3. ¿A qué hora vuelve a clase en la tarde? _____

4. ¿Qué deporte practica a las 4:00? _____

5. ¿A qué hora duerme finalmente? _____

PASO 2. Now answer similar questions about your schedule.

1. ¿A qué hora almuerzas?

   _____

2. ¿Qué puedes hacer después de almorzar?

   _____

3. ¿A qué hora vuelves a clase en la tarde?

   _____

4. ¿Qué deporte practicas?

   _____

5. ¿A qué hora duermes finalmente?

   _____

Práctica 4. Grupo de estudio. Complete the dialogue with the correct conjugation of the verb in parentheses.

JUANA: Hola, Natalia, Jorge y Fátima. Por favor, entren.[a]

FÁTIMA: Estamos listos[b] para estudiar la lección de hoy.

NATALIA: ¿Estudiamos aquí o vamos al café de la esquina[c]? _____[1] (*Ellos:* **Servir**) café

muy rico allí.

JORGE: Pero, ¿ _____[2] (*nosotros:* **poder**) conseguir una mesa a esta hora?

NATALIA: Jorge, tú _____[3] (**poder**) ir al café. Si _____[4] (**conseguir**)

una mesa, nos llamas. Si no, ¿qué tal si[d] _____[5] (**pedir**) cuatro cafés con

leche para llevar[e]?

FÁTIMA: Yo _____[6] (**querer**) ir con Jorge porque prefiero tomar té.

NATALIA: _____[7] (*Yo:* **Pensar**) pedir un sándwich también. Tengo hambre.

JUANA: Yo no _____[8] (**entender**). ¿Vamos a estudiar o no?

NATALIA: Tienes razón. Debemos estudiar aquí por unas horas y comer después.

[a]*come in* [b]*ready* [c]*de... on the corner* [d]*qué... how about* [e]*para... to go*

Práctica 5. La vejez (*Old age*). Listen as different people state which activities they continue to do now that they're older. You'll hear each sentence twice. Restate the sentence using the names given, then repeat the correct answer.

     MODELO (*you hear*) Sigo bailando el tango. (*you see*) Ernesto →

              (*you say*) Ernesto sigue bailando el tango.

    1. Isabel **2.** Rodrigo **3.** José y Paco **4.** Dayana **5.** Armando **6.** Lourdes y Juan

3.4 **Hacer, poner, oír, salir, traer,** and **ver**

Práctica 1. ¿Cuál es lógico? Match the sentences on the right with the corresponding sentences on the left.

_____ **1.** Hago ejercicio todos los días.

_____ **2.** Veo películas en clase.

_____ **3.** Yo salgo a bailar al bar argentino.

_____ **4.** Hago muchas fiestas en mi casa.

_____ **5.** Hago toda la tarea los domingos por la noche.

_____ **6.** Pongo mis libros y la computadora en mi mochila antes de dormir.

a. Me gusta estar preparado para clase.

b. Soy extrovertida y me gusta hablar.

c. Deseo correr un maratón.

d. Procrastino mucho.

e. Yo aprendo el tango.

f. Estudio cinematografía.

Práctica 2. ¿Cómo pasan el tiempo? You will hear a series of questions about how you and your classmates spend your free time. Listen carefully and circle the appropriate response. **¡OJO!** Pay careful attention to the verb conjugations.

1. **a.** Hago muchas cosas.   **b.** Haces muchas cosas.

2. **a.** Sí, ven muchas películas.   **b.** Sí, vemos muchas películas.

3. **a.** Sí, salen a bailar con frecuencia.   **b.** Sí, salimos a bailar con frecuencia.

4. **a.** No, no haces fiestas los lunes.   **b.** No, no hago fiestas los lunes.

5. **a.** Hacemos la tarea.   **b.** Hago la tarea.

6. **a.** Pones tu libro de español en la mochila.   **b.** Pongo mi libro de español en la mochila.

Práctica 3. ¿Qué hacen los fines de semana? Complete each sentence with the correct form of the appropriate verb from the list.

hacer   oír   poner   salir   traer   ver

1. Ella _____ la televisión mientras limpia su cuarto.

2. Martín _____ al parque a practicar deportes.

3. Yo _____ ejercicio el sábado por la tarde.

4. Ellos _____ el fútbol americano en la televisión.

5. Él _____ la tarea en la biblioteca.

6. Ud. _____ comida a la fiesta.

7. Uds. _____ a nadar en la piscina.

8. Ellas _____ la cama cada mañana.

9. Nosotros _____ el timbre (*the alert*) de la lavadora cuando termina el ciclo.

10. Tú _____ la música de Shakira en español.

Práctica 4. ¿Qué *no* haces? Write a sentence for each of the following verbs stating something you do *not* do. **¡OJO!** Don't forget to place the **no** before the verb.

MODELO hacer → No hago fiestas en mi casa.

1. hacer: _____

2. poner: _____

3. salir: _____

4. ver: _____

5. traer: _____

6. oír: _____

Síntesis y repaso

Práctica 1. **¿Qué prefieres hacer?** Listen to the conversation between Rocío and Carlos. Then indicate the correct word(s) to complete each sentence based on their conversation. You may listen more than once if you like.

VOCABULARIO PRÁCTICO

¡Qué pena!   That's too bad!
algo   something
relajante   relaxing

1. Carlos está irritado porque tiene que _____.

   a. estudiar   **b.** limpiar la casa   **c.** levantar pesas   **d.** tomar copas

2. Cuando va al cine, Carlos está _____.

   a. contento   **b.** enojado   **c.** triste   **d.** emocionado

3. Hoy, Carlos prefiere _____.

   a. hacer la cama   **b.** tomar una siesta   **c.** hacer ejercicio   **d.** jugar a las cartas

4. Hoy, Rocío está _____.

   a. cansada   **b.** emocionada   **c.** irritada   **d.** enojada

5. Hoy, Rocío y Carlos van a tomar _____.

   a. una siesta   **b.** clases   **c.** un café   **d.** una sauna

Práctica 2.   Un día interesante. First, indicate whether each activity listed is **una obligación (O)** or **una distracción (D)**. Then listen to the description of Eduardo's day and put the activities in order (from 1 to 12) based on what you hear.

O	D		
☐	☐	_____ **1.**	ir al cine
☐	☐	_____ **2.**	quitar la mesa
☐	☐	_____ **3.**	comer un sándwich
☐	☐	_____ **4.**	tomar una siesta
☐	☐	_____ **5.**	pasar la aspiradora
☐	☐	_____ **6.**	hacer yoga
☐	☐	_____ **7.**	hacer la cama
☐	☐	_____ **8.**	sacar la basura
☐	☐	_____ **9.**	tomar café
☐	☐	_____ **10.**	jugar al dominó
☐	☐	_____ **11.**	lavar los platos
☐	☐	_____ **12.**	jugar a las cartas

Práctica 3.   Las actividades perfectas

PASO 1.   Write the name of each activity depicted.

1. _____   2. _____   3. _____   4. _____   5. _____

PASO 2.   Listen to the descriptions of María, Alisa, and Susan. Then indicate which activities from **Paso 1** would be most suited to each person. Answer each question using a complete sentence.

VOCABULARIO PRÁCTICO

vive sola   lives alone

1.   ¿Qué debe hacer María? _____

2.   ¿Qué debe hacer Alisa? _____

3.   ¿Qué debe hacer Susana? _____

Práctica 4.   El ejercicio frente al estrés

PASO 1.   Read the following health article. Then indicate the correct answer for each sentence and question that follows, based on the article.

¿Estás ansioso? ¿Estás estresado? ¿Estás preocupado? ¿Estás cansado? El ejercicio puede animarte[a] y ayudarte.[b] Con el ejercicio aeróbico puedes reducir la ansiedad[c] hasta en un 50 por ciento.[d] ¡Pero hay cuatro beneficios más!

1.   El ejercicio mejora el humor.[e] El ejercicio aeróbico produce sustancias químicas que te hacen sentir contento.
2.   También te da[f] mucha energía. Si tienes más energía, puedes hacer todas las cosas que debes hacer en el día. Las personas estresadas están deprimidas[g] y cansadas durante el día. Cuando haces ejercicio por la mañana, mantienes[h] la energía todo el día.
3.   El ejercicio te ayuda[i] a dormir bien. El sueño refresca la mente[j] y te ayuda a organizar mejor la información del día.
4.   El ejercicio abre la mente para pensar mejor. Si estás preocupado, no puedes solucionar bien un problema. El ejercicio ayuda con la concentración y aclara[k] la mente. Puedes pensar sin distracciones.

   Si no puedes hacer ejercicio aeróbico, siempre puedes hacer ejercicios como yoga o Pilates. ¡Debes empezar una nueva rutina mañana!

[a]*cheer you up* [b]*help you* [c]*anxiety* [d]*hasta... up to fifty percent* [e]*mejora... improves your mood* [f]*te... it gives you* [g]*depressed* [h]*you maintain* [i]*te... helps you* [j]*refresca... refreshes your mind* [k]*clears*

1. Según el artículo, si estás estresado, debes _____.

   a. tomar té de hierbas (*herbal*)   **b.** hacer ejercicio aeróbico   **c.** dormir

2. El ejercicio aeróbico puede reducir la ansiedad en un _____.

   a. 25 por ciento   **b.** 40 por ciento   **c.** 50 por ciento

3. ¿Qué idea *no* se menciona en el artículo? El ejercicio _____.

   a. mejora el humor   **b.** refresca la mente   **c.** te hace más guapo/a

4. ¿Qué debes hacer mañana?

   a. dormir más   **b.** empezar una nueva rutina   **c.** beber Red Bull

PASO 2. Design a new exercise routine for yourself. Mention what types of exercises you will do, what time of day you will do them, and how many days per week. Tell why you are choosing this type of exercise and what you will do to ensure success.

_____

_____

_____

_____

_____

_____

_____

Un mundo sin límites

You watched three video segments about William and his aunt Teresa in Moroleón, Mexico. Watch the segments again and complete the activities. Watch the videos more than once if you like.

Práctica 1. Comprensión. Indicate if the following statements are true (**C**) or false (**F**).

©McGraw-Hill Education/Zenergy

C	F		
☐	☐	**1.**	William tiene 16 años y asiste a una escuela secundaria en Moroleón.
☐	☐	**2.**	Teresa vivió (*lived*) 15 años en Estados Unidos, pero prefiere vivir en Moroleón.
☐	☐	**3.**	Teresa tiene un negocio (*business*) de tortillas y William ayuda con el negocio.
☐	☐	**4.**	Teresa empieza a trabajar a las 7:00 de la mañana y termina a las 2:00 de la tarde.
☐	☐	**5.**	Cuando terminan sus quehaceres, William y Teresa pasan tiempo con la familia.
☐	☐	**6.**	Es el cumpleaños de cuatro miembros de la familia y todos preparan una fiesta para celebrarla.

Práctica 2. Oraciones. Complete the following sentences with the words and expressions from the list.

hace la cama   prefiere   secar   se lo pasan bien   tienen que   una lavadora

1. Por las mañanas, William limpia su cuarto, _____ y ayuda a Teresa con el negocio.

2. Los fines de semana, William y Teresa van a otra (*another*) casa para lavar, _____ y doblar la ropa.

3. A Teresa no le gusta lavar la ropa a mano y decide comprar _____.

4. A William no le gusta lavar los platos. Él _____ pasear a los animales.

5. Para la fiesta de cumpleaños, Teresa, William y su papá _____ cocinar mucha comida.

6. La familia _____ en la fiesta y todos están felices juntos.

Práctica 3. Mi rutina. In a well-developed paragraph, describe the activities you do, have to do, or should do in a typical week. Include the chores you are responsible for in your house as well as the activities you enjoy doing to relax. Is your routine similar to or different from William's routine? Explain why.

_____

_____

_____

_____

_____

_____

_____

_____

TEMA I: La familia nuclear

Vocabulario en acción

Práctica 1. **¿Cuántos años tiene?** Mira el árbol genealógico de Leo y escribe las relaciones familiares y las edades (*ages*) de cada persona.

Esteban, 76

Sam, 43   Ana, 40

Tanya, 17   Leo, 8   Max, 3

1. Ana es la _____ de Leo.

Tiene _____ años.

2. Esteban es el _____ de Leo.

Tiene _____ años.

3. Tanya es la _____ de Leo.

Tiene _____ años.

4. Sam es el _____ de Leo.

Tiene _____ años.

5. Max es el _____ de Leo.

Tiene _____ años.

Práctica 2. El árbol genealógico. Mira el árbol genealógico y completa cada una de las oraciones con la relación familiar apropiada.

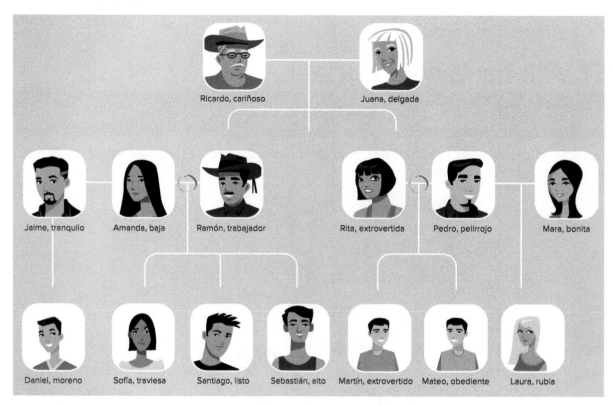

1. Pedro es el _____ de los gemelos y de Laura.

2. Amanda es la _____ de Santiago.

3. Juana es la _____ de Sofía.

4. Rita es la _____ de Ricardo.

5. Mateo es el _____ de Laura.

6. Sebastián es el _____ de Daniel.

7. Ramón es el _____ de Rita.

8. Ricardo es el _____ de Martín.

9. Mateo es el _____ de Juana.

10. Amanda es la _____ de Daniel.

11. Mara es la _____ de Pedro.

12. Laura es la _____ de Mateo.

Práctica 3. Descripciones de una familia. Indica si las oraciones son **ciertas (C)** o **falsas (F)**, según el árbol genealógico y las descripciones de **Práctica 2**. Si la oración es falsa, marca la palabra falsa con círculo y escribe la corrección.

C	F		
☐	☐	**1.**	El padre de Rita es cariñoso. _____
☐	☐	**2.**	El padre de Santiago es perezoso. _____
☐	☐	**3.**	La medio hermana de Martín es rubia. _____
☐	☐	**4.**	La esposa de Pedro es bonita. _____
☐	☐	**5.**	La abuela de Mateo es gorda. _____
☐	☐	**6.**	El hermanastro de Sofía es moreno. _____

Práctica 4. **La Familia Real (*Royal*) española.** Escucha la descripción que el Rey Felipe de España hace de los miembros de su familia.

PASO 1. Escribe las edades (*ages*) de cada persona. **¡OJO!** Incluye la conjugación correcta de **tener** en tus respuestas.

1. El Rey Juan Carlos y la Reina Sofía _____.

2. Elena _____.

3. Cristina _____.

4. La Infanta Sofía _____.

5. La Princesa Leonor _____.

6. La Reina Letizia _____.

7. Felipe, El Rey de España _____.

PASO 2. Escribe una característica física o de la personalidad de cada uno de los miembros de la Familia Real. **¡OJO!** Incluye la conjugación correcta de **ser** en tus respuestas.

1. El Rey Juan Carlos y la Reina Sofía: _____.

2. Elena: _____.

3. Cristina: _____.

4. La Infanta Sofía: _____.

5. La Princesa Leonor: _____.

6. La Reina Letizia: _____.

Gramática

4.1 **Ser** and **estar** Compared

Práctica 1. **Una cita (*date*).** Indica los usos de **ser** y **estar** en cada oración.

_____ **1.** PEDRO: ¡Ay caramba! ¡Estás muy guapa esta noche!

_____ **2.** ÁNGELA: Gracias, Pedro, eres muy simpático.

_____ **3.** PEDRO: Vámonos,[a] ya es hora de ir al restaurante.

_____ **4.** ÁNGELA: Espera un momento, no estoy lista todavía.

_____ **5.** PEDRO: ¿Qué estás haciendo? Tenemos que irnos[b] ahora.

_____ **6.** ÁNGELA: No sé dónde está mi carnet.[c]

_____ **7.** PEDRO: Mira en el suelo. ¿Es ese tu carnet?

ÁNGELA: Sí, ¡qué alivio![d]

_____ **8.** PEDRO: A ver.[e] ¡Ay, qué exótico! ¿Eres de las Islas Canarias?

_____ **9.** ÁNGELA: Claro, Pedro. Eres mi amigo, ¡ya lo sabes!

a. answers the question *when?*
b. tells where someone or something is located at the moment
c. indicates possession
d. feelings or state of a person at a specific point in time
e. appearance of a person at a specific point in time
f. origin or nationality
g. inherent qualities or characteristics of a person or thing
h. present progressive tense to state that an action is in progress at this moment
i. identifies or defines someone or something

[a]*Let's go* [b]*leave* [c]*driver's license* [d]*¡que... What a relief!* [e]*A... Let's see*

Práctica 2. Preguntas. Escucha cada una de las preguntas y contesta según el dibujo. Fíjate en (*Pay attention to*) el uso de **ser** o **estar**. Luego, escucha y repite la respuesta correcta.

VOCABULARIO PRÁCTICO

el sillón   arm chair

MODELO (*you hear*) ¿Qué año es? →

(*you say*)   Es dos mil diecinueve

1. ...   2. ...   3. ...   4. ...   5. ...   6. ...   7. ...

Práctica 3. Situaciones. Lee cada descripción y completa las oraciones usando el adjetivo que se indica.

1. *aburrido:* El profesor Sánchez habla sin parar (*without stopping*) por dos horas en un tono monótono. Los estudiantes tienen que escuchar y tomar apuntes, sin participar en la clase.

   El profesor _____.

   Los estudiantes _____.

2. *rico:* Adriana y su esposo tienen mucho dinero y a ella le gusta comprar lo mejor (*the best*). En el supermercado siempre compra el mejor pastel (*cake*) aunque (*even though*) cuesta mucho.

   Adriana y su esposo _____.

   El pastel _____.

3. *listo:* Memo es un estudiante muy inteligente y dinámico. Acaba de terminar (*He has just finished*) toda la tarea para esta semana.

   Memo _____.

   La tarea de Memo _____.

4.2   The Verbs **saber** and **conocer**

Práctica 1.   Los usos de *saber* y *conocer*. Indica el uso de **saber** y **conocer** en cada una de las oraciones. Escribe la letra correcta.

SABER

a.   knowing facts or specific bits of information
b.   knowing how to do a skill

CONOCER

c.   familiarity with things
d.   having been to a place
e.   knowing people
f.   meeting somebody for the first time

_____   **1.**   Conozco a tu papá.

_____   **2.**   Sabemos dónde vives.

_____   **3.**   Ellos conocen la ciudad de Nueva York.

_____   **4.**   Hoy voy a conocer al nuevo profesor.

_____   **5.**   No sé la respuesta correcta.

_____   **6.**   Uds. saben bailar la salsa.

_____   **7.**   Conozco las películas de Javier Bardém.

_____   **8.**   Sé hablar japonés.

_____   **9.**   Sé que te gusta esta clase.

_____   **10.**   ¿Conoces los poemas de Poe?

_____   **11.**   Ellos saben que tú eres antipático.

_____   **12.**   Vosotros conocéis Florida.

Práctica 2.   ¿*Saber* o *conocer*? Competa cada una de las oraciones con la forma correcta de **saber** o **conocer.**

1.   Yo _____ jugar al billar.

2.   Nosotros _____ a Lionel Messi. Le hablamos después de un partido de fútbol.

3.   Tú _____ que la capital de España es Madrid.

4.   Aliana y tú _____ mi número de teléfono.

5.   Ellos _____ la música de Shakira.

6.   Ella _____ hacer *snowboarding*. Practica el deporte desde los 2 años.

7.   Yo _____ Baja California.

8.   Tú _____ a la mujer que limpia mi residencia.

9.   ¿_____ tú cuáles son las horas de oficina del profesor?

10.   Tú y Carlos _____ la literatura española.

Práctica 3.   ¿Qué sabes? ¿Qué conoces? Escucha cada una de las preguntas y responde con la sugerencia dada (*given*). Luego, escucha y repita la respuesta correcta.

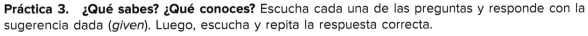

1. no   **2.** sí   **3.** sí   **4.** no   **5.** no   **6.** sí   **7.** no   **8.** sí   **9.** sí   **10.** no   **11.** sí   **12.** sí

Práctica 4.   The Personal *a*

PASO 1.   Subraya (*Underline*) el objeto directo en cada una de las oraciones. Luego, indica si es una persona o no.

SÍ	NO	
☐	☐	**1.** No conozco a tu profesor de química.
☐	☐	**2.** Practico muchos deportes.
☐	☐	**3.** Limpiamos la casa los sábados.
☐	☐	**4.** ¿Conoces a mi mejor amigo?

PASO 2.   Completa cada una de las oraciones con la **a** personal cuando es necesaria. Si no es necesaria, escribe una *X*.

1. Conozco _____ una persona famosa.

2. ¿Sabes _____ el apellido de Isabel?

3. No conozco _____ las novelas de Carlos Ruiz Zafón.

4. Nosotros conocemos bien _____ los instructores de yoga.

Síntesis y repaso

Práctica 1.   Mi familia. Escucha mientras Josh describe a su familia. Luego, escoge las respuestas correctas, según lo que oyes. Puedes escuchar más de una vez, si quieres.

VOCABULARIO PRÁCTICO

nació   was born

1. La _____ de Josh se llama Jennifer.

   a. madre   **b.** abuela   **c.** hermana

2. La madre de Josh es de _____.

   a. Nuevo México   **b.** México   **c.** Nueva York

3. Bill es el _____ de Josh.

   a. abuelo   **b.** padre   **c.** hermano

4. El padre de Josh nació en _____.

   a. 1952   **b.** 1964   **c.** 1962

5. El padre de Josh es _____.

   a. extrovertido   **b.** cariñoso   **c.** tranquilo

6. Josh tiene _____ hermanos.

   a. dos   **b.** tres   **c.** cuatro

7. El hermano de Josh tiene _____ años.

   a. 11   **b.** 27   **c.** 18

8. A la hermana de Josh le gusta _____ con sus amigos.

   a. jugar   **b.** estudiar   **c.** salir

Práctica 2. **¿Quién es?** Escucha la descripción de cada persona. Indica quienes son, según lo que oyes.

1. nombre: _____ relación: _____

2. nombre: _____ relación: _____

3. nombre: _____ relación: _____

4. nombre: _____ relación: _____

5. nombre: _____ relación: _____

Práctica 3. **Mis experiencias en Santander.** Lee el e-mail que Sarah manda desde España a su profesora de español en los Estados Unidos. Luego, contesta las preguntas según el e-mail.

Estimada Profesora López:

Por fin estoy en Santander. Santander es una ciudad muy bonita y la Universidad Internacional Menéndez Pelayo es muy interesante porque hay estudiantes de muchos países. ¡Y el campus queda a diez minutos de la playa! Las clases son de 9:00 a 1:00, así que[a] por las tardes voy a la playa con mis nuevos amigos. Conozco a estudiantes rusos, italianos y franceses. Por las noches vamos a Cañadío, que es una especie de plaza donde se reúnen los jóvenes. Los jóvenes están siempre muy animados hablando con sus amigos. A los españoles les gusta mucho estar al aire libre.[b] Por las tardes, viejos y jóvenes, padres e hijos, salen a pasear por las calles de la ciudad.

En España, las personas almuerzan en casa y duermen la siesta entre las 2:30 y las 5:00 aproximadamente. Durante ese tiempo los establecimientos están cerrados[c] y para mí es un poco difícil organizar mi horario cuando tengo que hacer compras. Pero estoy feliz porque estoy aprendiendo mucho español. La universidad ofrece también muchas actividades culturales. Esta semana estoy tomando una clase de cocina española.[d] Es muy interesante.

Hasta pronto,
Sarah

[a]así... *so* [b]al... *outdoors* [c]*closed* [d]cocina... *Spanish cuisine*

1. Sarah es de _____.

2. Sarah estudia español y toma una clase de cocina en _____.

3. La universidad _____ la playa.

4. Sarah _____ a estudiantes internacionales.

5. A los españoles les gusta _____.

6. Los jóvenes de Santander se reúnen en _____.

7. A la hora de la siesta en España, los establecimientos _____.

8. Sarah está feliz en Santander porque _____ mucho español.

a. conoce
b. estar al aire libre
c. Cañadío
d. están cerrados
e. la Universidad Internacional Menéndez Pelayo
f. está cerca de
g. los Estados Unidos
h. está aprendiendo

Práctica 4. Una famosa actriz española

PASO 1. Lee el siguiente párrafo sobre Penélope Cruz. Luego, indica si las oraciones son ciertas (**C**) o falsas (**F**), según la información del pasaje.

Penélope Cruz, la actriz española más internacional, nació en Madrid en 1974. Es morena, no muy alta, delgada y muy bonita, pero la actriz tiene también una preparación muy completa para el cine: cuatro años de interpretación[a] en España y Nueva York y doce años de danza. Al principio[b] de su carrera, Penélope trabaja como modelo y participa en varios programas de televisión hasta que[c] en 1992 es seleccionada para trabajar en dos películas que van a hacerla una actriz famosa: *Belle Epoque* y *Jamón, jamón*. En el rodaje[d] de la película *Jamón, jamón*, Penélope conoce a Javier Bardem, ¡pero ella no sabe todavía[e] que Javier va a ser su futuro esposo! Otras películas muy famosas de Penélope son *Todo sobre mi madre* (1999) y *Volver* (2006), de Pedro Almodóvar. Además,[f] tiene películas en los Estados Unidos, Inglaterra e Italia. Penélope ha ganado[g] prestigiosos premios de interpretación, entre ellos,[h] el Óscar a la mejor actriz secundaria en *Vicky Cristina Barcelona* (2008), de Woody Allen. Javier Bardem también trabaja en *Vicky Cristina Barcelona* y la pareja se enamora[i] durante el rodaje. Penélope y Javier se casan[j] en julio de 2010, tienen a su hijo Leo en 2011 y a su hija Luna, en 2013. Ellos son muy felices.

[a]*performance*   [b]*Al... At the beginning*   [c]*hasta... until*   [d]*shooting*   [e]*yet*   [f]*Besides*   [g]*ha... has won*   [h]*entre... among others*   [i]*se... fall in love*   [j]*se... get married*

C	F	
☐	☐	**1.** Penélope Cruz es una actriz famosa en España y en el extranjero.
☐	☐	**2.** El esposo de Penélope Cruz es Javier Bardem.
☐	☐	**3.** Penélope conoce a Javier durante el rodaje de *Vicky Cristina Barcelona*.
☐	☐	**4.** Penélope tiene un Óscar por su participación en la película *Jamón, jamón*.
☐	☐	**5.** Penélope y Javier tienen un hijo y una hija.

PASO 2. Da la siguiente información sobre Penélope Cruz según el **Paso 1.**

1. Dónde y cuándo nació: _____.

2. Tres características físicas: _____.

3. Dos películas dirigidas por (*directed by*) Almodóvar: _____.

4. Una película producida por un director de los Estados Unidos: _____.

5. Educación artística: _____.

Pronunciación

Stress Rules and Written Accent Marks

Most Spanish words follow two simple rules for pronouncing words with correct stress:

1. If a word ends in **s, n,** or a vowel, the stress is on the next-to-the-last syllable, for example, **mar-tes** and **pro-gra-ma.**
2. If a word ends in any other consonant, the stress falls on the final syllable of the word, for example, **ju-gar** and **a-ni-mal.**

Práctica 1. Repeticiones. Repeat the following words ending in **s, n,** or a vowel, imitating the speaker. Pay close attention to which syllable receives the spoken stress.

1. <u>nom</u>-bre
2. <u>cin</u>-co
3. cua-<u>der</u>-no
4. <u>me</u>-nos
5. <u>lu</u>-nes
6. <u>ha</u>-blan

Práctica 2. Más repeticiones. Repeat the following words, imitating the speaker. Pay close attention to which syllable receives the spoken stress.

1. pro-fe-<u>sor</u>
2. pa-<u>pel</u>
3. hos-pi-<u>tal</u>
4. ha-<u>blar</u>
5. a-<u>bril</u>
6. us-<u>ted</u>

Most words in Spanish follow these two rules. Words that follow a different stress pattern require a written accent (**el acento ortográfico**). For example, the word **fútbol** ends in the consonant **l** but the stress is on the next-to-last, not the last syllable, therefore it is spelled with a written accent mark: **fút-bol.**

Accents are also required in the following situations:

- When the stress falls on the third-to-last syllable, such as in **matemáticas** or **bolígrafo,** the stressed syllable requires a written accent, regardless of the final letter.
- If two successive vowels do not form a dipthong, such as in **biología** or **día,** the stressed vowel requires a written accent mark.
- If two successive vowels form a dipthong, such as in **acción** or **también,** the stronger vowel (**a, o,** or **e**) receives the stress, and therefore requires a written accent.

Práctica 3. El acento ortográfico. Listen and repeat each word containing a written accent. Notice that the stress falls where the accent mark is written.

1. es-t<u>á</u>s
2. s<u>á</u>-ba-do
3. in-gl<u>é</u>s
4. me-<u>nú</u>
5. b<u>é</u>is-bol
6. c<u>é</u>s-ped

Práctica 4. ¿Acento ortográfico o no? Listen to the pronunciation of the following words, which are probably unfamiliar to you. Based on what you know about stress rules and written accents, decide if each word requires an accent or not. Write accents over the vowels that need them. The words are divided into syllables for you.

1. a-qui
2. del-ga-do
3. ma-tri-cu-la
4. es-ta-dis-tica
5. chim-pan-ce
6. sim-pa-ti-co
7. a-le-ma-nes
8. ac-ti-tud

Práctica 5. Dictado. You will hear a list of words that require an accent mark. Listen to each word and then spell it. Be sure to write in the accent mark where it belongs.

1. _____
2. _____
3. _____
4. _____
5. _____
6. _____
7. _____
8. _____
9. _____
10. _____
11. _____
12. _____
13. _____
14. _____
15. _____

TEMA II: La familia extendida

Vocabulario en acción

Práctica 1. **Otras relaciones familiares.** Completa cada oración con la palabra correcta basándote en las relaciones del árbol genealógico.

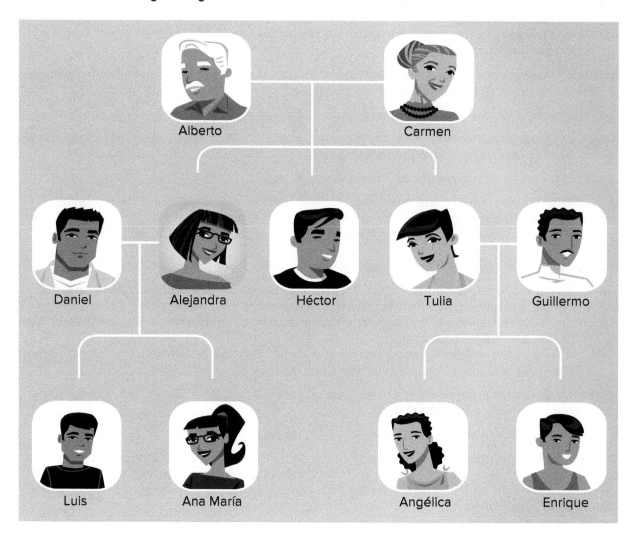

1. Carmen es la _____ de Daniel.

2. Tulia es la _____ de Daniel.

3. Angélica y Enrique son los _____ de Héctor.

4. Luis es el _____ de Angélica.

5. Guillermo es el _____ de Alberto.

6. Alejandra es la _____ de Enrique.

Práctica 2. Los estados civiles y el parentesco

PASO 1. Escribe las palabras que se definen abajo. Puedes repasar la lista del **Vocabulario en acción** antes de empezar. **¡OJO!** Incluye el artículo definido en tu respuesta.

1. Es una mujer que no está ni (*neither*) casada ni (*nor*) divorciada. _____

2. Un matrimonio consigue (*gets*) esto cuando rompen las relaciones. _____

3. Es la unión legal entre un hombre y una mujer. _____

4. Es la esposa de mi hijo. _____

5. Es una ceremonia religiosa o civil que formaliza la unión de una pareja. _____

6. Es un hombre cuya (*whose*) esposa ya murió. _____

PASO 2. Ahora, escribe definiciones para las siguientes palabras en español.

1. el ahijado _____

2. la madrina _____

3. el bautismo _____

4. los hijos adoptivos _____

Gramática

4.3 **Por** and **para**

Práctica 1. Los usos. Indica los usos de **por** y **para** en cada oración. Usa cada respuesta una vez.

POR	PARA
a. period of the day	**f.** to express *in order to*
b. mode of transportation	**g.** *for whom/what* something is destined to be given
c. mode of communication	**h.** to express *toward* or in the direction of
d. movement through or along	**i.** to express deadlines
e. fixed expression	

_____ **1.** Estos zapatos de tenis son para mi hermano.

_____ **2.** Por fin, mi hermano quiere empezar a correr conmigo.

_____ **3.** Mi hermano y yo vamos a hacer ejercicio por las mañanas.

_____ **4.** Vamos a correr por el parque.

_____ **5.** Después, debemos salir para la universidad.

_____ **6.** Tenemos que estar listos para las 9:00 porque tengo clase.

_____ **7.** En nuestra universidad, hay mucho tráfico y es mejor llegar caminando o por autobús.

_____ **8.** Voy a llamar a mi hermano por teléfono.

_____ **9.** Vamos al parque para correr y pasear.

Práctica 2.   Preguntas personales. Escucha cada una de las preguntas sobre tu vida de estudiante. Contesta usando las frases sugeridas. Luego, escucha y repite una respuesta posible.

> MODELO   (*you hear*)   ¿Por cuánto tiempo estudias los sábados?
>
> (*you see*)   por tres o cuatro horas →
>
> (*you say*)   Estudio por tres o cuatro horas los sábados.

1. por la noche
2. por teléfono
3. por autobús
4. porque es importante
5. para mañana
6. para conseguir (*get*) un trabajo bueno

Práctica 3.   Los planes. Fermín y Norma Ochoa hablan de un viaje de vacaciones a las Islas Canarias. Completa su conversación con **por** y **para**.

FERMÍN: _____[1] favor, Norma. No es necesario viajar[a] _____[2] barco.[b] Es mucho mejor ir

_____[3] avión.[c] Es más rápido, y además, viajar _____[4] barco me enferma.[d]

NORMA: Fermín, estas vacaciones no son solo _____[5] ti, son _____[6] toda la familia. Creo

que nuestras hijas deben viajar por barco _____[7] lo menos una vez en su vida.

_____[8] eso prefiero viajar en barco.

FERMÍN: Pero Norma, el movimiento de las olas[e] es muy problemático _____[9] mí.

Especialmente _____[10] la noche.

NORMA: Fermín, _____[11] lo general, la gente duerme mejor[f] en barco _____[12] el ritmo

constante y el movimiento. Vas a dormir como un bebé.

FERMÍN: Tienes razón, pero yo no soy como las personas típicas; además, no voy a poder hablar

_____[13] teléfono celular en el barco.

NORMA: ¿_____[14] qué quieres hablar por teléfono durante nuestras vacaciones? Solamente

estamos de vacaciones _____[15] cuatro semanas.

FERMÍN: _____[16] mantenerme[g] en contacto con mi padre. Ya sabes que él está muy viejo...

NORMA: Bueno, Fermín, si estás tan preocupado _____[17] tu padre, vamos en avión. Salimos

_____[18] las Islas Canarias el 23 de agosto.

FERMÍN: Un beso _____[19] ti, mi querida,[h] y gracias _____[20] comprender.

[a]*to travel*   [b]*boat*   [c]*airplane*   [d]*me... makes me sick*   [e]*waves*   [f]*better*   [g]*keep myself*   [h]*darling*

4.4 Demonstrative Adjectives and Pronouns

Práctica 1. Pronombres demostrativos. Indica la forma correcta del adjetivo demostrativo (**este, ese, aquel**), basándote en la distancia en el dibujo entre Manolito y cada uno de los objetos. **¡OJO!** Los adjetivos deben concorder (*agree*) en número y género.

1. _____ perros

2. _____ perros

3. _____ perros

4. _____ coche

5. _____ coche

6. _____ coche

7. _____ bicicleta

8. _____ bicicleta

9. _____ bicicleta

10. _____ cartas

11. _____ cartas

12. _____ cartas

Práctica 2. **De paseo.** Francisco le hace sugerencias a su hija Sofía mientras (*as*) caminan por Madrid, pero cada vez, Sofía insiste en la alternativa más lejos. Escucha cada una de las sugerencias de Francisco. Haz la parte de Sofía y responde con la forma correcta de **aquel.** Sigue el modelo. Luego, escucha y repite la respuesta correcta.

> MODELO   (*you hear*) Sofía, vamos a esta tienda.
>
> (*you say*)   No, no quiero entrar en esta tienda, quiero ir a aquella tienda.

1. ...   **2.** ...   **3.** ...   **4.** ...   **5.** ...

Práctica 3.   **Nuestra familia.** Los primos Mauricio y Nur hablan de su árbol genealógico. Completa cada una de las declaraciones de Mauricio con la forma correcta de **este** y cada una de las de Nur con la forma correcta de **ese.**

> MODELO   MAURICIO: Este es mi sobrino, Basilio.
>
> NUR: Ese es mi sobrino, Basilio.

1.   MAURICIO: _____ es mi padre, Flavio.

   NUR: _____ es mi tío, Flavio.

2.   MAURICIO: _____ es mi abuelo, Roberto.

   NUR: _____ es mi abuelo, Roberto.

3.   MAURICIO: _____ es mi tía, Juanita.

   NUR: _____ es también mi tía, Juanita.

4.   MAURICIO: _____ es mi tía, Ramona.

   NUR: _____ es mi madre.

5.   MAURICIO: _____ son mis primas Catalina y Margarita.

   NUR: _____ son mis primas también.

6.   MAURICIO: _____ son mis primos, Jorge y Pedro.

   NUR: _____ son mis primos también.

Síntesis y repaso

Práctica 1. Descripciones de los parientes. Escucha la descripción de los Cisneros. Luego, indica las respuestas correctas según lo que oyes y el árbol genealogico.

VOCABULARIO PRÁCTICO

compañía de seguros   Insurance company

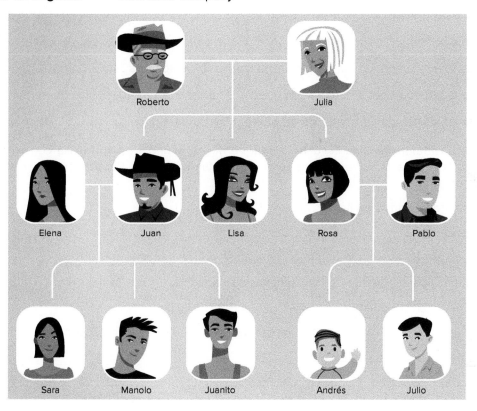

1. ¿Quién está jubilado/a?

    a. el abuelo   **b.** la abuela   **c.** los primos

2. ¿A quién le gusta estar con la familia y pasear por el parque?

    a. Pablo   **b.** Roberto   **c.** Lisa

3. ¿A quién le gusta jugar al vólibol?

    a. a las personas viejas   **b.** a la persona soltera   **c.** a los chicos listos

4. ¿Quién trabaja para una compañía de seguros?

    a. Lisa   **b.** la sobrina de Lisa   **c.** la cuñada de Lisa

5. ¿Quién es una persona muy trabajadora?

    a. el esposo de Elena   **b.** el sobrino de Elena   **c.** el cuñado de Elena

6. ¿Quiénes tienen hijos obedientes?

    a. Roberto y Julia   **b.** Juan y Elena   **c.** Rosa y Pablo

7. ¿Cuál es la relación familiar de los cinco chicos jóvenes?

    a. hermanos   **b.** primos   **c.** tíos

Práctica 2. La familia de Claudia. Completa las oraciones con las palabras correctas. **¡OJO!** Usa la forma correcta. No se usan todas las palabras.

ahijado/a	divorciado/a	nuera	sobrino/a	suegro/a	viudo/a
cuñado/a	madrina	padrino	soltero/a	tío/a	yerno

1. Yo no tengo esposo, no estoy divorciada y no estoy separada. Yo soy _____.

2. Marisol es la esposa del hijo de mi abuelo. Marisol es la _____ de mi abuelo.

3. Mi abuela María murió (*died*). Mi abuelo es _____.

4. Luisa es la madrina de mi hermana Elena. Elena es la _____ de Luisa.

5. Nicolás y Tomás son los hermanos de mi madre. Ellos son mis _____.

6. Ana es la esposa del hermano de mi madre. Ana es la _____ de mi madre.

7. Marcos es el hijo del hermano de mi padre. Marcos es el _____ de mi padre.

Práctica 3. Una reunión familiar. Escucha a Enrique mientras habla de su familia con su amigo Mateo. Después, indica la respuesta correcta para cada una de las oraciones. Puedes escuchar el audio más de una vez, si quieres.

1. La abuela de Enrique se llama _____.

   a. Isabel

   b. Celia

   c. Rosa

2. La abuela de Enrique es activa y le gusta _____ todos los días.

   a. caminar por el parque

   b. charlar con amigas

   c. tomar café

3. Isabel es _____ de Enrique.

   a. la tía

   b. la suegra

   c. la esposa

4. Isabel es la _____ de Eduardo.

   a. nuera

   b. esposa

   c. cuñada

5. Celia, la tía más joven de Enrique, es _____.

   a. casada

   b. divorciada

   c. soltera

6. La madre de Enrique tiene doce _____.

   a. primos

   b. sobrinos

   c. hermanos

Práctica 4. Parejas del mismo sexo

PASO 1. Lee este párrafo sobre la familia homosexual en España. Luego indica si las oraciones son ciertas (**C**) o falsas (**F**), según el pasaje.

El matrimonio homosexual es legal en España desde el 3 de julio de 2005. Desde sus comienzos,[a] la ley permite a las parejas legalizar su unión con los mismos derechos[b] que las parejas heterosexuales, incluidos el derecho a adoptar hijos, a recibir una pensión y al divorcio. Por esta razón, la ley es considerada como la más[c] progresista de Europa. Durante el primer año después de la legalización, se celebran en España más de 4.500 matrimonios entre personas del mismo sexo. A mediados de 2015, el número registrado[d] es más de 30.000.

Aunque[e] en 2005 la legalización del matrimonio homosexual tiene el apoyo[f] del 66 por ciento de la población, hay también mucha oposición por parte de la iglesia y de grupos políticos y sociales conservadores. Además, entre[g] las personas que apoyan la legalización del matrimonio, solo un 44 por ciento está a favor de la adopción de hijos por parejas homosexuales, frente[h] a un 42 por ciento que no está de acuerdo. Sin embargo,[i] estudios recientes concluyen que el matrimonio entre homosexuales, incluida la adopción de hijos, tiene una gran aceptación social en España. Especialmente entre los jóvenes, el grado[j] de aceptación es del 76,8 por ciento en el 2010. Las familias formadas por matrimonios entre personas del mismo sexo y sus hijos han contribuido[k] mucho en la transformación de la familia española contemporánea.

[a]Desde... *From the beginning* [b]*rights* [c]*como... as the most* [d]*recorded* [e]*Although* [f]*support* [g]*among* [h]*as opposed* [i]*However* [j]*degree* [k]han... *have contributed*

C	F	
☐	☐	**1.** La ley de matrimonio homosexual en España es conservadora.
☐	☐	**2.** El matrimonio homosexual y heterosexual tienen los mismos derechos en España.
☐	☐	**3.** El matrimonio entre parejas del mismo sexo tiene el apoyo de todos los españoles desde el comienzo de la legalización.
☐	☐	**4.** Hoy día, el matrimonio homosexual es aceptado por la mayoría de los españoles.
☐	☐	**5.** La familia entre personas del mismo sexo representa uno de los nuevos modelos de familia españoles.

PASO 2. Escoge las respuestas correctas, según el **Paso 1**. ¡OJO! Puede haber más de una respuesta correcta para algunas oraciones.

1. La fecha de la legalización del matrimonio homosexual es _____.

☐ 2010   ☐ 2005   ☐ 2015

2. En el año 2005, se celebran _____ bodas entre personas del mismo sexo.

☐ 2.500   ☐ 25.000   ☐ 4.500

3. El matrimonio homosexual tiene derecho _____.

☐ al divorcio   ☐ a la adopción de hijos   ☐ a recibir pensiones

4. En sus comienzos, el _____ de los españoles apoya el matrimonio homosexual.

☐ 66 por ciento   ☐ 44 por ciento   ☐ 42 por ciento

5. En tiempos recientes, la familia homosexual, con sus hijos, tiene el apoyo de _____.

☐ el 76,8 por ciento de los jóvenes   ☐ la mayoría de los españoles   ☐ la iglesia

Un mundo sin límites

En este capítulo viste (*you watched*) tres vídeos sobre Allen y su pareja, Rubén, en Madrid, España. Ve los vídeos otra vez (*again*) y completa las siguientes actividades. Puedes ver los vídeos más de una vez (*more than once*), si quieres.

Práctica 1. ¿Cierto o falso?

C	F	
☐	☐	**1.** Allen es profesor de inglés y está haciendo su doctorado en España.
☐	☐	**2.** Allen es de Virginia pero ahora vive en Madrid.
☐	☐	**3.** Rubén trabaja en un restaurante del parque de El Retiro.
☐	☐	**4.** Allen está muy unido a los padres de Rubén.
☐	☐	**5.** Para Allen, la familia extendida de Rubén es como su propia (*own*) familia.
☐	☐	**6.** Las parejas del mismo sexo no son bien aceptadas por la sociedad española.
☐	☐	**7.** Para Allen y Rubén es importante reunirse con la familia y compartir emociones y experiencias.

©McGraw-Hill Education/Zenergy

Práctica 2. Oraciones. Completa las siguientes oraciones con el vocabulario de la lista.

el matrimonio   abuela   la hermana   la familia   yerno   tíos

1. Los padres de Rubén aceptan a Allen como hijo y como _____.

2. Rubén está muy unido a _____ de su madre. Su relación es especial.

3. A Rubén le gusta salir con sus _____ para tomar una copa y hablar de la familia.

4. Dani, el hermano de Rubén, vive con su _____.

5. Para Allen, hay cosas que solo (*only*) puede hablar con _____ elegida.

6. En España, _____ homosexual es legal desde (*since*) 2005.

Práctica 3. La familia. Describe la familia tradicional de tu comunidad. ¿Qué miembros componen (*comprise*) este modelo de familia, típicamente? ¿Es común tener una relación cercana (*close*) con la familia extendida? ¿Cómo es la relación? ¿Cómo es la familia formada por un matrimonio del mismo sexo? En general, ¿qué miembros componen este modelo familiar? ¿Están bien aceptados por la sociedad? ¿Son los modelos familiares de tu comunidad similares o diferentes de los modelos españoles? ¿Cómo?

_____

_____

_____

_____

_____

_____

Capítulo 5

TEMA I: ¿Hay una vivienda típica?

Vocabulario en acción

Práctica 1. Los edificios de las afueras. Empareja cada palabra con el dibujo correspondiente.

el balcón	el edificio de apartamentos	el primer piso
la calle	el jardín	el segundo piso
la casa	la planta baja	la ventana

1. _____ 4. _____ 7. _____

2. _____ 5. _____ 8. _____

3. _____ 6. _____ 9. _____

Práctica 2.   Las viviendas. Lee cada una de las descripciones y escoge la respuesta correcta.

1. En el salón no tenemos sofá, mesita, sillas ni televisión.
    a. sin amueblar   **b.** amueblado
2. Nosotros vivimos muy lejos de la ciudad.
    a. en el campo   **b.** en el centro
3. No me gusta caminar por esta calle porque hay poca luz (*light*).
    a. oscura   **b.** luminosa
4. Nuestro barrio es muy tranquilo y hay muchas casas con jardines grandes, pero para llegar a la oficina donde trabajo, tengo que salir muy temprano.
    a. en el centro   **b.** en las afueras
5. Nosotros tenemos allí dos coches y cuatro bicicletas.
    a. la cochera   **b.** el estudio
6. Mi hermano y yo vivimos en el noveno piso y usamos esto todos los días.
    a. el bulevar   **b.** el ascensor

Gramática

5.1   Direct Object Pronouns

Práctica 1.   En la universidad y en casa

PASO 1.   Primero subraya (*underline*) el objeto directo de cada oración. Luego escribe el pronombre apropiado para reemplazarlo: **lo, la, los** o **las**.

> MODELO   Tengo <u>dos novelas de Carlos Ruiz Zafón</u>. → las

En la universidad

1. Estudio inglés.   _____

2. Traemos los libros a clase todos los días.   _____

3. Tengo un estudio muy pequeño.   _____

4. El profesor enseña español.   _____

5. Leemos las lecciones cada día.   _____

6. Mi compañero bebe dos botellas de agua todos los días. _____

En la casa

7. Miras mucho la televisión.   _____

8. Tenemos un lavabo en nuestro cuarto.   _____

9. Ponen las rosas en la mesa.   _____

10. A la derecha de mi mesita de noche, tengo una estantería. _____

11. En mi casa jugamos al billar.   _____

12. Escucho la música que me gusta en casa.   _____

PASO 2. Ahora escribe cada oración del **Paso 1** usando el pronombre de objeto directo apropiado.

MODELO   Tengo todas las novelas de Carlos Ruiz Zafón. → Las tengo.

En la universidad

1. _____

2. _____

3. _____

4. _____

5. _____

6. _____

En la casa

7. _____

8. _____

9. _____

10. _____

11. _____

12. _____

Práctica 2.   Los amigos y la familia

PASO 1.   Primero, subraya (*underline*) el objeto directo en cada una de las oraciones. Luego, escribe el pronombre de objeto directo correcto para reemplazarlo: **me, te, nos, os, lo, la, los,** o **las. ¡OJO!** En algunas oraciones, el objeto directo se expresa en una frase preposicional, por ejemplo, **a mí.**

MODELOS   ¿Entienden Uds. al hombre que tiene el perro? → lo

¿Puedes llamar (a mí) esta tarde? → me

Los amigos

1. ¿Vas a invitar a Anita a la fiesta?   _____

2. ¿Piensas llamar a Damián?   _____

3. ¿Ves a la muchacha guapísima?   _____

4. ¿Puedes llamar (a mí) después de clase?   _____

5. ¿Debo buscar (a ti) a las 11:00?   _____

La familia

6. ¿Siempre entiende (a ti) tu padre?   _____

7. ¿Llevas a tu hermanito al parque los sábados?   _____

8. ¿Tienes que llamar a los abuelos hoy?   _____

9. ¿Invitan ellos (a nosotras) a la reunión?   _____

10. ¿Debo llevar (a Uds.) al cine?   _____

(*Continúa.*)

PASO 2. Ahora completa las respuestas posibles para las preguntas del **Paso 1.** Usa los pronombres de objeto directo. **¡OJO!** Para contestar las preguntas del **Paso 1,** algunos de los pronombres van a ser diferentes de las respuestas del **Paso 1.**

MODELOS —¿Entienden Uds. al hombre que tiene el perro?

—No, no lo entendemos.

—¿Puedes llamarme (a mí) esta tarde?

—Sí, te llamo a las 6:00.

Los amigos

1. —¿Vas a invitar a Anita a la fiesta?

   —Sí, _____ voy a invitar a la fiesta.

2. —¿Piensas llamar a Damián?

   —No, no _____ pienso llamar.

3. —¿Ves a la muchacha guapísima?

   —Sí, _____ veo.

4. —¿Puedes llamarme (a mí) después de clase?

   —No, no _____ puedo llamar después de clase, lo siento.

5. —¿Debo buscarte (a ti) a las 11:00?

   —Sí, _____ debes buscar a las 11:00.

La familia

6. —¿Siempre te entiende (a ti) tu padre?

   —No, a veces no _____ entiende.

7. —¿Llevas a tu hermanito al parque los sábados?

   —Sí, _____ tengo que llevar al parque los sábados.

8. —¿Tienes que llamar a los abuelos hoy?

   —No, _____ tengo que llamar mañana, es el cumpleaños de mi abuela.

9. —¿Nos invitan (a nosotras) a la reunión Julio y Tere?

   —Sí, _____ invitan a la reunión.

10. —¿Debo llevarlos (a Uds.) al cine?

    —No, no _____ debes llevar al cine.

Práctica 3. Una fiesta. Escribe cada una de las oraciones de nuevo dos veces, con el pronombre de objeto directo en las dos posiciones posibles.

> MODELO Necesito llamar a mis padres. →
>
> Los necesito llamar. / Necesito llamarlos.

1. Voy a hacer planes para mi fiesta.

_____   _____

2. No puedo invitar a todos mis amigos.

_____   _____

3. Voy a llamar a mi mejor amiga esta tarde.

_____   _____

4. ¿Quieres pedir una pizza?

_____   _____

5. ¿Debemos beber sangría?

_____   _____

6. Voy a necesitar ayuda con esto. ¿Puedes ayudar?

_____   _____

Práctica 4. ¡Estoy preparándola! Escribe dos posibles respuestas para cada una de las preguntas, mostrando las dos posiciones posibles del pronombre de objeto directo. **¡OJO!** A veces un acento escrito es necesario.

> MODELO ¡Hola, amiga! Ya son las 4:00 de la tarde. ¿Estás preparando la fiesta? →
>
> Sí, la estoy preparando. / Sí, estoy preparándola.

1. ¿Estás barriendo el piso?

_____   _____

2. ¿Estás arreglando el balcón?

_____   _____

3. ¿Estás haciendo la sangría?

_____   _____

4. ¿Estás pidiendo la pizza?

_____   _____

5. ¿Estás limpiando las ventanas?

_____   _____

6. ¡Estoy hablando! ¿Me estás escuchando?

_____   _____

Práctica 5.   En la fiesta. Contesta afirmativamente cada una de las preguntas de un invitado a tu fiesta. Usa el pronombre de objecto directo en tus respuestas. **¡OJO!** Puede haber (*be*) más de una respuesta posible. Luego, escucha y repite las respuestas posibles.

> MODELO   (*you hear*) ¿Tienes una cafetera limpia? →
>
> (*you say*) Sí, la tengo.

1. ...   **2.** ...   **3.** ...   **4.** ...   **5.** ...   **6.** ...

5.2   Reflexive Verbs

Práctica 1.   ¿Quién lo hace? Empareja cada verbo con el pronombre personal apropiado / los pronombres personales apropiados.

_____ **1.** tú

_____ **2.** nosotros

_____ **3.** yo

_____ **4.** ellos, ellas, Uds.

_____ **5.** él, ella, Ud.

a. me ducho
b. nos saludamos
c. se divierte
d. se visten
e. te afeitas

Práctica 2.   Tu rutina. Completa cada oración con el verbo apropiado para describir tu rutina.

me afeito		
me baño / me ducho / me lavo	me levanto	me visto

me despierto   me seco

Primero _____ ^{1} y _____ ^{2}

Entonces _____, ^{3} después _____, ^{4}

luego _____, ^{5} y por fin _____. ^{6}

Práctica 3.   Los reflexivos con otras estructuras gramaticales. Completa las oraciones con la forma apropiada del verbo entre paréntesis. **¡OJO!** Usa el infinitivo o el participio presente.

1. Tengo que _____ (**bañarse**) ahora.

2. Voy a _____ (**despertarse**) más temprano.

3. Aprendo a _____ (**relajarse**) más.

4. Sé _____ (**maquillarse**) profesionalmente.

5. Necesito _____ (**vestirse**) rápido.

6. Debo _____ (**ducharse**) todos los días.

7. _____ voy a _____ (**divertirse**) en la fiesta.

8. _____ tengo que _____ (**lavarse**) las manos.

9. _____ estoy _____ (**afeitarse**).

10. _____ estoy _____ (**vestirse**).

11. Estoy _____ (**secarse**).

12. Estoy _____ (**divertirse**).

Práctica 4. La rutina diaria de Celia. Describe la rutina de Celia, según los dibujos. Usa verbos reflexivos conjugados en la tercera persona singular.

Primero _____.¹ Entonces _____² y

_____.³ Después _____,⁴

_____⁵ y _____.⁶ Luego

_____⁷ y por fin _____,⁸

Práctica 5. **¿Qué hacemos y dónde?** Usa la forma **nosotros** de los siguientes verbos para escribir cinco oraciones sobre lo que hacemos normalmente en cada cuarto.

afeitarse	cenar	despertarse	hacer la cama	pasar la aspiradora
almorzar	cocinar	ducharse	lavarse	trapear el piso
bañarse	desayunar	estudiar	maquillarse	vestirse

1. En el baño...

_____.

_____.

_____.

_____.

_____.

2. En el dormitorio...

_____.

_____.

_____.

_____.

_____.

3. En la cocina...

_____.

_____.

_____.

_____.

_____.

Síntesis y repaso

Práctica 1. **Un apartamento de alquiler (*to rent*).** Escucha el anuncio (*advertisement*) para un apartamento que se alquila (*for rent*). Escoge la palabra apropiada para completar cada oración.

1. El apartamento está en... **a.** la calle. **b.** el centro. **c.** el campo.

2. El edificio de apartamentos está en... **a.** la calle. **b.** la avenida. **c.** el bulevar.

3. Los cuartos están... **a.** amueblados. **b.** sin amueblar. **c.** oscuros.

4. El apartamento es... **a.** muy tranquilo. **b.** céntrico. **c.** viejo.

5. El apartamento tiene... **a.** ascensor. **b.** cochera. **c.** balcón.

Práctica 2. **La rutina de Amalia.** Lee el párrafo sobre la rutina de Amalia y, después, escoge las respuestas correctas. **¡OJO!** Hay más de una respuesta correcta para algunas oraciones.

Amalia es una chica joven que vive en las afueras de Madrid y trabaja en el centro de la ciudad. Amalia tiene que levantarse muy temprano los días entre semana porque su trabajo queda a una hora de su casa. Se levanta a las 5:00 de la mañana y hace ejercicio por 20 minutos. Después se ducha, se viste y se maquilla y, aproximadamente, a las 6:30 toma un buen café con cereales. Sale de casa a las 7:00 y a las 8:00 de la mañana, llega a su trabajo. Aunque Amalia vive lejos del centro de Madrid, le gusta mucho su casa. Es un pequeño chalet de dos plantas, con jardín y cochera, y está situado en un barrio muy bonito. Además, sus vecinos son muy simpáticos. Durante los fines de semana Amalia se reúne con ellos para comer, divertirse y relajarse un poco.

1. Amalia vive en _____.
  ☐ el centro de Madrid   ☐ las afueras de Madrid   ☐ un barrio muy bonito

2. Durante los días entre semana, Amalia _____ a las 5:00 de la mañana.
  ☐ se levanta   ☐ se ducha, se viste y se maquilla   ☐ hace ejercicio

3. Amalia necesita viajar _____ para llegar a su trabajo.
  ☐ 20 minutos   ☐ una hora   ☐ una hora y media

4. A Amalia le gusta su casa porque _____.
  ☐ está lejos de Madrid   ☐ puede hacer ejercicio   ☐ los vecinos son simpáticos

5. La casa de Amalia no tiene _____.
  ☐ jardín   ☐ cochera   ☐ ascensor

6. Los fines de semana, Amalia _____ con sus vecinos.
  ☐ se relaja   ☐ toma café   ☐ se divierte

Práctica 3. **Los vecinos de Anita.** Escucha mientras Anita describe a sus vecinos. Después, contesta las preguntas en oraciones completas. Puedes escuchar más de una vez, si quieres.

1. ¿Dónde vive Anita? _____

2. ¿Cómo es el vecino que vive en el segundo piso? _____

3. ¿Por qué no es tranquilo el apartamento de Anita? _____

4. ¿Qué le gusta hacer al vecino en la planta baja? _____

5. ¿Cuándo visita Anita a su vecino en la planta baja? _____

Práctica 4. Mi casa ideal

PASO 1. Lee el siguiente párrafo sobre la casa ideal. Luego, indica si las oraciones son ciertas o falsas. Corrige las oraciones falsas.

Marbella es una ciudad del sur de España, perteneciente[a] al municipio de Málaga. Marbella es muy famosa por sus hermosas playas, por sus campos de golf, por sus hoteles de lujo[b] y por su intensa vida nocturna.[c] Mi casa ideal está en Marbella. Las casas de Marbella son grandes y lujosas. Están cerca de la playa[d] y están situadas en una comunidad muy tranquila. Muchas personas famosas y ricas tienen casa para veranear[e] allí, entre ellas, Antonio Banderas. Mi casa ideal tiene un balcón, tres pisos y un garaje. También tiene un jardín con muchas flores.[f] Los vecinos son simpáticos y solamente hablan español. La casa no está en el campo, pero tampoco está en el centro. La calle está a 200 metros del puerto[g] y la playa está a 400 metros. Los cuartos son grandes y abiertos y es muy luminosa. Algún día voy a comprarla.

[a]belonging to [b]luxury [c]vida... night life [d]beach [e]to spend summer holidays [f]flowers [g]port

C	F	
☐	☐	**1.** Mi casa ideal está en Málaga, España.
☐	☐	**2.** Mi casa ideal tiene tres plantas y cuartos luminosos.
☐	☐	**3.** Mi casa ideal tiene un jardín con tomates.
☐	☐	**4.** Mi casa ideal está cerca del mar (sea).
☐	☐	**5.** Las noches en Marbella son muy animadas.

PASO 2. Busca en internet casas bonitas en Marbella, España. Escribe una breve descripción de una casa que te guste.

_____

_____

_____

Pronunciación

b, v, and d

In Spanish, **b** and **v** are pronounced exactly the same way. If the letters **b** and **v** occur at the beginning of a phrase or after **m** or **n**, they are pronounced like the English *b*; no air is allowed to escape the lips.

Práctica 1. Repeticiones. Listen and repeat each word. You will notice that **b** and **v** are pronounced identically.

bonita   bueno   veinte   ver   nombre

In all other instances, **b** and **v** are both pronounced as a "soft" fricative **b,** meaning that some air is allowed to escape through the lips.

Práctica 2. Más repeticiones. Listen and repeat each word, paying close attention to the "soft" fricative **b** or **v** in each word.

árabe sábado hablar trabajar aburrido abuelos invierno favorito

When the Spanish **d** occurs at the beginning of a sentence or after **n** or **l**, it is pronounced like the English *d,* as in *dog.* The only difference is that the Spanish **d** is a dental sound, meaning it is pronounced with the tip of the tongue against the back of the top teeth, instead of at the alveolar ridge, as in English. In all other cases, Spanish uses a soft **d** that sounds more like the English *th,* as in *the.*

Práctica 3. La *d* dental. Listen and repeat each word, paying close attention to how the **d** is pronounced.

andar en bicicleta el deporte el domingo debo hacerlo

Práctica 4. The Soft *d*. Listen and repeat each word, paying close attention to the soft **d,** pronounced like the *th* in <u>the</u> or <u>th</u>em.

nadar sábado mediodía cansado bebida

Práctica 5. Ortografía. Listen and spell each word or phrase containing **b, v,** and both pronunciations of the Spanish **d.** Because **b** and **v** sound alike in Spanish, you need to memorize the spelling of words with these letters.

1. _____
2. _____
3. _____
4. _____
5. _____
6. _____
7. _____
8. _____

TEMA II: En casa

Vocabulario en acción

Práctica 1. Los muebles de la casa. Indica los muebles más lógicos para cada cuarto. En muchos casos hay más de una respuesta.

1. En el salón, hay _____.
   ☐ un microondas   ☐ un sillón   ☐ un lavabo
   ☐ una mesita   ☐ una cama   ☐ una chimenea

2. En la cocina, hay _____.
   ☐ una cafetera   ☐ un pasillo   ☐ una cómoda
   ☐ un lavabo   ☐ un refrigerador ☐ un horno

3. En el dormitorio, hay _____.
   ☐ una ducha   ☐ una alfombra   ☐ una cómoda
   ☐ un cuadro   ☐ una estufa   ☐ un inodoro

4. En el baño, hay _____.
   ☐ una lavadora   ☐ un inodoro   ☐ una mesita
   ☐ una piscina   ☐ una cafetera   ☐ un sofá

5. En el comedor, hay _____.
   ☐ una cama   ☐ una mesa   ☐ unas sillas
   ☐ una ducha   ☐ una cómoda   ☐ un sofá

Práctica 2. **¿Dónde está?** Completa las oraciones con las frases de la lista, según el dibujo. **¡OJO!** Usa cada frase solamente una vez.

a la derecha de	debajo de	encima de
a la izquierda de	delante de	enfrente de
al lado de	dentro de	entre

1. La cama está _____ la mesita de noche y el espejo (*mirror*).

2. La ropa está _____ la cómoda.

3. El gato está _____ la cama.

4. El espejo está _____ la cama.

5. La cama está _____ la ventana.

6. La lámpara está _____ la mesita de noche.

7. La mesita de noche está _____ la cama.

8. La cómoda está _____ el armario.

9. La persona está _____ el espejo.

Gramática

5.3 Comparisons

Práctica 1. La familia Rodríguez y la familia García. Completa las comparaciones basándote en la información presentada. **¡OJO!** Recuerda usar las comparaciones especiales para expresar *better than* y *worse than*.

1. La familia Rodríguez tiene mucho dinero, pero la familia García tiene poco dinero.

   rico: La familia Rodríguez es _____ la familia García.

2. En su casa, la familia Rodríguez tiene tres dormitorios, pero la familia García tiene cinco dormitorios.

   dormitorios: La familia Rodríguez tiene _____ la familia García.

3. En la casa de la familia García hay diez personas, pero en la familia Rodríguez hay cinco personas.

   grande: La familia García es _____ la familia Rodríguez.

4. Los chicos García ayudan mucho en la casa, pero los chicos Rodríguez ayudan poco en la casa.

   ayudan: Los chicos Rodríguez _____ los chicos García.

5. Las hamburguesas que cocinan los Rodríguez son buenas, pero las hamburguesas que cocinan los García son buenísimas.

   cocinar bien: Los padres García _____ los padres Rodríguez.

6. La Sra. García trabaja 35 horas cada semana, pero la Sra. Rodríguez trabaja 45 horas cada semana.

   horas: La Sra. Rodríguez trabaja _____ la Sra. García.

7. Los niños de la familia Rodríguez sacan malas notas en la escuela, pero los niños de la familia García sacan buenas notas.

   inteligente: Los niños de la familia Rodríguez son _____ los niños de la familia García.

8. Los niños de la familia García practican deportes quince horas por semana, pero los niños de la familia Rodríguez practican deportes cinco horas por semana.

   horas: Los niños de la familia García practican deportes _____ los niños de la familia Rodríguez.

Práctica 2. Comparaciones de igualdad

PASO 1. Completa las oraciones con adjetivos que sean (*are*) aplicables a ti y a los familiares que aparecen abajo. **¡OJO!** Cuidado con la concordancia (*agreement*).

1. Yo soy tan _____ como mi padre.

2. Yo soy tan _____ como mi madre.

3. Yo soy tan _____ como mi hermano/a.

4. Yo soy tan _____ como mi mejor amigo/a.

5. Yo soy tan _____ como mi mascota.

(Continúa.)

PASO 2. Ahora escribe comparaciones de igualdad basándote en la siguiente información.

1. Raúl corre media hora cada día. Amalia corre media hora cada día.

Raúl _____ Amalia.

2. Diego estudia diez horas por semana. Paco estudia diez horas por semana.

Paco _____ Diego.

3. Rogelio come mucho. Isabel come mucho.

Rogelio _____ Isabel.

4. Mi abuelo tiene mucho dinero. Tu abuelo tiene mucho dinero.

Tu abuelo _____ mi abuelo.

5. Yo tengo dos gatos. Tú tienes dos gatos.

Tú _____ yo.

6. Mi tío tiene tres casas. Tu tío tiene tres casas.

Mi tío _____ tu tío.

7. Tú tienes mucha suerte (*luck*). Yo tengo mucha suerte.

Yo _____ tú.

Práctica 3. Mi familia. Escribe cinco oraciones para comparar tu edad, altura (*height*), inteligencia, apariencia, etcétera, con las de otros miembros de tu familia.

1. _____

2. _____

3. _____

4. _____

5. _____

Práctica 4. Apartamentos en la ciudad. Completa cada una de las siguientes comparaciones con las palabras correctas. **¡OJO!** Hay comparaciones de igualdad y de desigualdad.

1. El apartamento de Susana cuesta 600 euros al mes, pero el apartamento de Víctor cuesta 800 euros al mes. El apartamento de Víctor cuesta _____ _____ el apartamento de Susana.

2. Melisa pasa cuatro horas limpiando su apartamento cada semana. Jaime también pasa cuatro horas limpiando cada semana. Jaime limpia _____ _____ Melisa.

3. El edificio de Susana tiene dos ascensores, pero el edificio de Melisa tiene tres ascensores. El edificio de Melisa tiene _____ _____ _____ el edificio de Susana.

4. El apartamento de Víctor es muy cómodo, conveniente y moderno. El apartamento de Susana no es amplio, está lejos de su trabajo y es anticuado. El apartamento de Susana es _____ que el apartamento de Víctor.

5. En su cocina, Víctor tiene cuatro sillas. Susana también tiene cuatro sillas en su cocina. Víctor

   tiene _____ sillas _____ Susana.

6. Los compañeros de Víctor hacen mucho ruido (*noise*), no sacan la basura, hacen fiestas cada

   fin de semana y no estudian. Las compañeras de Melisa siempre limpian la cocina, se acuestan

   antes de medianoche y se respetan mucho. Los compañeros de Víctor son _____ que las

   compañeras de Melisa.

Práctica 5. **Nota comunicativa: Superlativos.** Escucha cada una de las preguntas y contesta según la sugerencia dada. Luego, escucha y repite la respuesta correcta.

> MODELO (*you hear*) ¿Cuál es el cuarto más grande de tu casa? (*you see*) el salón →
>
> (*you say*) El salón es el cuarto más grande de mi casa.

1. mis padres
2. mi hermano
3. la terraza
4. el despacho
5. mi padre
6. el jardín

Síntesis y repaso

Práctica 1. **El salón de mi casa.** Escucha la descripción del salón de Eduardo. Escribe los muebles que se mencionan, cuántas piezas hay de cada mueble y una breve descripción de cada uno. Sigue el modelo.

> MODELO mesita: Hay una mesita. Es antigua (*old*) y elegante.

1. _____

2. _____

3. _____

4. _____

Práctica 2. **En busca de (*in search of*) la casa perfecta.** Sean y Sara están buscando compañeros de casa, por eso describen el lugar donde viven. Mientras escuchas, indica las respuestas correctas según la información que oyes. Puedes escuchar más de una vez, si quieres.

VOCABULARIO PRÁCTICO

aunque	although
la madera	wood
las alacenas	cabinets
el fregadero	kitchen sink

LA CASA DE SEAN	LA CASA DE SARA	
☐	☐	**1.** ¿Cuál de las casas es mejor para una persona a quien le gusta estar afuera?
☐	☐	**2.** ¿Cuál de las casas es mejor para una persona que quiere vivir con muchos compañeros?
☐	☐	**3.** ¿Cuál de las casas es mejor para una persona que prefiere lavar la ropa en casa?
☐	☐	**4.** ¿Cuál de las casas es mejor para una persona que tiene mascotas grandes?
☐	☐	**5.** ¿Cuál de las casas es mejor para una persona que tiene muchos libros?
☐	☐	**6.** ¿Cuál de las casas es mejor para una persona a quien le gusta cocinar?

Práctica 3. ¡A comprar! Mira el anuncio para unos muebles e indica si las oraciones son **ciertas (C)** o **falsas (F)**. Si la oración es falsa, corrígela.

C	F		
☐	☐	**1.**	Hay una estantería en la lista de muebles.
☐	☐	**2.**	Hay una mesita de noche en la lista de muebles.
☐	☐	**3.**	La mesita cuesta más que la lámpara.
☐	☐	**4.**	La cómoda cuesta tanto como el sillón.
☐	☐	**5.**	No hay una cama en la lista de muebles
☐	☐	**6.**	Hay un tocador en la lista de muebles.
☐	☐	**7.**	El sillón cuesta menos que el microondas.
☐	☐	**8.**	La lámpara cuesta menos que la cómoda.

balloons: ©Martin Mistretta/Photodisc/Getty Images ***armchair:*** ©gerenme/E+/Getty Images ***microwave:*** ©Stockbyte/PictureQuest ***coffee table:*** ©Stockbyte/PunchStock ***lamp:*** ©Ryan McVay/Photodisc/Getty Images ***chest of drawers:*** ©Royalty-Free/CORBIS

Práctica 4. Anuncios clasificados de viviendas

PASO 1. Lee los siguientes anuncios sobre unas viviendas en Cataluña, España. Luego, indica qué vivienda describen las oraciones a continuación, la casa adosada, el piso o ambos.

ANUNCIO 1

Casa adosada en las afueras de Montserrat, a solo una hora de Barcelona. Lujosa vivienda de 200 metros cuadrados, con 4 dormitorios con armarios empotrados;[a] 2 baños y un aseo,[b] salón de lujo con grandes ventanas, salón-comedor con salida a la terraza y cocina equipada. Suelos[c] de parquet en todas las habitaciones. Espectaculares vistas panorámicas a la montaña y al Monasterio Benedictino. Garaje. Precio: 490.000 €.

[a]*built-in closed*   [b]*half bathroom*   [c]*Pisos*

ANUNCIO 2

Precioso piso de 100 metros cuadrados más 9 metros cuadrados de terraza muy tranquilo, en el Paseo Marítimo de la Barceloneta, Barcelona, con vista al mar. Tiene 4 habitaciones, 1 doble y 3 individuales, con vista a patio exterior; 2 baños, 1 con bañera y otro con ducha. Salón-comedor con salida a la terraza. Cocina completamente amueblada. Suelos de parquet. Calefacción[d] y aire acondicionado. Edificio con ascensor. Precio: 527.000 €.

[d]*Central heat*

CASA ADOSADA	PISO	AMBOS	
☐	☐	☐	**1.** La vivienda es relajante y está cerca del océano.
☐	☐	☐	**2.** Desde el salón-comedor podemos pasar a la terraza.
☐	☐	☐	**3.** Esta vivienda tiene un lugar para el coche.
☐	☐	☐	**4.** La vivienda tiene aire acondicionado en todos los cuartos.
☐	☐	☐	**5.** La cocina tiene todos los muebles necesarios.
☐	☐	☐	**6.** Es una vivienda de lujo con vistas magníficas a las montañas.

PASO 2. Indica si las oraciones son ciertas (C) o falsas (F), según el **Paso 1.** Corrige las oraciones falsas.

C	F	
☐	☐	**1.** La casa adosada cuesta más que el piso.

_____

☐	☐	**2.** El piso tiene tantos dormitorios como la casa adosada.

_____

☐	☐	**3.** El piso es más grande que la casa adosada.

_____

☐	☐	**4.** Las dos viviendas tienen vistas muy bonitas.

_____

☐	☐	**5.** Las dos viviendas tienen más de un baño.

_____

PASO 3. Escribe un anuncio clasificado de una vivienda en la ciudad donde vives. La vivienda debe ser adecuada para un matrimonio joven con tres hijos de 4, 7 y 9 años. Incluye en tu descripción el tipo de vivienda, el nombre de la ciudad y la calle en donde está localizada la vivienda. Usa los anuncios clasificados del **Paso 1** como guía.

Un mundo sin límites

En este capítulo viste (*you watched*) tres vídeos sobre Jen y su pareja, Pepe, en Granada, España. Ve los vídeos otra vez y completa las siguientes actividades. Puedes ver los vídeos más de una vez, si quieres.

Práctica 1.   ¿Cierto o falso?

C	F	
☐	☐	**1.** Jen es profesora de inglés en Granada.
☐	☐	**2.** Jen ha vivido (*has lived*) en España por dos años.
☐	☐	**3.** El piso de Jen y Pepe es antiguo, pero está renovado.
☐	☐	**4.** El piso de la pareja no tiene balcón.
☐	☐	**5.** Jen, Pepe y su tío visitan unas cuevas en un pueblo a las afueras de Granada.
☐	☐	**6.** A la familia de Pepe le gusta reunirse en una cueva porque es un lugar tranquilo.

©McGraw-Hill Education/Zenergy

Práctica 2.   Oraciones. Completa las siguientes oraciones con el vocabulario de la lista.

la cocina   chimenea   piso   el hogar   salón   una terraza

1. Pepe considera que _____ es el lugar donde una persona se siente bien.

2. A Pepe y Jen les gusta su nuevo _____ porque tiene mucha luz.

3. A Pepe le gusta _____ más que los otros cuartos de su casa.

4. La cueva es una casa de campo y está dividida en habitaciones, cocina y _____.

5. En el hotel situado en la cueva de arriba hay una bonita _____.

6. En la cueva de arriba también hay _____ en la parte exterior.

Práctica 3.   Otro hotel en las cuevas. Busca en internet información e imágenes de Casa Rural Cuevas del Sol, un alojamiento (*lodging*) rural situado en Setenil de las Bodegas, Cádiz, España. En un párrafo bien organizado, haz una descripción del hotel y compáralo con el hotel situado en la cueva de Granada. ¿Por qué existen este tipo de viviendas y hoteles en el sur de España?

_____

_____

_____

_____

_____

_____

_____

Capítulo 6

TEMA I: ¿Existe una comida hispana?

Vocabulario en acción

Práctica 1.   Los tipos de comidas. Clasifica cada comida en el grupo apropiado. **¡OJO!** Algunas comidas pertenecen (*belong*) a más de un grupo.

el agua	el bistec	la langosta	la piña	el tocino
el arroz	los camarones	la leche	el pollo	las uvas
el atún	el champaña	el pan	el queso	el yogur
el azúcar	las espinacas	el pavo	la sal	la zanahoria

1.   las carnes y aves (*poultry*)

_____

_____

_____

_____

2.   las frutas y verduras

_____

_____

_____

_____

3.   el pescado y los mariscos

_____

_____

_____

4.   los productos lácteos

_____

_____

5.   los granos

_____

_____

6.   los condimentos

_____

_____

7.   las bebidas

_____

_____

_____

Práctica 2.   Busca al intruso. Indica qué comida *no* pertenece a cada grupo.

1. ☐ el atún	☐ el pavo	☐ la langosta	☐ los camarones
2. ☐ el arroz	☐ el queso	☐ la leche	☐ la mantequilla
3. ☐ la lechuga	☐ la toronja	☐ la fresa	☐ la manzana
4. ☐ la papa	☐ la cebolla	☐ el mango	☐ la zanahoria
5. ☐ el jugo	☐ el aceite	☐ el vino	☐ la cerveza

Gramática

6.1 Indirect Object Pronouns

Práctica 1. **Los Reyes Magos.** Completa cada oración con el pronombre de objeto indirecto apropiado.

me	nos
te	
le	les

1. Los Reyes Magos _____ traen una cámara a mi mamá.

2. Los Reyes Magos _____ traen una bicicleta a mis hermanos.

3. Los Reyes Magos _____ traen unas entradas a un concierto de jazz a mis abuelos.

4. Los Reyes Magos _____ traen una computadora portátil (a mí).

5. Los Reyes Magos _____ traen muchas galletas (a nosotros).

6. Los Reyes Magos _____ traen un auto Mercedes a mi papá.

7. Los Reyes Magos _____ traen unos dulces a Uds.

8. Los Reyes Magos _____ traen un libro de español (a ti).

Práctica 2. **Una ayuda.** Escucha cada una de las oraciones y repítela usando el pronombre de complemento indirecto en vez del sustantivo. Escucha y repite la respuesta correcta.

> MODELO (*you hear*) Llevo flores a mi abuelo. →
>
> (*you say*) Le llevo flores.

1. ... **2.** ... **3.** ... **4.** ... **5.** ... **6.** ... **7.** ... **8.** ... **9.** ... **10.** ...

Práctica 3. **¡Niños!** Karina y una amiga salen a almorzar con sus hijos pequeños. Antes del almuerzo, Karina les hace preguntas a los niños. Lee cada una de las preguntas de Karina y completa la respuesta de los niños, haciendo los cambios necesarios. Sigue el modelo.

> MODELO ¿Me van a escuchar bien? →
>
> Sí, mamá, te vamos a escuchar bien.

1. ¿Me van a mostrar sus buenos modales (*good manners*)?

   Sí, mamá, _____.

2. ¿Me van a dar sus juguetes (*toys*) antes de comer?

   Sí, mamá, _____.

3. ¿Le van a decir «Gracias» a la camarera?

   Sí, mamá, _____.

4. ¿Les van a pasar la comida a las otras personas en la mesa?

   Sí, mamá, _____.

5. ¿Me van a decir cuándo necesitan ir al baño?

   Sí, mamá, _____.

Práctica 4. La familia en el restaurante. Escucha cada una de las preguntas y contesta, usando las pistas (*cues*) y el complemento de objeto indirecto en tu respuesta. Escucha y repite la respuesta correcta.

MODELO (*you hear*) ¿Me das el refresco a mí? (*you see*) No, a tu hermana →

(*you say*) No, le doy el refresco a tu hermana.

1. No, a tu hermano
2. No, a tu abuelo
3. No, a los niños
4. No, a ti
5. No, a tus hermanos
6. No, a mí
7. No, a Uds.

6.2 Double Object Pronouns

Práctica 1. El mesero

PASO 1. Para cada una de las oraciones, haz un círculo en el objeto directo y subraya el objeto indirecto. Incluye los adjetivos y otras palabras que modifican los objetos. Luego, escribe el pronombre correspondiente para los objetos directos e indirectos en las columnas correspondientes.

MODELO Traigo (café negro) a los señores de la mesa tres. →   DO: lo   IO: les

	DO	IO
1. Doy la ensalada a la mujer de pelo largo.	_____	_____
2. Traigo unas servilletas para ti.	_____	_____
3. Pongo el aceite de oliva en la mesa para los ricos.	_____	_____
4. Doy las gracias a los jóvenes.	_____	_____
5. Necesito dar el azúcar al hombre que bebe café.	_____	_____

PASO 2. Vuelve a escribir cada una de las oraciones del **Paso 1,** sustituyendo los pronombres correctos por los objetos directos e indirectos. ¡**OJO!** Vas a tener que cambiar algunos (*some*) de los pronombres indirectos **le** y **les** a **se.**

MODELO Traigo café negro a los señores de la mesa tres. →

Se lo traigo.

1. _____

2. _____

3. _____

4. _____

5. _____

Práctica 2.   Un menú. Un reportero entrevista al dueño (*owner*) de un restaurante, famoso por un menú muy popular entre una variedad de clientes. Completa la primera oración con el pronombre del objeto indirecto. Luego, completa la segunda oración con dos pronombres (indirecto y directo).

REPORTERO: ¿Qué tipo de comida tienen para los vegetarianos?

DUEÑO: _____¹ preparamos ensaladas exquisitas. _____² preparamos con muchas especias.

REPORTERO: ¿Y para los niños?

DUEÑO: _____³ preparamos ensalada de fruta. _____⁴ preparamos con piña, naranjas y fresas.

REPORTERO: ¿Y para los bebés?

DUEÑO: _____⁵ preparamos leche. _____⁶ preparamos bien tibia.ᵃ

REPORTERO: ¿Y para los diabéticos?

DUEÑO: _____⁷ preparamos postres especiales. _____⁸ preparamos sin azúcar.

REPORTERO: ¿Y para la persona que no puede comer sal?

DUEÑO: _____⁹ preparamos zanahorias y otras verduras. _____¹⁰ preparamos con muchas hierbas.ᵇ

REPORTERO: ¿Y para los atletas?

DUEÑO: _____¹¹ preparamos bistecs. _____¹² preparamos a la parrillaᶜ o al horno.ᵈ

REPORTERO: ¿Y para un actor famoso?

DUEÑO: _____¹³ preparamos chuletas de cerdo. _____¹⁴ preparamos con una pasta deliciosa.

ᵃ*warm*   ᵇ*herbs*   ᶜa... *grilled*   ᵈal... *baked*

Práctica 3.   ¿Y los clientes? Durante el verano, trabajas en un mercado local. Escucha cada una de las preguntas de clientes y responde afirmativamente, según el modelo. Debes decirles también que el producto es delicioso. Después de contestar, escucha y repite la respuesta correcta.

MODELO (*you hear*) ¿Nos recomienda Ud. estos mangos? →
(*you say*)   Sí, se los recomiendo. Son deliciosos.

1. ...   **2.** ...   **3.** ...   **4.** ...   **5.** ...   **6.** ...   **7.** ...   **8.** ...

Práctica 4. Un jefe (boss) muy difícil. Contesta cada una de las preguntas afirmativamente, sustituyendo los complementos directos e indirectos por los pronombres correspondientes. **¡OJO!** Puede haber más de una respuesta correcta.

MODELO   JEFE: ¿Puedes llevarle más vino a ese señor?

MESERO: Sí, se lo puedo llevar. / Sí, puedo llevárselo.

1.   JEFE: ¿Puedes ofrecerles un menú a ellos?

MESERO: _____

2.   JEFE: ¿Puedes cocinar el pescado para el niño?

MESERO: _____

3.   JEFE: ¿Cocinas las habichuelas para nosotros?

MESERO: _____

4.   JEFE: ¿Preparas el pollo para la clienta alta?

MESERO: _____

5.   JEFE: ¿Llevas el plato de pavo a la pareja de la esquina?

MESERO: _____

6.   JEFE: ¿Puedes preparar los camarones para mí?

MESERO: _____

7.   JEFE: ¿Puedes llevar la cuenta a los clientes?

MESERO: _____

Síntesis y repaso

Práctica 1. Las tiendas. Escucha cada una de las listas de compras, luego indica la tienda donde la persona debe hacer sus compras. **¡OJO!** Puede haber (There can be) más de una respuesta.

VOCABULARIO PRÁCTICO

la carnicería	butcher shop
la frutería	fruit stand
la heladería	ice cream shop
la panadería	bakery
la pescadería	fish market
el puesto callejero	street stand

1. ☐ la panadería   ☐ la heladería   ☐ la tienda de comestibles
2. ☐ la carnicería   ☐ la pescadería   ☐ la panadería
3. ☐ la pescadería   ☐ la carnicería   ☐ la frutería
4. ☐ la heladería   ☐ el puesto callejero   ☐ el supermercado
5. ☐ el puesto callejero   ☐ la pescadería   ☐ la frutería

Práctica 2. Una receta (*recipe*)

PASO 1. Escucha la receta para una tortilla francesa. Marca los ingredientes necesarios para la receta.

VOCABULARIO PRÁCTICO

la cucharadita	teaspoon
la cuchara	tablespoon
el cuenco	bowl
calentar	to heat
la sartén	frying pan
freír	to sauté, fry
agregar	to add

Los ingredientes necesarios en esta receta son:

☐ el aceite de oliva ☐ las espinacas ☐ la leche ☐ la sal
☐ el ajo ☐ los guisantes ☐ el pepino (*cucumber*) ☐ la salchicha
☐ el arroz ☐ los huevos ☐ la pimienta ☐ el tocino
☐ la cebolla ☐ el jamón ☐ el queso ☐ el vinagre

PASO 2. Escucha la receta otra vez y pon (*put*) todos los pasos (*steps*) en orden.

_____ Freír los ingredientes por unos cinco minutos.

_____ Agregar la carne y las verduras.

_____ Mezclar los ingredientes en un cuenco.

_____ Calentar el aceite en una sartén.

_____ Cocinar por un minuto más.

Práctica 3. Un día de compras. Escucha mientras José describe las compras que necesita hacer. Luego, contesta las preguntas usando oraciones completas. Escucha una vez sin escribir las respuestas. Lee las preguntas, y escucha otra vez para contestarlas. Puedes escuchar una tercera vez, si quieres.

VOCABULARIO PRÁCTICO

la carnicería	butcher shop
la pescadería	fish market
frescas	fresh
los pepinos	cucumbers
la frutería	fruit stand
las sandías	watermelons

1. ¿Qué va a comprar para los abuelos en la carnicería?

   _____

2. ¿Qué va a comprar en la pescadería? ¿Para quién?

   _____

3. ¿Por qué va a ir a la tienda de comestibles?

   _____

4. ¿Qué tipos de verduras va a comprar?

   _____

5. ¿Qué va a comprar en la frutería?

   _____

Práctica 4. **«Desafío del Sabor»** *(The Flavor Challenge)*

PASO 1. Lee la descripción de una competencia culinaria *(cooking contest)*. Luego, contesta las preguntas según la descripción

DESAFÍO DEL SABOR

«Desafío del Sabor» es un concurso[a] para familias hispanas patrocinado por Unilever. Empezamos[b] con una encuesta[c] sobre los gustos hispanos en la que casi 20 mil personas participaron.[d] Después de la encuesta, sabemos la siguiente información:

- el 33 por ciento de los hispanos usa cilantro más que ajo, cebolla y chiles
- el 34 por ciento de los niños hispanos prefieren *nuggets* de pollo más que espaguetis o tacos
- el 72 por ciento de los hispanos prefiere comida italiana

¿Cómo son los gustos de su familia? En nuestro concurso Desafío del Sabor, cada familia puede mostrar su conocimiento[e] de la cocina hispana. Nosotros sabemos que el 70 por ciento de los hispanos cree que cocina bien los platos hispanos tradicionales. Pero en este concurso, el reto[f] es inventar una receta original. En la receta, tiene que usar productos de las siguientes compañías Unilever: Knorr, Ragu, Lipton, Country Crock, Brummel and Brown, Ben and Jerry's y Hellman's.

Para participar, mándenos su invención y si nosotros escogemos su receta, va a participar en un festival con nosotros en Los Ángeles, Nueva York, Miami, Chicago o Houston. ¡Nosotros invitamos[g]! Allí, Ud. va a competir con otras familias hispanas. Los finalistas de cada festival van a tener su momento de fama en Univisión, compitiendo en un torneo[h] por un premio[i] de $10.000 y un viaje para la familia.

[a]*competition* [b]*We began* [c]*survey* [d]*participated* [e]*knowledge* [f]*challenge* [g]¡Nosotros... *Our treat!* [h]*tournament* [i]*prize*

1. ¿Quiénes pueden participar en el Desafío del Sabor?

_____

2. ¿Cuántas personas participaron en la encuesta Unilever?

_____

3. ¿Qué porcentaje *(percentage)* de hispanos piensa que cocina bien?

_____

4. ¿En qué ciudades van a tener sus festivales?

_____

5. ¿Cómo se llama la cadena de televisión en donde se presenta la competencia en que van a participar los ganadores?

_____

6. ¿En qué consiste el premio para el ganador *(winner)* final?

_____

PASO 2. Describe lo que haces con cinco de los productos de las companías Unilever. Sigue el modelo.

MODELO   el té de Lipton: Me lo tomo por la manaña.

1. _____ : _____

2. _____ : _____

3. _____ : _____

4. _____ : _____

5. _____ : _____

Pronunciación

r and rr

Spanish has two different **r** sounds, a trilled **r** and a flapped **r**. The English *r* sound is not used in Spanish.

The flapped **r** sound in Spanish is similar to the English *dd* and *tt* in the words *ladder* and *butter.* Any single **r** that is not at the beginning of a word should be flapped.

Práctica 1.   Pronunciación de la *r*. Listen and repeat each word, paying attention to the flapped **r**.

sobrino   soltero   cochera   enero   tranquilo

The Spanish trilled **r** is pronounced whenever a word is written with **rr** between vowels or when the letter **r** occurs at the beginning of a word.

The trill sound is formed when air flowing through the mouth causes the tongue to vibrate rapidly. This will only work if the tongue is relaxed, *not* if the tongue is tense. By holding the tip of your tongue just behind your upper teeth and pushing the air through the mouth, you will make the trilled **rr** sound. Making this sound takes a lot of practice for many students, so do not be frustrated if you cannot make this sound on the first try.

Práctica 2.   The trilled *rr*. Listen and repeat each word, paying attention to the trilled **rr**.

barrio   perro   irritado   red   Enrique

Práctica 3.   Ortografía. Listen and spell each word using the rules you have learned about **r** and **rr**.

1. _____

2. _____

3. _____

4. _____

5. _____

6. _____

7. _____

8. _____

TEMA II: ¿Salimos a comer o comemos en casa?

Vocabulario en acción

Práctica 1. **Las tres comidas del día.** Lee cada una de las listas e indica la comida correspondiente.

DESAYUNO	ALMUERZO	CENA	
☐	☐	☐	**1.** una ensalada, un sándwich de jamón, queso y té
☐	☐	☐	**2.** cereal con leche, huevos revueltos (*scrambled*) y café negro
☐	☐	☐	**3.** pollo asado, habichuelas arroz y vino tinto
☐	☐	☐	**4.** pan tostado, yogur, fresas y leche
☐	☐	☐	**5.** chuletas de cerdo, puré de papas, pastel, y agua

Práctica 2. **La mesa.** Mira el dibujo e indica si las oraciones son **ciertas (C)** o **falsas (F)**.

C	F	
☐	☐	**1.** La servilleta está debajo del tenedor.
☐	☐	**2.** La ensalada está al lado de la cuchara.
☐	☐	**3.** El vaso está a la izquierda de la copa.
☐	☐	**4.** Hay vino dentro de la copa.
☐	☐	**5.** Hay una cuchara al lado del cuchillo.
☐	☐	**6.** El plato está entre el cuchillo y el tenedor.
☐	☐	**7.** Hay una taza en la mesa.
☐	☐	**8.** La sopa está encima del plato.

Gramática

6.3 Preterite: Regular Verbs

Práctica 1. En un restaurante. Escucha cada oración e indica la forma conjugada que oyes.

1.	**a.**	comí	**b.**	comió	**c.**	comieron
2.	**a.**	llegamos	**b.**	llegué	**c.**	llegó
3.	**a.**	hablé	**b.**	hablasteis	**c.**	habló
4.	**a.**	senté	**b.**	sentó	**c.**	sentamos
5.	**a.**	pregunté	**b.**	preguntaste	**c.**	preguntó
6.	**a.**	responder	**b.**	respondieron	**c.**	respondí
7.	**a.**	dejé	**b.**	dejó	**c.**	dejamos
8.	**a.**	empezó	**b.**	empecé	**c.**	empezaste
9.	**a.**	llegué	**b.**	llegó	**c.**	llegaron
10.	**a.**	comisteis	**b.**	comimos	**c.**	comieron

Práctica 2. Lo que pasó hoy en el restaurante. Completa el texto del diario (*diary*) con la forma apropiada del pretérito de cada verbo entre paréntesis.

Querido diario:

Hoy _____ (**pasar**)[1] muchas cosas extrañas en el restaurante. Primero, cuando yo

_____ (**llegar**)[2] al restaurante, _____ (**buscar**)[3] a mis amigos. No

los _____ (**encontrar**),[4] así que _____ (**sentarse**)[5] sola en el patio.

Unos minutos después _____ (**llegar**)[6] mi amigo Adán. Lo _____

(**llamar**),[7] pero él no me _____ (**oír**).[8] Él _____ (**sentarse**)[9] cerca de

la ventana. Luego él le _____ (**hablar**)[10] a una mesera. Él le _____

(**contar**)[11] que esperaba a unos amigos y la camarera le _____ (**dejar**)[12] unos

menús. Pero a mí, no me _____ (**ver**)[13] ninguno de los dos. Frustrada, yo

_____ (**levantarse**)[14] para irme, pero en ese momento _____

(**llegar**)[15] nuestros otros amigos. Nosotros _____ (**sentarse**)[16] juntos y lo

_____ (**pasar**)[17] bien.

Práctica 3. Una fiesta. Contesta las preguntas sobre tu décimo cumpleaños usando las personas que aparecen abajo. Luego escucha y repite la respuesta correcta.

1. mis hermanas
2. los abuelos
3. mi padre
4. nadie
5. Uds.
6. mis primos pequeños
7. yo
8. todos nosotros

Práctica 4. Mi vida. Contesta las preguntas sobre tu vida. Usa el pretérito para decir en qué año aproximadamente empezaste a hacer ciertas cosas.

1. ¿En qué año naciste?

_____

2. ¿En qué año empezaste a asistir a la escuela?

_____

3. ¿En qué año empezaste a estudiar español?

_____

4. ¿En qué año leíste tu primer libro?

_____

5. ¿En qué año paseaste en bicicleta por primera vez?

_____

6. ¿En qué año aprendiste a manejar un carro?

_____

7. ¿En qué año llegaste a la universidad?

_____

8. ¿En qué año saliste con un/a chico/a por primera vez?

_____

Síntesis y repaso

Práctica 1. Un restaurante elegante. Escucha el anuncio del restaurante La Casa e indica si las oraciones son **ciertas (C)** o **falsas (F)**. Corrige las oraciones falsas.

VOCABULARIO PRÁCTICO

ubicado	located
el ambiente	atmosphere
frescas	fresh

C	F	
☐	☐	**1.** El restaurante La Casa está en las afueras de la ciudad.
☐	☐	**2.** Es posible desayunar o almorzar en el restaurante.
☐	☐	**3.** El restaurante sirve pasta con camarones o pollo.
☐	☐	**4.** El restaurante tiene muchos vinos internacionales.
☐	☐	**5.** El restaurante solo acepta tarjetas de crédito.

Práctica 2. El alimento perfecto. Escucha las preferencias culinarias de Esteban, Amanda y Jorge. Luego, lee las descripciones de sus experiencias e indica quién lo diría (*would say it*).

VOCABULARIO PRÁCTICO

fresca   fresh

ESTEBAN	AMANDA	JORGE	
☐	☐	☐	**1.** Tomé una cerveza.
☐	☐	☐	**2.** Bebí un vaso de agua.
☐	☐	☐	**3.** Comí unos camarones.
☐	☐	☐	**4.** No ordené las zanahorias.
☐	☐	☐	**5.** No me interesó el bistec.
☐	☐	☐	**6.** Tomé té con azúcar.

Práctica 3. La cena de ayer. Escucha mientras Diego describe su cena de ayer. Luego, indica la respuesta apropiada para cada pregunta.

VOCABULARIO PRÁCTICO

frescos   fresh
ambiente   atmosphere

1. ¿Donde cenó la familia?

    ☐ en un restaurante italiano

    ☐ en un restaurante cubano

    ☐ en un restaurante mexicano

2. ¿Que comió Diego?

    ☐ ropa vieja

    ☐ pavo

    ☐ pescado

3. ¿Qué comieron los primos?

    ☐ un plato de mariscos

    ☐ tostones

    ☐ el platillo moros y cristianos

4. ¿Quién bebió mojitos?

    ☐ solo los tíos

    ☐ solo Diego

    ☐ toda la familia

5. ¿Cómo es el ambiente del restaurante?

    ☐ acogedor

    ☐ relajante

    ☐ típico

Práctica 4. La etiqueta en la mesa

PASO 1. Lee los consejos sobre los buenos modales (*manners*) para las personas que viajan a países hispanos. Luego, indica si las oraciones que siguen son ciertas (**C**) o falsas (**F**).

COMIDA Y BEBIDAS

Los modales en la mesa[a] juegan un papel importante para dar una buena impresión durante una comida. Tener buenos modales en la mesa es una garantía para el éxito,[b] tanto en nuestras relaciones personales como en los negocios.

- En la mayoría de los países hispanos se sirve la cena[c] alrededor de[d] las nueve.
- No debe empezar a comer hasta que comience el anfitrión.[e]

- No debe comer ninguna comida con los dedos, ¡ni la fruta en algunos países!
- No haga brindis[f] si Ud. no es el anfitrión o el invitado de honor.
- Puede poner los cubiertos[g] en paralelo sobre el plato para indicar que ha terminado[h] de comer.
- No debe levantarse mientras el anfitrión esté sentado.
- Debe llevarle un regalo[i] al anfitrión, flores, un postre o vino.

[a]modales... *table manners* [b]*success* [c]se... *dinner is served* [d]alrededor... *around* [e]*host* [f]haga... *make a toast* [g]*utensils* [h]ha... *you have finished* [i]*gift*

C	F	
☐	☐	**1.** Los buenos modales son importantes en la mesa.
☐	☐	**2.** En la mayoría de los países hispanos, se sirve la cena alrededor de las 6:00.
☐	☐	**3.** Puedes empezar a comer después de sentarse a la mesa.
☐	☐	**4.** Puedes comer la fruta con los dedos en todos los países hispanos.
☐	☐	**5.** Para indicar que no tienes más hambre, debes poner tu vaso a la derecha.
☐	☐	**6.** Es importante llevar un regalo cuando estás invitado a cenar.

PASO 2. Escribe una descripción de la última vez que te invitaron a cenar. ¿A qué hora llegaste? ¿Qué comieron Uds.? ¿Llevaste un regalo?

_____

_____

_____

_____

_____

_____

_____

_____

Un mundo sin límites

En este capítulo viste tres vídeos sobre Sasha y Dianibel, en Bávaro, República Dominicana. Ve los vídeos otra vez y completa las siguientes actividades. Puedes ver los vídeos más de una vez, si quieres.

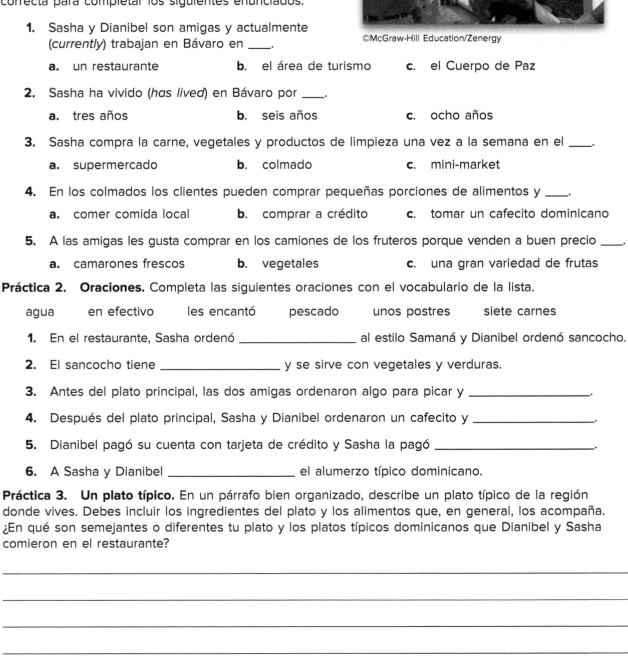
©McGraw-Hill Education/Zenergy

Práctica 1. Comprensión. Escoge la respuesta correcta para completar los siguientes enunciados.

1. Sasha y Dianibel son amigas y actualmente (*currently*) trabajan en Bávaro en ___.

    a. un restaurante   **b.** el área de turismo   **c.** el Cuerpo de Paz

2. Sasha ha vivido (*has lived*) en Bávaro por ___.

    a. tres años   **b.** seis años   **c.** ocho años

3. Sasha compra la carne, vegetales y productos de limpieza una vez a la semana en el ___.

    a. supermercado   **b.** colmado   **c.** mini-market

4. En los colmados los clientes pueden comprar pequeñas porciones de alimentos y ___.

    a. comer comida local   **b.** comprar a crédito   **c.** tomar un cafecito dominicano

5. A las amigas les gusta comprar en los camiones de los fruteros porque venden a buen precio ___.

    a. camarones frescos   **b.** vegetales   **c.** una gran variedad de frutas

Práctica 2. Oraciones. Completa las siguientes oraciones con el vocabulario de la lista.

agua   en efectivo   les encantó   pescado   unos postres   siete carnes

1. En el restaurante, Sasha ordenó _____ al estilo Samaná y Dianibel ordenó sancocho.

2. El sancocho tiene _____ y se sirve con vegetales y verduras.

3. Antes del plato principal, las dos amigas ordenaron algo para picar y _____.

4. Después del plato principal, Sasha y Dianibel ordenaron un cafecito y _____.

5. Dianibel pagó su cuenta con tarjeta de crédito y Sasha la pagó _____.

6. A Sasha y Dianibel _____ el alumerzo típico dominicano.

Práctica 3. Un plato típico. En un párrafo bien organizado, describe un plato típico de la región donde vives. Debes incluir los ingredientes del plato y los alimentos que, en general, los acompaña. ¿En qué son semejantes o diferentes tu plato y los platos típicos dominicanos que Dianibel y Sasha comieron en el restaurante?

_____

_____

_____

_____

_____

Capítulo 7

TEMA I: ¿Está de moda?

Vocabulario en acción

Práctica 1. La ropa apropiada. Empareja cada prenda con la descripción correspondiente.

1. _____ el abrigo
2. _____ el bolso
3. _____ las botas
4. _____ los calcetines
5. _____ la chaqueta
6. _____ el pijama
7. _____ la gorra
8. _____ el traje de baño
9. _____ el vestido / el traje
10. _____ los zapatos de tenis

a. para dormir
b. cuando hace mucho frío
c. para una ocasión formal
d. cuando hace fresco
e. para llevar la cartera, el teléfono...
f. encima de la cabeza (*head*)
g. para nadar
h. para caminar o hacer deportes
i. para caminar en la nieve
j. van antes de los zapatos

Práctica 2. ¿A qué se refieren? Indica si cada palabra se refiere a una talla, un diseño o un material.

TALLA	DISEÑO	MATERIAL		
☐	☐	☐	1.	el algodón
☐	☐	☐	2.	de cuadros
☐	☐	☐	3.	grande
☐	☐	☐	4.	de manga corta
☐	☐	☐	5.	de última moda
☐	☐	☐	6.	el cuero
☐	☐	☐	7.	de lunares
☐	☐	☐	8.	de rayas
☐	☐	☐	9.	chico
☐	☐	☐	10.	la lana
☐	☐	☐	11.	mediana
☐	☐	☐	12.	la seda

Gramática

7.1 Preterite: Irregular Verbs

Práctica 1. ¿Quién fue? Contesta cada una de las preguntas usando las respuestas dadas con la forma correcta del pretérito de **ir.** Luego, escucha y repite la respuesta correcta.

> MODELO (*you hear*) ¿Quién fue al supermercado ayer?
>
> (*you see*) mis padres →
>
> (*you say*) Mis padres fueron al supermercado ayer.

1. yo
2. Roque
3. Ana y David
4. tú
5. nosotros
6. yo
7. Uds.
8. mis primos
9. mi amigo

Práctica 2. Un cuento de compras. Conjuga los verbos entre paréntesis en el pretérito.

Hoy _____ (**ir**)[1] de compras con mi mejor amiga. _____ (**Dar**)[2] una

vuelta por el centro comercial y después _____ (**ir**)[3] al almacén. Primero

_____ (**buscar**)[4] unos zapatos, pero no _____ (**comprar**)[5] nada. No

_____ (**encontrar**)[6] nada de moda. _____ (**Estar**)[7] en el departa-

mento de ropa para mujeres y yo _____ (**comprar**)[8] una falda de seda blanca.

_____ (**Tener**)[9] mucha suerte y estoy muy satisfecha con mi compra. Al mediodía

_____ (**tener**)[10] que regresar a casa. Mi amiga _____ (**ponerse**)[11]

triste porque no _____ (**poder**)[12] encontrar nada que comprar de su talla.

Práctica 3. ¡Un robo en el almacén! Después del robo de un almacén, la policía te hace preguntas porque te vieron salir del café que está al lado. Niega (*Deny*) todo.

> MODELO (*you hear*) ¿Estuviste en el almacén a las 11:00 de la mañana? →
>
> (*you say*) No, no estuve en el almacén a las 11:00 de la mañana.

1. ... 2. ... 3. ... 4. ... 5. ... 6. ... 7. ...

Práctica 4. Nota comunicativa: Preterite Meaning of *conocer, poder, querer, saber,* and *tener*. Completa cada oración con la forma apropiada del pretérito de **conocer, poder, querer, saber** o **tener.**

Yo _____[1] una oportunidad muy grande ayer. El director de personal de una com-

pañía me llamó y _____[2] convencerme de que aceptara (*I accept*) un puesto en su

compañía. Yo no _____[3] aceptar el puesto que me ofreció. Él no

_____[4] convencerme. Pero, otra persona sí _____[5] convencerme.

¿Recuerdas que _____[6] a Bill Gates en la conferencia del año pasado? Pues, fue

él el que me convenció: acepté el trabajo que me ofreció.

Práctica 5. Elogio (*Eulogy*) de mi abuelita. Completa el elogio con el pretérito de los verbos entre paréntesis.

Mi abuela era[a] una persona creativa. Ella _____ (**ser**)[1] costurera. Ella cosía desde

que tenía[b] 5 años porque su abuela le _____ (**enseñar**)[2] a coser. Ella era una

mujer muy inteligente. Una vez _____ (**quedarse**[c])[3] sin coser porque no tenía[d]

máquina. Entonces _____ (**vender**)[4] su caja de encajes[e] y con este dinero

_____ (**poder**)[5] comprar una máquina de coser. La familia de mi abuela tenía

muchas dificultades económicas, pero ella _____ (**contribuir**)[6] mucho a sostener a

su familia. Cuando era joven, aprendió a coser bien, e _____ (**hacer**)[7] trajes con

telas muy finas, como la seda. Por eso, ella _____ (**hacer**)[8] vestidos elegantes para

las mujeres ricas del pueblo. Un día, ella _____ (**ir**)[9] a la plaza para mostrar sus

vestidos a los turistas también. Los turistas le _____ (**pagar**)[10] muy bien por sus

creaciones. Con el dinero que _____ (**ganar**),[11] _____ (**comprar**)[12]

un coche. Después, nos _____ (**hacer**)[13] ropa a nosotros, sus nietos. Recuerdo un

día que ella _____ (**venir**)[14] a mi casa para tomarnos las medidas.[f] ¡Cómo me

gustaban[g] las faldas de cuero que ella me hacía[h]! Mi abuelita _____ (**ser**)[15] una

persona única.

[a]*she was* [b]*cosía... sewed from the time she was* [c]*to be left* [d]*no... didn't have* [e]*caja... box of lace* [f]*tomarnos... to take our measurements* [g]*me... I liked* [h]*used to make*

7.2   Preterite: Stem-Changing Verbs

Práctica 1. ¡Yo hice todo lo bueno!

PASO 1. Tu jefa te pregunta sobre algunos problemas en la oficina. Explícale que tu compañero de trabajo es el responsable de todos los problemas. Luego escucha y repite la respuesta correcta.

MODELO (*you hear*) ¿Quién llegó tarde esta mañana? →
(*you say*) Mi compañero llegó tarde.

1. ... **2.** ... **3.** ... **4.** ... **5.** ...

PASO 2. Ahora, explica a tu jefa que tú eres el responsable de todas las cosas buenas que ocurrieron. Luego escucha y repite la respuesta correcta.

MODELO (*you hear*) ¿Quién abrió la caja esta mañana?
(*you say*) Yo abrí la caja.

1. ... **2.** ... **3.** ... **4.** ... **5.** ...

Práctica 2. La noche en que Raúl conoció a Dania. Escribe oraciones originales en el pretérito para contar la historia de Raúl, basándote en los dibujos.

1. Raúl / preferir _____

2. él / divertirse _____

3. él / conseguir _____

4. los dos / sentirse _____

5. Raúl / seguir _____

6. Raúl / pedir _____

7. ella / preferir _____

8. ella / dormir _____

Síntesis y repaso

Práctica 1. Mi ropa preferida. Escucha mientras Susana describe su ropa preferida. Luego, marca la ropa que probablemente compraría (*would buy*), según la descripción.

- ☐ pantalones anaranjados de seda
- ☐ un abrigo de cuero
- ☐ un traje de baño verde
- ☐ pantalones de última moda de color gris
- ☐ zapatos de tenis
- ☐ una blusa negra de seda
- ☐ un suéter de lana
- ☐ una falda de lunares morados

Práctica 2. Un almacén (*department store*). Escucha el anuncio de un almacén y contesta las preguntas, según lo que oyes.

1. ¿Qué tipo de ropa tiene el almacén? _____

2. ¿Qué ropa está de rebaja? _____

3. ¿De qué materiales son los trajes disponibles (*available*)? _____

4. ¿Qué prendas de ropa son de seda? _____

5. ¿Cuánto cuestan los zapatos? _____

Práctica 3. Ir de compras. Escucha la conversación entre Ángela y Jaime. Luego indica si cada oración es **cierta (C)** o **falsa (F)**, según lo que oyes. Corrige las oraciones falsas.

C   **F**   Ángela...

☐   ☐   **1.** fue de compras a una tienda pequeña.

_____

☐   ☐   **2.** compró un vestido barato.

_____

☐   ☐   **3.** compró un sombrero de lana.

_____

☐   ☐   **4.** compró zapatos de tacón alto.

_____

☐   ☐   **5.** compró mucho porque le gusta la ropa.

_____

Práctica 4. Óscar de la Renta

PASO 1. Lee la descripción del diseñador Óscar de la Renta. Luego, contesta las preguntas sobre la lectura.

Óscar de la Renta fue uno de los diseñadores de moda hispanos más famosos. Era originario de Santo Domingo, la capital de la República Dominicana. A los 18 años, se mudó a Madrid para estudiar pintura, pero allí el mundo[a] de la moda captó[b] su atención y consiguió trabajo dibujando para casas de moda importantes. Después de unos años, salió para París para trabajar con Antonio Castillo en la casa Lanvin. Unos años después, tuvo que escoger[c] entre dos puestos,[d] uno con Christian Dior y otro con Elizabeth Arden. Tomó su decisión y salió de Europa a los Estados Unidos para trabajar en la casa Elizabeth Arden. Después de dos años, dejó la casa de Arden y colaboró con Jane Derby para crear su propia[e] ropa de diseño. En 1967, introdujo[f] su propia línea. Unos años después de conseguir la ciudadanía[g] estadounidense, uno de sus actos filantrópicos fue para una institución icónica de este país: los *Boy Scouts*. De la Renta hizo el nuevo diseño del uniforme oficial de los *Boy Scouts* en 1981, un diseño que se usó hasta 2002. Durante su vida, de la Renta vistió a grandes celebridades como Michelle Obama, Shakira, Penélope Cruz y Sarah Jessica Parker, entre muchas otras.

[a]*world* [b]*captured* [c]*to choose* [d]*positions, jobs* [e]*own* [f]*he introduced* [g]*citizenship*

1. ¿Dónde nació Óscar de la Renta?

   _____

2. ¿Adónde fue para estudiar pintura cuando tenía (*was*) 18 años?

   _____

3. Antes de ir a los Estados Unidos, ¿en qué países vivió? Nombra tres.

   _____

4. ¿Por qué razón fue a los Estados Unidos?

   _____

5. ¿Cuándo introdujo su propia línea de ropa?

   _____

6. ¿Qué diseñó en 1981?

   _____

PASO 2. Diseña un conjunto (*outfit*) para tu modelo. Dibuja y describe lo que va a llevar. No te olvides de nombrar cada prenda y de mencionar el color y el material.

   _____

   _____

   _____

Pronunciación

p and t

The **p** and **t** are two relatively easy sounds to pronounce in Spanish because they are very similar to their English counterparts. However, the **p** in Spanish is pronounced with less force than in English.

Práctica 1. Pronunciación de la *p*. Listen and repeat each word. Note how **p** is pronounced.

    1. puesto   **2.** pantalones   **3.** perlas   **4.** papelería   **5.** precios

The same thing can be said for the **t** in Spanish. English speakers often pronounce this sound with aspiration, whereas Spanish speakers do not.

Práctica 2. Pronunciación de la *t*. Listen to the following words containing **t** and pay attention to how they are pronounced. Repeat each word as closely as possible.

    1. traje   **2.** tejidos   **3.** tacón alto   **4.** plata   **5.** tallas

Práctica 3. Ortografía. You will now hear several Spanish words and phrases that contain the sounds **p** and **t**. Listen and spell each word correctly.

    1. _____

    2. _____

    3. _____

    4. _____

    5. _____

    6. _____

TEMA II: Los mercados y los almacenes
Vocabulario en acción

Práctica 1. Los materiales. Escribe el material que mejor corresponde a cada objeto.

arcilla   cuero   diamante   lana   madera   seda   oro y plata

1. Es de _____.   **2.** Es de _____.   **3.** Es de _____.

4. Son de _____.   **5.** Son de _____.

Práctica 2. Definiciones. Lee las descripciones e indica la palabra correspondiente.

1. Es una joya que tradicionalmente se usa como un símbolo del matrimonio.

  a. el anillo   **b.** el brazalete   **c.** el collar

2. Es una tienda que vende cosas para niños.

  a. la floristería   **b.** la juguetería   **c.** la zapatería

3. Se usan en las manos cuando hace frío.

  a. los guantes   **b.** las joyas   **c.** los aretes

4. Se pueden comprar estos artículos en una perfumería.

  a. los tejidos   **b.** la corbata   **c.** los cosméticos

5. Es donde se ponen las tarjetas de crédito y el dinero.

  a. el cinturón   **b.** el puesto   **c.** la cartera

Gramática

7.3 Impersonal and Passive **se**

Práctica 1. ¿Se vende aquí? Escucha cada una de las preguntas y contesta lógicamente usando el **se** pasivo o impersonal. Luego, escucha y repite la respuesta correcta.

> MODELO (*you hear*) ¿Se vende papel en la juguetería? →
>
> (*you say*)   No, no se vende papel en la juguetería.

1. ... **2.** ... **3.** ... **4.** ... **5.** ... **6.** ... **7.** ...

Práctica 2. Letreros (*Signs*). Lee cada uno de los pedidos (*requests*) de clientes que quieren letreros para su negocio. Luego, escribe la oración que se debe poner en su letrero. Usa el **se** impersonal.

1. Tengo una juguetería y soy bilingüe. Puedo comunicarme en inglés y español.

_____

2. Necesito un letrero para evitar que las personas fumen en mi perfumería.

_____

3. ¡Ayude, por favor! Muchas personas vienen a nuestra papelería buscando maquillaje, pero aquí no vendemos eso.

_____

4. Necesito comunicarles a mis clientes que tengo pan fresco todos los días a las 8:00 de la mañana.

_____

5. Muchas personas vienen a comer a mi restaurante, pero se van sin pagar la comida. ¿Puede ayudarme?

_____

Práctica 3. Nota comunicativa: *Se* for unplanned occurrences. «La prisa es mala consejera» (*Haste makes waste*). Completa la conversación entre Lola y Anabel usando las expresiones de la lista.

se nos acabó	se me cayó	se me olvidó	se me rompió
se nos acabaron	se me cayeron	se me olvidaron	se me rompieron

ANABEL: Hola, Lola. ¿Estás lista para ir al mercado?

LOLA: Un momento. _____¹ la cartera en el dormitorio.

ANABEL: Ahora bien. Vamos. ¿Estás lista?

LOLA: ¡Ay! Espera. _____² un arete en el lavabo.

ANABEL: Lo siento, pero no tenemos tiempo para buscarlo ahora.

LOLA: Tienes razón. Vamos de compras, pero tengo sed. Primero quiero beber un jugo de naranja.

ANABEL: Bueno, si insistes, ¡pero date prisa!

LOLA: ¡Qué mala suerte! _____³ el jugo. Tenemos que ir a

comprar algo para tomar.

ANABEL: No tenemos tiempo. Tenemos que irnos ahora si queremos gangas.

LOLA: Muy bien, vamos. ¡Ten cuidado! ¡Ay, te caíste por la escalera!

ANABEL: Ayyyyy, ¡qué dolor! ¡Creo que _____⁴ los dos zapatos!

Práctica 4. Nota comunicativa: *Se* for unplanned occurrences. ¿Qué les pasó? Describe lo que les pasó a las personas de los dibujos. Usa el pretérito de los verbos y el sujeto dado para formar oraciones con el **se** accidental.

VOCABULARIO PRÁCTICO

la escultura sculpture
el espejo mirror
la gasolina gas

1. (yo) _____

_____

2. (tú) _____

_____

3. (ella) _____

4. (nosotros) _____

5. (ellos) _____

6. (Uds.) _____

 Práctica 5. Nota comunicativa: *Se* for unplanned occurrences. No es así. Contesta las preguntas de tu padre usando los verbos dados en oraciones con **se** accidental. Sigue el modelo. Luego, escucha y repite la respuesta correcta.

> MODELO (*you hear*) Hace mucho frío. ¿Por qué no llevas guantes?
> (*you see*)   olvidar →
> (*you say*)   Se me olvidaron los guantes.

1. olvidar   **2.** romper   **3.** acabar   **4.** caer   **5.** romper

Síntesis y repaso

Práctica 1. **En el mercado.** Escucha la conversación entre un vendedor y un cliente e indica si las oraciones son **ciertas (C)** o **falsas (F)**.

C	F		
☐	☐	**1.**	El cliente quiere comprar un reloj.
☐	☐	**2.**	El reloj de plástico cuesta demasiado.
☐	☐	**3.**	El vendedor tiene tres tipos de relojes.
☐	☐	**4.**	El cliente y el vendedor regatean.
☐	☐	**5.**	El cliente compra el reloj de plata.

Práctica 2. **¿Adónde fue?** Escucha mientras Juanita describe sus compras. Luego, indica a qué tiendas fue y escribe qué cosas compró en cada una.

☐ la floristería _____

☐ la librería _____

☐ la zapatería _____

☐ la frutería _____

☐ la juguetería _____

☐ la joyería _____

Práctica 3. **Los regalos perfectos.** Escucha lo que dicen estas personas. Luego, usando los regalos de la lista, escoge el regalo más apropiado para cada una.

una hamaca	la cerámica	una escultura	unos guantes
una cartera	un collar	una falda	los cosméticos

1. _____

2. _____

3. _____

4. _____

5. _____

Práctica 4. Los piratas del Caribe

PASO 1. Lee sobre los piratas del Caribe. Luego, contesta las preguntas, según la lectura.

En el Caribe se ven muchas fortalezas[a] enormes que protegieron a la gente de las islas en el pasado. Desde aproximadamente el año 1550 hasta 1730, los piratas fueron muy activos en la zona. Durante esos años, hubo muchos conflictos sobre la colonización de las islas, especialmente entre los países con mucho poder: Gran Bretaña, Francia, España, Portugal y los Países Bajos.[b] España controló la mayor parte de las islas caribeñas y los barcos españoles fueron atacados con frecuencia. Por ejemplo, unos piratas de los Países Bajos capturaron más de 500 barcos españoles entre los años 1620 y 1640. Los piratas querían apoderarse de los tesoros[c] de los barcos españoles que iban[d] a Sevilla en España: oro, plata, esmeraldas, maderas exóticas, azúcar, especias, tabaco y sal.

Los españoles construyeron grandes fortalezas para proteger sus islas y sus tesoros. En Puerto Rico se construyó la fortaleza San Felipe del Morro para guardar la entrada a la capital, San Juan. Cuba, la isla más grande, tuvo dos fortalezas muy grandes: Castillo Morro y Castillo de la Punta. En la isla la Española (que hoy está dividida entre la República Dominicana y Haití) también se construyeron muchas fortalezas.

[a]*forts*   [b]*Países... Netherlands*   [c]querían... *wanted to seize the treasures*   [d]*went*

1. ¿Cuándo operaron con más éxito los piratas del Caribe?

   _____

2. ¿Cuáles fueron los cinco países que tuvieron mucho poder en el Caribe durante la colonización de las Américas?

   _____

3. ¿Quiénes tuvieron que defenderse de los piratas más que los otros?

   _____

4. ¿Qué cosas robaron los piratas?

   _____

5. Durante el período de colonización, ¿cómo se llamaba (*was called*) la isla que ahora comparten la República Dominicana y Haití?

   _____

PASO 2. Imagínate que eres uno de los piratas que atacaron un barco español. Usando la información de la lectura, describe lo que ocurrió y los tesoros que conseguiste. Busca información adicional en internet.

_____

_____

_____

_____

_____

Un mundo sin límites

En este capítulo viste tres vídeos sobre Valeria y Andrea, en San Juan, Puerto Rico. Ve los vídeos otra vez y completa las siguientes actividades. Puedes ver los vídeos más de una vez, si quieres.

Práctica 1.   ¿Cierto o falso?

C	F		
☐	☐	**1.**	Valeria aprendió a hablar inglés en la escuela.
☐	☐	**2.**	Valeria conoció a Andrea en su tienda de ropa.
☐	☐	**3.**	La moda en Puerto Rico no es muy variada.
☐	☐	**4.**	En general, la ropa es ligera y casual porque hace calor en la isla.
☐	☐	**5.**	En Puerto Rico hay muchos mercados de artesanías y es común regatear.
☐	☐	**6.**	Desde el Huracán María, los puertorriqueños compran productos locales para apoyar (*support*) la economía.

©McGraw-Hill Education/Zenergy

Práctica 2.   Oraciones. Completa las siguientes oraciones con el vocabulario de la lista.

diseño local   en madera   faldas   pantalones cortos   trajes de baño   zapatos de tacón alto

1. La tienda de Valeria se especializa en ropa vintage, nueva y de _____.

2. Las mujeres en Puerto Rico usan, en general, _____ y camisetas en ocasiones informales.

3. Para las fiestas y situaciones formales, es común llevar vestidos elegantes y _____.

4. A los hombres de Puerto Rico les gusta usar _____ en muchas ocasiones.

5. Valeria y Andrea visitan la nueva tienda de Alba para ver sus _____.

6. En los mercados de artesanía se puede comprar objetos tallados _____.

Práctica 3.   ¿Qué llevas? En un párrafo bien organizado, describe la ropa y accesorios que a los jóvenes de tu comunidad les gusta llevar en ocasiones informales y formales ¿Son las costumbres semejantes o diferentes a las costumbres que Valeria y Andrea describen de Puerto Rico? Incluye también detalles sobre el estilo de ropa, los colores y los diseños.

_____

_____

_____

_____

_____

_____

_____

Capítulo 8

TEMA I: La ciudad y la vida urbana
Vocabulario en acción

Práctica 1. Los medios de transporte. Completa cada oración con la palabra apropiada de la lista.

acera	barco	carnet	mapa	parada
avión	calle	fuente	metro	tráfico

1. El _____ es un tren subterráneo.

2. Vamos al aeropuerto para tomar un _____.

3. Si uno quiere viajar por mar, es necesario tomar un _____.

4. Se puede subir al autobús en la _____ de autobuses.

5. Para manejar un coche, es necesario tener el _____ de conducir.

6. Las personas deben caminar por la _____.

Práctica 2. La vida urbana: Asociaciones. Empareja cada palabra con la definición correspondiente.

_____ 1. Es algo que permite pasar de un lado del río al otro.

_____ 2. Se puede mandar cartas desde este lugar.

_____ 3. Tiene tres colores: rojo, amarillo y verde.

_____ 4. Es un dibujo que marca lugares, ciudades, carreteras, etcétera.

_____ 5. Una persona enferma debe visitar este lugar

_____ 6. Se va a este lugar para sacar o depositar dinero.

_____ 7. Es un espacio al lado de la calle para caminar a pie.

_____ 8. Es un edificio para prácticas religiosas.

_____ 9. Significa pasar de un lado de la calle al otro.

_____ 10. Cuando el semáforo está en rojo, se debe hacer esto.

a. el semáforo
b. el mapa
c. parar
d. la oficina de correos
e. cruzar
f. el centro de salud
g. el puente
h. la acera
i. el banco
j. la iglesia

Gramática

8.1 **Tú** Commands

Práctica 1.   Direcciones. Tu amigo te llama para pedirte direcciones para llegar al taller de reparaciones de coches. Escribe el mandato informal apropiado.

1. _____ (**Cruzar**) la calle Flores de Milagro.

2. _____ (**Doblar**) a la derecha.

3. _____ (**Seguir**) todo derecho.

4. No _____ (**doblar**) a la izquierda en ningún momento.

5. No _____ (**parar**) todavía.

6. No _____ (**cruzar**) la calle otra vez.

7. No _____ (**seguir**) adelante.

8. _____ (**Parar**) cuando veas (*you see*) el semáforo.

Práctica 2.   La niñera (*baby sitter*). Estás cuidando a tres niños hoy. Usa los mandatos informales apropiados para completar las instrucciones que la madre te da. Usa los verbos indicados.

1. *poner:* _____ el gato en mi cuarto si eres alérgico a los gatos; no lo

   _____ en el garaje.

2. *salir:* _____ por la mañana con los niños, pero no _____ con ellos

   por la tarde.

3. *hacer:* _____ la tarea con ellos, pero no la _____ por ellos.

4. *ir:* _____ a la biblioteca con ellos, pero no _____ con ellos al cine.

5. *venir:* _____ con ellos a mi oficina para visitarme si es antes de mediodía, pero no

   _____ con ellos después de mediodía.

6. *tener:* _____ cuidado en la calle y no _____ prisa porque ellos

   caminan lentamente.

7. *decirles:* _____ muchas cosas bonitas a mis ángeles; no _____

   palabras feas.

8. *ser:* _____ muy paciente con ellos, es decir, no _____ impaciente

   con ellos.

Práctica 3.   Consejos a un amigo. Escucha las preguntas de tu amigo sobre qué hacer en tu ciudad. Contesta usando las respuestas indicadas y los mandatos informales. Luega, escucha y repite la respuesta correcta.

>   MODELO   (*you hear*) ¿Debo visitar la capital?   (*you see*) sí →
>   (*you say*)   Sí, visita la capital.

1. no   **2.** sí   **3.** sí   **4.** no   **5.** no   **6.** sí   **7.** sí   **8.** sí   **9.** no

Práctica 4. Favores. Escribe los mandatos de nuevo, utilizando los pronombres cuando sea (*it is*) posible para evitar la repetición.

MODELO Di la verdad (a mí). → Dímela.

1. Haz la tarea por mí.   _____

2. Pon la música para mí.   _____

3. Busca las direcciones para Luis.   _____

4. Pide la pizza para nosotros.   _____

5. No pongas la pizza en la mesa.   _____

6. No hables conmigo ahora.   _____

7. Di la verdad a Rebeca.   _____

8. Escribe el ensayo por Paco.   _____

9. No mires (a mí).   _____

10. Abre la puerta para ellos.   _____

Práctica 5. De compras. Escucha las preguntas y contesta con mandatos afirmativos. Sigue el modelo. Luego, escucha y repite la respuesta correcta.

MODELO (*you hear*) ¿Quieres una bebida? (*you see*) dar →
(*you say*) Dámela.

1. dar 2. comprar 3. poner 4. dar 5. abrir 6. buscar 7. Comprar 8. Leer

8.2 Adverbs

Práctica 1. El transporte. Subraya el adverbio en cada oración.

1. Viajo mucho.
2. El chofer condujo rápidamente y ahora estoy enfermo.
3. El tren no anda bien.
4. Nunca hablo con los otros pasajeros en el tren.
5. Mañana venimos en autobús a visitarte.
6. Si llueve un poco, no me gusta montar en moto.
7. Estoy bien, gracias.
8. Venir en autobús es muy interesante.

Práctica 2. Algunos medios de transporte. Forma adverbios de estos adjetivos.

1. Se llega _____ (**rápido**) en avión.

2. Se llega _____ (**lento**) en bicicleta.

3. Se llega _____ (**cómodo**) en coche.

4. _____ (**Triste**), a pie nunca se llega.

5. Uno se comunica por Internet _____ (**inmediato**).

6. Uno anda por el puente _____ (**cuidadoso**).

7. _____ (**Solo**) quiero dar un ejemplo más.

8. _____ (**Feliz**) ya estamos aquí.

Síntesis y repaso

Práctica 1. El plano y las direcciones. Mira el plano mientras escuchas las direcciones. Luego, escribe el nombre del lugar adonde te llevan las direcciones.

Llegué a _____.

Práctica 2. Los mandatos informales. Escucha las situaciones de cada persona. Luego, escribe un mandato informal usando los verbos entre paréntesis y el nombre del lugar más lógico en cada caso.

1. _____ **(Ir)** al _____.

2. _____ **(Visitar)** el _____.

3. _____ **(Correr)** en el _____.

4. _____ **(Mirar)** el _____.

5. _____ **(Salir)** con tus amigos a ver una película en el _____.

Práctica 3. Las direcciones. Escucha la conversación entre Alicia y Beto y contesta las preguntas, según lo que oyes.

1. ¿Adónde quiere ir Alicia?

   a. al restaurante mexicano   **b.** a la estación del metro   **c.** al almacén

2. ¿Cómo puede llegar a ese lugar?

   a. en coche o en el metro   **b.** en autobús o en coche   **c.** en tren

3. ¿Por qué es difícil manejar?

    a. La calle es pequeña.   **b.** Hay mucho tráfico.   **c.** No hay una gasolinera.

4. Si Alicia toma el metro hasta la tercera parada y camina por tres cuadras, ¿va a llegar al almacén?

    a. sí   **b.** no

5. ¿Dónde está el almacén? Está _____.

    a. a la derecha del puente   **b.** entre el restaurante y la fuente   **c.** cerca de la estatua

Práctica 4. La ciudad Antigua Guatemala

PASO 1. Lee el texto sobre Antigua Guatemala. Luego, indica si las oraciones son **ciertas (C)** o **falsas (F)**, según la lectura.

Declarada Patrimonio de la Humanidad[a] por la UNESCO en 1979, Antigua Guatemala (hoy conocida simplemente como Antigua) es una ciudad colonial que aún conserva edificios y monumentos del siglo XVI. Toda la ciudad constituye un atractivo: sus calles empedradas,[b] sus antiguos conventos, como el de Capuchinas y Santa Clara, la Catedral de San José, la Iglesia de La Recolección, la Iglesia y Convento de La Merced, y el Convento y Arco de Santa Catarina, son algunos de los tesoros del pasado. En la plaza, se puede visitar los restos del Palacio de los Capitanes Generales. Otras atracciones incluyen la Universidad de San Carlos de Borromeo, el Museo de Armas de Santiago de los Caballeros y el Museo del Libro Antiguo. Estas estructuras, muchas dañadas por terremotos, tanto como los parques y jardines, las plazas con fuentes, los mercados de artesanías y los restaurantes, bares y cafés tienen un encanto colonial que atrae a muchos turistas. Antigua es una ciudad tranquila y relativamente pequeña donde se puede pasear tranquilamente y recorrer sus calles en dos o tres días. Antigua es notable también por sus celebraciones religiosas y por sus centros de idioma, adonde asisten muchos estudiantes europeos y estadounidenses para estudiar español.

[a]Patrimonio... *World Heritage Site*   [b]*cobbled*

C	F		
☐	☐	**1.**	Antigua es un tesoro arquitectónico y monumental.
☐	☐	**2.**	Antigua es una ciudad grande y moderna.
☐	☐	**3.**	Antigua Guatemala no es una ciudad muy turística.
☐	☐	**4.**	Antigua es una ciudad tranquila que invita a caminar por las calles.
☐	☐	**5.**	Muchos estudiantes extranjeros estudian español en Antigua.

PASO 2. Escribe una lista de los edificios y lugares que menciona el texto.

_____

_____

PASO 3. Escribe una lista de los edificios de la ciudad donde vives o de una ciudad que te gusta y conoces muy bien. ¿Cuáles son algunos monumentos arquitectónicos (*architectural*) y lugares de interés? ¿Consideras que tu ciudad es atractiva para el visitante? Usando la lectura como guía, escribe un párrafo bien organizado sobre la ciudad que escogiste.

_____

_____

_____

_____

_____

Pronunciación

g, gu, and j

The Spanish **j**, as well as **g** (in **gi** and **ge**) are both pronounced in the same way. The sound is somewhat similar to an English *h*, but in most countries you are likely to hear a stronger aspiration.

Práctica 1.   La pronunciación de *j, ge* y *gi*. Listen and repeat each word, paying close attention to how *j, ge* and *gi* are pronounced.

   1. la ove**j**a   **2.** las **j**oyas   **3.** la naran**j**a   **4.** los **g**emelos   **5.** el **g**igante

Práctica 2.   Ortografía: palabras. Listen to each word containing **j, ge,** or **gi** and spell it.

   1. _____   **3.** _____   **5.** _____

   2. _____   **4.** _____

When **g** is followed by **a, o,** and **u,** or with the combination **ue** or **ui,** the Spanish **g** sounds much more like the English *g* in words like *gown, give,* or *gain.* The **g** makes a harder sound when it comes at the beginning of a word or when it follows the letter **n.**

Práctica 3.   La pronunciación de *g* y *gu*. Listen and repeat words containing the letter **g.** Note that the first five words have a "soft" **g,** the last five have a "hard" **g.**

1. el yo**g**ur	**3.** ele**g**ante	**5.** al**g**odón	**7.** **gui**santes	**9.** **g**ato
2. la **g**alleta	**4.** la **g**orra	**6.** la lan**g**osta	**8.** **g**ustar	**10.** **gu**antes

Práctica 4.   Ortografía: frases. Listen to the following phrases containing **g** and **j** and write what you hear.

   1. _____   **4.** _____

   2. _____   **5.** _____

   3. _____   **6.** _____

TEMA II: La vida de los pueblos y el campo

Vocabulario en acción

Práctica 1.   Definiciones. Mira la lista de definiciones y ejemplos y empareja cada definición o ejemplo con la palabra apropiada.

_____ **1.** un lugar con muchos árboles	**a.** la finca
	b. el ganado
_____ **2.** el Titicaca o el Erie	**c.** las montañas
	d. la huerta
_____ **3.** un espacio entre dos montañas	**e.** el bosque
_____ **4.** la propiedad del agricultor o la agricultora	**f.** el río
_____ **5.** el Amazonas o el Misisipi	**g.** el lago
_____ **6.** Everest y Aconcagua	**h.** el valle
_____ **7.** un conjunto de vacas en una finca	
_____ **8.** una parte de tierra en donde se plantan verduras	

Práctica 2. La finca. Mira el dibujo y escribe los nombres de las personas, cosas y animales.

1. _____
2. _____
3. _____
4. _____
5. _____
6. _____
7. _____
8. _____
9. _____
10. _____

Gramática

8.3 Imperfect

Práctica 1. ¿En la ciudad o el campo? Indica si cada frase describe una persona que vivía en la ciudad o en el campo. **¡OJO!** Puede haber más de una respuesta.

CIUDAD	CAMPO		
☐	☐	**1.**	Tomaba el metro para llegar a la escuela.
☐	☐	**2.**	Un autobús escolar venía a recogerme a mi casa.
☐	☐	**3.**	Por las tardes, pasaba el tiempo con los amigos en la plaza.
☐	☐	**4.**	No había semáforos en el lugar donde vivía.
☐	☐	**5.**	Los aviones volaban constantemente sobre mi casa.
☐	☐	**6.**	Yo les daba de comer a las ovejas.
☐	☐	**7.**	El tráfico era horrible en las mañanas.
☐	☐	**8.**	Comía huevos frescos cada día.

Práctica 2.   Los veranos en la finca de los abuelos. Completa la narración con la forma correcta del imperfecto de los verbos entre paréntesis.

Cuando era niño, _____ (**pasar**)[1] los veranos con mis abuelos. Mis abuelos

_____ (**ser**)[2] agricultores y por eso _____ (**vivir**)[3] en una finca. La

finca _____ (**ser**)[4] muy grande y _____ (**haber**)[5] muchas vacas,

cerdos, gallinas, caballos, perros y gatos. Mi abuela siempre me _____ (**despertar**)[6]

temprano para darles de comer[a] a los perros. _____ (**Tener**)[7] que gritar muy fuerte

para llamar a los perros. Ellos _____ (**correr**)[8] rápidamente al granero[b] para recibir

su comida. Durante el resto de la mañana, _____ (**ir**)[9] con mi abuelo a darles de

comer a las vacas, los caballos y los cerdos. Nosotros _____ (**ir**)[10] en tractor por

las pasturas. Cuando nosotros _____ (**volver**),[11] mi abuela _____

(**tener**)[12] preparada la comida. Después de comer, _____ (**ayudar**)[13] a mi abuela en

la huerta. Allí ella _____ (**cultivar**[c])[14] tomates, cebollas, zanahorias y muchas otras

verduras. Me _____ (**gustar**)[15] pasar los veranos con mis abuelos.

[a]darles... *feed*   [b]*barn*   [c]*to grow*

Práctica 3.   La vida ocupada de la finca. Completa cada una de las oraciones con la forma correcta del imperfecto del verbo más apropiado de la lista.

abrir	cantar	dar	levantarse	llamar	manejar	montar	preparar

1.   Yo _____ el tractor mientras mi papá _____ las vallas (*gates*).

2.   Mis padres _____ a caballo mientras _____ a las vacas.

3.   Yo les _____ de comer a las gallinas mientras mi mamá _____

el desayuno.

4.   El gallo siempre _____ «qui-quiri-quí» al amanecer (*dawn*), y nosotros

_____.

Práctica 4.   Un cuento misterioso. Completa la introducción del cuento con la forma correcta del imperfecto del verbo entre paréntesis.

_____ (**Hacer**)[1] un calor insoportable. _____ (**Ser**)[2] las 5:00 de la

tarde, pero el sol _____ (**brillar**)[3] fuerte todavía. Yo _____ (**estar**)[4]

sentada a la orilla[a] del lago grande. El vapor _____ (**parecer**)[5] respirar mientras

_____ (**salir**)[6] del agua. La selva,[b] detrás de mí, _____ (**estar**)[7]

silenciosa. Yo _____ (**mirar**)[8] por todas partes y no _____ (**ver**)[9]

nada. Tampoco _____ (**oír**)[10] nada. Solo la arena[c] blanca que _____

(**extenderse**)[11] por millas y millas por el gran Lago de Nicaragua que _____ (**susurrar**)[12]

mi nombre. Yo _____ (**saber**)[13] que algo malo _____ (**ir**)[14] a pasar.

[a]*shore*   [b]*jungle*   [c]*sand*

Práctica 5. **¿Qué hacías ayer?** Contesta las preguntas usando el imperfecto.

1. ¿Qué hacías ayer a medianoche?

_____

2. ¿Qué hacías ayer a las 8:00 de la mañana?

_____

3. ¿Qué hacías ayer a mediodía?

_____

4. ¿Qué hacías ayer a las 8:00 de la tarde?

_____

5. ¿Qué hacías ayer a las 3:00 de la tarde?

_____

6. ¿Qué hacías ayer a las 10:00 de la noche?

_____

Práctica 6. **Cuando éramos niños...** Contesta las preguntas de Juan José usando la forma de nosotros del imperfecto.

MODELO (*you hear*) Cuando era niño, yo montaba a caballo durante los veranos. ¿Y Uds.?

(*you say*) Nosotros montábamos a caballo también.

1. ... **2.** ... **3.** ... **4.** ... **5.** ... **6.** ...

Síntesis y repaso

Práctica 1. **Mi niñez en el campo.** Escucha mientras Celia describe su niñez y contesta las preguntas según lo que oyes.

1. ¿Dónde vivía Celia cuando era joven?

   a. Vivía en una finca.   **b.** Vivía en un pueblo.   **c.** Vivía en una ciudad.

2. Geográficamente, ¿cómo era ese lugar?

   a. Era un valle.   **b.** Era un llano.   **c.** Estaba encima de unas montañas.

3. ¿Qué edificios había en el pueblo? Había _____.

   a. un restaurante y un puente   **b.** una iglesia y un hotel   **c.** un restaurante y un hotel

4. ¿Para qué tenía la familia las vacas y gallinas? Las tenía _____.

   a. para vender en el mercado   **b.** para tener qué comer   **c.** como mascotas

5. ¿Qué hacía la familia para divertirse?

   a. Montaban en motocicleta.   **b.** Montaban a caballo.   **c.** Montaban en bicicleta.

Práctica 2.   El paisaje de Costa Rica. Escucha la descripción de Costa Rica e indica si cada oración es **cierta (C)** o **falsa (F)**. Si la oración es falsa, corrígela.

VOCABULARIO PRÁCTICO

playas   beaches
selvas   jungles

C	F		
☐	☐	**1.**	Costa Rica tiene dos costas.

_____

| ☐ | ☐ | **2.** | Hay dos penínsulas en la costa del mar Caribe. |

_____

| ☐ | ☐ | **3.** | Hay solo un río en el centro del país. |

_____

| ☐ | ☐ | **4.** | No existen volcanes activos en Costa Rica. |

_____

| ☐ | ☐ | **5.** | Los valles son buenos lugares para las fincas. |

_____

| ☐ | ☐ | **6.** | Muchas especies de animales diferentes viven en las selvas. |

_____

Práctica 3.   Un viaje a Panamá. Escucha este anuncio de viaje y marca las respuestas correctas según lo que oyes. Puedes escuchar el anuncio más de una vez, si quieres.

1. ¿Qué incluye la excursión a Panamá?
☐ transporte   ☐ comida   ☐ hotel
☐ ropa   ☐ excursiones a museos   ☐ caminatas

2. ¿Qué tipo de actividades se puede hacer?
☐ golf   ☐ caminatas   ☐ exploración
☐ natación   ☐ excursiones en barco   ☐ vólibol

3. ¿Qué lugares se puede ver?
☐ las montañas de Panamá   ☐ las playas de Panamá   ☐ la selva de Panamá
☐ la Ciudad de Panamá   ☐ el Canal de Panamá   ☐ los valles de Panamá

Práctica 4.   Una niñez en lugares turísticos

PASO 1.   Lee el ensayo que Rigoberto escribió sobre su niñez. Luego, contesta las preguntas, según la información del ensayo.

> Tuve una niñez fenomenal. Mis padres eran dueños de una cadena de hoteles que se encontraban en muchos de los famosos destinos turísticos en el mundo. Pasaba mucho tiempo en México, el Caribe y Centroamérica. Mi lugar favorito era Costa Rica por sus playas espectaculares. La Playa Hermosa era la más tranquila. Había una gran playa rodeada de casas lindas, y de bosques. Mis hermanos y yo jugábamos en el bosque. Nos gustaba jugar a los monos y osos.[a] También me gustaba la isla Tortuga. Nunca veíamos tortugas, pero pescábamos y seguíamos a las arañas[b] que encontrábamos allí. Desde la arena se podía ver el altiplano,[c] pero nunca intentamos subirlo. Mis padres también tenían un hotel en la Península de Nicoya. Estaba muy cerca del mar y nos bañábamos todos los días en el mar con los turistas. Nos reíamos de ellos y de sus quemaduras del sol.[d] ¡Mi niñez fue genial!

[a]monos... *monkeys and bears*   [b]*spiders*   [c]*high plateau*   [d]quemaduras... *sunburns*

1.   ¿Cómo fue la niñez de Rigo?

_____

2.   ¿Qué hacían los padres de Rigo?

_____

3.   ¿Cuál era su lugar favorito y por qué?

_____

4.   ¿A qué jugaba con sus hermanos en el bosque?

_____

5.   ¿Qué animales veían en la isla Tortuga?

_____

6.   ¿Por qué se reían de los turistas?

_____

PASO 2.   ¿Recuerdas tu niñez? Escribe seis oraciones describiendo lo que hacías cuando eras niño/a.

_____

_____

_____

_____

_____

_____

_____

Un mundo sin límites

En este capítulo viste tres vídeos sobre Michelle y Jorge, en Tegucigalpa, Honduras. Ve los vídeos otra vez y completa las siguientes actividades. Puedes ver los vídeos más de una vez, si quieres.

Práctica 1. Comprensión. Indica si estás de acuerdo (**sí**) o no con las siguientes oraciones, según el contenido de los vídeos.

©McGraw-Hill Education/Zenergy/José Mario Lagos

SÍ	No		
☐	☐	**1.**	Michelle es feliz porque hablar español le permite trabajar en Tegucigalpa.
☐	☐	**2.**	Las ONGs de Jorge y Michelle entrenan a maestros de escuela a ser emprendedores.
☐	☐	**3.**	En la escuela de Santa Lucía, los niños aprenden a cultivar las huertas.
☐	☐	**4.**	La escuela vende las frutas y vegetales a la comunidad, pero no obtienen beneficios.
☐	☐	**5.**	El pueblo de Santa Lucía está situado a hora y media de Tegucigalpa.
☐	☐	**6.**	La tierra de Honduras es muy fértil y produce mucho café, bananos y maíz.

Práctica 2. Oraciones. Completa las siguientes oraciones con el vocabulario de la lista.

banco   el centro   el museo   iglesias   los puentes   una plaza

1. La oficina de Michelle está situada en _____ de Tegucipalga.

2. Michelle puede ir al _____ y al supermercado fácilmente desde su oficina.

3. A veces, Michelle come en _____ muy bonita de la ciudad.

4. A Michelle le gusta visitar _____ porque le interesa el arte.

5. Hay arte callejero de artistas nacionales en la ciudad debajo de _____.

6. Según Jorge, en la mayoría de los pueblos de Honduras hay parques, centros comerciales e _____.

Práctica 3. En mi comunidad En un párrafo bien organizado, escribe las semejanzas y diferencias entre la vida rural y urbana en Honduras y la vida de los pueblos y ciudades de la comunidad donde vives. ¿Hay más semejanzas o diferencias? ¿Por qué crees que es así?

_____

_____

_____

_____

_____

_____

_____

Capítulo 9

TEMA I: La vida social

Vocabulario en acción

Práctica 1. **Cosas que ocurren en las relaciones.** Indica si cada una de las palabras corresponde a una pareja que se lleva **bien** o se lleva **mal**.

BIEN	MAL		
☐	☐	**1.**	abrazarse
☐	☐	**2.**	besarse
☐	☐	**3.**	divorciarse
☐	☐	**4.**	gritar
☐	☐	**5.**	quererse
☐	☐	**6.**	separarse
☐	☐	**7.**	amarse
☐	☐	**8.**	discutir
☐	☐	**9.**	enamorarse
☐	☐	**10.**	pelearse
☐	☐	**11.**	romper
☐	☐	**12.**	sonreír

Práctica 2. **Las relaciones.** Empareja cada palabra con la definición correspondiente.

1. _____ una relación cariñosa que no es romántica

2. _____ cuando un matrimonio decide separarse

3. _____ cuando los novios quieren salir juntos

4. _____ la ceremonia en que una pareja se casa

5. _____ el viaje que hace una pareja después de la boda

a. el divorcio
b. la boda
c. la amistad
d. la luna de miel
e. la cita

Gramática

9.1 More on **por** and **para**

Práctica 1. **La respuesta correcta.** Indica la respuesta apropiada para cada pregunta.

1. _____ ¿Por qué estudias español?
2. _____ ¿Para qué estudias español?
3. _____ ¿Para qué fuiste a Panamá?
4. _____ ¿Para quién es la muñeca?
5. _____ ¿Para dónde van Uds.?
6. _____ ¿Para cuándo es la tarea?
7. _____ ¿Para qué sirve una cámara?
8. _____ Es grande para su edad (*age*), ¿no?
9. _____ ¿Para quién trabajas?
10. _____ ¿Por cuánto tiempo piensas estudiar español?

a. Es para mi sobrina.
b. Vamos para la capital.
c. Para conocer el Canal.
d. Porque quiero comunicarme con personas hispanas.
e. Para ganar más dinero en mi trabajo; les pagan más a las personas bilingües.
f. Para la compañía Dell.
g. Sí, es grande para 2 años.
h. Por cuatro años.
i. Para sacar fotos.
j. Es para mañana.

Práctica 2. **Cuando eran novios...**

PASO 1. Lee las oraciones sobre el noviazgo de Victoria y Manuel. Completa las oraciones con **por** o **para**, según el contexto.

1. Caminaban _____ el parque juntos y hablaban de sus sueños (*dreams*).
2. Viajaban _____ avión frecuentemente para pasar fines de semana divertidos.
3. Hablaban mucho _____ conocerse mejor.
4. Cenaban juntos los viernes _____ la noche.
5. Se escribían mensajes de texto _____ la mañana para decir «buenos días».
6. Alternaban cuando pagaban _____ las cenas de sus citas románticas.
7. Conversaban _____ resolver los conflictos.
8. Victoria siempre compraba regalos _____ Manuel.
9. Se besaban y se abrazaban mucho _____ expresar su amor.

PASO 2. Ahora indica por qué se usa **por** y **para** en cada oración del **Paso 1.** Puedes usar algunas respuestas más de una vez.

1. _____
2. _____
3. _____
4. _____
5. _____
6. _____
7. _____
8. _____
9. _____

a. period of the day
b. to express *in order to*
c. mode of transportation
d. movement through or along
e. for whom/what something is destined to be given
f. in exchange for

Práctica 3.   Una sorpresa de Navidad. Completa el párrafo con **por** o **para.**

Cuando mis padres estaban recién casados, no tenían mucho dinero _____[1] comprar regalos

caros. Los dos eran estudiantes de medicina y trabajaban _____[2] muchas horas cada semana en

la clínica. Se querían mucho, _____[3] supuesto, pero no tenían mucho tiempo ni dinero.

Ese primer diciembre de su matrimonio, mi madre quería hacer algo muy especial _____[4] mi padre

_____[5] celebrar su primera Navidad. Un día _____[6] la mañana después de trabajar _____[7]

catorce horas, ella andaba _____[8] el centro comercial mirando los escaparates,[a] buscando

un regalo especial, pero no muy caro. Se sentía frustrada porque parecía imposible.

Decidió salir del centro comercial y volver a casa. Cada vez que pasaba _____[9] una tienda, miraba

lo que tenían en el escaparate, pero todo estaba muy caro. Estaba muy cansada y un poco enojada

_____[10] el dilema del regalo de Navidad. Solo podía pagar un máximo de 30 dólares _____[11] el

regalo. ¿Qué opciones tenía?

En la calle, había gente _____[12] todas partes. Mi madre necesitaba dormir _____[13] unas horas

antes de volver a la clínica _____[14] las 7:00 de la noche. Empezó a caminar con tanta prisa que

casi no vio lo que se movía en la acera al lado de un basurero.[b] Lo vio justo antes de pisarlo[c] y,

_____[15] su curiosidad innata, lo examinó más de cerca. ¡Era un gatito! Era pequeñísimo y estaba

sucio, pero ¡qué precioso! A mi padre le encantaban los gatos y en ese instante mi madre sabía que el

gatito era la sorpresa perfecta _____[16] él.

Mi padre estaba muy contento con su regalo, Félix. Félix era muy cariñoso pero independiente. Era la

mascota perfecta _____[17] mis padres con sus largas horas de trabajo. Félix fue parte de nuestra

familia _____[18] dieciséis años y mi padre siempre decía que era el regalo más memorable de su vida.

[a]*store windows*   [b]*trash can*   [c]*stepping on it*

9.2   Indefinite and Negative Words

Práctica 1.   Opuestos. Empareja cada expresión afirmativa con la expresión negativa correspondiente.

1. _____ algo	6. _____ algunos	**a.** no **h.** ninguno
2. _____ alguien	7. _____ algunas	**b.** nunca **i.** ninguna
3. _____ algún	8. _____ siempre	**c.** ni... ni **j.** ningunos
4. _____ alguno	9. _____ sí	**d.** nadie
5. _____ alguna	10. _____ o... o	**e.** ningún
		f. nada
		g. ningunas

Práctica 2.   El sitio perfecto. Escoge las palabras apropiadas entre paréntesis para completar el párrafo.

El otoño pasado estaba buscando un apartamento para mi novia y para mí en una nueva ciudad.

_____ **(No / Nadie)**[1] quería tener una actitud negativa, pero era muy difícil encontrar lo que

necesitábamos. _____ **(Siempre / Tampoco)**[2] habíamos deseado un apartamento con espacio

para acomodar a nuestra familia después de casarnos y tener hijos. Por eso, era importante saber

quiénes eran los vecinos. No queríamos tener _____ **(nadie / ningún)**[3] vecino problemático.

Mi novia no quería vivir _____ **(o / ni)**[4] en el centro de la ciudad _____ **(o / ni)**[5]

en las afueras, lejos de su trabajo. _____ **(También / Tampoco)**[6] teníamos un carro en esa

época, así que el acceso al transporte público era importante. No conocíamos a _____

(nadie / alguien)[7] de la ciudad. Finalmente, _____ **(nunca / ninguna)**[8] habíamos vivido juntos,

así que era importante pensar en muchos factores. ¿Había _____ **(algún / alguien)**[9] aparta-

mento perfecto para nosotros? Finalmente, _____ **(algún / alguien)**[10] del trabajo de mi novia

nos invitó a una fiesta, y encontramos el apartamento perfecto en su edificio, con buenos vecinos.

Práctica 3. **La pareja quiere comprar una casa.** Completa la conversación con palabras de la lista.

algo	alguien	nada	nadie	ni	no	siempre	tampoco

AGUSTÍN: Claudia, mira esta foto. Creo que tengo _____[1] interesante aquí. ¡Puede ser la

casa perfecta para después de la boda!

CLAUDIA: Agustín, esta casa _____[2] es la casa que quiero.

AGUSTÍN: Vamos a verla, querida. _____[3] puede tomar una decisión sin ver la casa primero.

CLAUDIA: ¡Ay! _____[4] me pides ir a ver las casas que no me interesan.

AGUSTÍN: Voy a llamar a la oficina de ventas para hablar con un agente. ¿Crees que _____[5]

va a contestar el teléfono los domingos?

CLAUDIA: No quiero ni hablar con ningún agente _____[6] ver la casa. ¡No estoy interesada

en esta casa!

AGUSTÍN: ¿Supongo que _____[7] quieres pasar en coche por la casa?

CLAUDIA: Tienes razón. Hoy no quiero hacer _____[8] que tenga que ver con[a] casas o

agentes.

[a]tenga... *has to do with*

Práctica 4. **¿Cuándo tienes una actitud negativa?** Completa las oraciones para que sean ciertas (*so they are true*) para ti.

1. Nunca me gusta jugar _____.

2. Nadie _____.

3. No me gusta _____ con nadie.

4. Ninguna relación es _____.

5. Mi dormitorio ni es _____ ni es _____.

6. Mi mejor amigo no es _____, pero tampoco es _____.

7. Ninguna persona es _____.

8. Ninguno de mis amigos es _____.

Síntesis y repaso

Práctica 1. Un cuento de amor. Escucha la historia de Ernesto y Celia y contesta las preguntas en oraciones completas, según lo que oyes.

1. ¿Dónde se conocieron Ernesto y Celia?

   _____

2. ¿Con qué frecuencia se peleaban cuando eran jóvenes?

   _____

3. ¿Qué pensaba Celia de Ernesto?

   _____

4. ¿Cuándo se enamoraron?

   _____

5. ¿Por cuántos años fueron novios antes de casarse?

   _____

6. ¿Se llevan bien todo el tiempo?

   _____

Práctica 2. Las etapas de una relación. Escucha mientras estas personas expresan sus sentimientos sobre ciertas circunstancias de la vida. Luego, elige la etapa correspondiente para cada oración.

_____ **1.** **a.** el compromiso

_____ **2.** **b.** el divorcio

_____ **3.** **c.** la familia

_____ **4.** **d.** la luna de miel

_____ **5.** **e.** el matrimonio

Práctica 3. Una mala relación. Escucha la conversación entre Antonio y Julio e indica la persona que describen las siguientes oraciones: Mario (M), Laura (L) o ambos (A).

M	L	A	
☐	☐	☐	**1.** Quiere mucho a su pareja.
☐	☐	☐	**2.** Se pelea mucho con la pareja.
☐	☐	☐	**3.** Es muy celoso/a.
☐	☐	☐	**4.** Quiere saber todos los detalles de la vida de su pareja.
☐	☐	☐	**5.** Decidió romper la relación.
☐	☐	☐	**6.** Quiere mantener la amistad con su ex pareja.

Práctica 4. Luna de miel en Centroamérica

PASO 1. Lee la información sobre lugares para la luna de miel en Centroamérica. Indica si las siguientes oraciones son ciertas **(C)** o falsas **(F)**, según la lectura.

Algunos lugares de Centroamérica ofrecen viajes románticos y lunas de miel con un fuerte componente ecológico. Costa Rica es uno de los países líder en el turismo verde. Si una pareja quiere disfrutar de magníficos bosques, puede alojarse[a] en uno de los hoteles nominados por los *World Travel Awards* para la clasificación de hotel verde: Rancho Pacífico, Gaia Hotel Resort y Tabacón Resort & Spa. En la costa del Pacífico nicaragüense, los enamorados pueden disfrutar de bellas puestas de sol[b] desde una montaña o de paseos en bicicleta por los bosques. En Honduras, los novios pueden quedarse en la Isla Roatán, famosa por el buceo,[c] su exuberante vida marina y sus tranquilas playas. Para las parejas más aventureras, El Salvador y Panamá proponen algo diferente para la luna de miel: les organizan estadías[d] con las tribus indígenas de sus países. Es una oportunidad para conocer las tradiciones indígenas y disfrutar de la belleza de sus espacios naturales. En Centroamérica hay un lugar para todos los gustos y ninguno decepciona[e] a nadie.

[a]*to stay (in a hotel)*   [b]puestas... *sunsets*   [c]*scuba diving*   [d]*stays*   [e]*disappoints*

C	F	
☐	☐	**1.** Centroamérica ofrece viajes para novios en lugares naturales.
☐	☐	**2.** El país pionero en turismo verde es Panamá.
☐	☐	**3.** Ningún lugar ofrece la posibilidad de andar en bicicleta.
☐	☐	**4.** Nadie se siente decepcionado en su luna de miel en Centroamérica.
☐	☐	**5.** Para las parejas que les gusta la aventura, hay ofertas de luna de miel en Centroamérica.

PASO 2. Escoge la respuesta correcta para completar cada oración.

1. A esta pareja le gusta nadar en el océano y relajarse. Debe ir a _____.

   a. Nicaragua   **b.** Panamá   **c.** Roatán, Honduras

2. A estos recién casados (*newly married*) les interesa la cultura ancestral de las tribus. Deben ir a

   _____.

   a. El Salvador y Panamá   **b.** Costa Rica   **c.** Nicaragua

3. A esta pareja le gusta hacer excursiones naturales, explorar la naturaleza y pasar tiempo al aire

   libre. Debe ir a _____.

   a. Costa Rica y Nicaragua   **b.** El Salvador   **c.** Roatán, Honduras

4. En _____ hay varios hoteles con clasificaciones ecológicas o verdes.

   a. El Salvador   **b.** Costa Rica   **c.** Nicaragua

PASO 3. Piensa en un lugar ideal para una luna de miel en la región donde vives y escoge a una de las parejas del **Paso 1** que, en tu opinión, puede divertirse en su luna de miel en ese lugar. ¿Dónde está situado el lugar? ¿Cómo es? ¿Qué actividades puede hacer la pareja allí? ¿Qué hoteles o tipos de estadía existen en el lugar elegido? Escribe un párrafo bien organizado explicando por qué esta pareja debe considerar esta opción, usando las preguntas como guía.

Pronunciación

c and qu

The Spanish **c,** much like English c, makes an *s* sound when followed by **e** or **i.** Elsewhere it is pronounced as a stop, similar to the English *k* sound.

Práctica 1. **Pronunciación de la c.** Listen and repeat each word. Note the use of the soft **c** versus the use of a hard **c.**

1.	**ce**loso	**3.**	ha**ce**r	**5.**	a**ce**ra	**7.**	tampo**co**	**9.**	**ca**lle
2.	**ci**rcula**ci**ón	**4.**	**ci**ne	**6.**	**co**che	**8.**	es**cu**ela	**10.**	**ca**sarse

In most areas of Spain, when **c** precedes **e** and **i,** it is not pronounced like the English *s,* but similar to an English *th,* as in *thin.*

Práctica 2. **Pronunciación de *ce* y *ci*.** Listen and repeat each word. First you will hear the pronunciation used in Spain followed by the pronunciation used in Latin America.

1. **ce**ntro   **2.** **ci**clismo   **3.** ha**ce**r   **4.** **ci**ne   **5.** a**ce**ra

Spanish **q** is always followed by **u,** as in English. The **qu** cluster is pronounced like the hard **c.**

Práctica 3. **Pronunciación de *qu*.** Listen and repeat each word. Note the pronunciation of the **qu** cluster.

1. **que**   **2.** **que**rer   **3.** par**que**   **4.** iz**qui**erda   **5.** con**qui**star

Práctica 4. **Ortografía.** Listen and write the following words and phrases containing **c** and **qu.** Each word will be pronounced twice.

1. _____   **4.** _____

2. _____   **5.** _____

3. _____   **6.** _____

TEMA II: Me acuerdo muy bien

Vocabulario en acción

Práctica 1. **Las actividades de la vida.** Escribe lo que se necesita para hacer cada actividad. **¡OJO!** Se puede usar algunas palabras más de una vez.

bicicleta   computadora   papel   televisión

1. Para dibujar, se necesita _____.

2. Para jugar a los videojuegos, se necesita una _____.

3. Para ver dibujos animados, se necesita una _____.

4. Para enviar un e-mail, se necesita una _____.

5. Para hacer ciclismo se necesita una _____.

6. Para pintar, se necesita _____.

Práctica 2. **Las etapas de la vida.** Empareja cada descripción con una etapa de la vida.

_____ **1.** Tiene 45 años.

_____ **2.** Tiene 8 años.

_____ **3.** Tiene 84 años.

_____ **4.** Tiene un año.

_____ **5.** Tiene 23 años.

_____ **6.** Tiene 13 años.

a. la infancia
b. la niñez
c. la juventud
d. la adolescencia
e. la madurez
f. la vejez

Gramática

9.3 Preterite vs. Imperfect

Práctica 1. **¿Pretérito o imperfecto?** Indica si el verbo de cada oración está conjugado en el **pretérito** (**P**) o el **imperfecto** (**I**).

P I

☐ ☐ **1.** El bebé nació el 3 de agosto.
☐ ☐ **2.** La niña lloró por cuatro horas.
☐ ☐ **3.** En su niñez, Roberta jugaba con muñecas todos los días.
☐ ☐ **4.** En 2013 Miguel se comprometió con su novia.
☐ ☐ **5.** Raquel asistió a la boda de su mejor amiga en junio.
☐ ☐ **6.** Nosotros fuimos de vacaciones a la playa el verano pasado.
☐ ☐ **7.** Pero llovió mucho durante el viaje.
☐ ☐ **8.** Yo quería pasar tiempo con mi familia.
☐ ☐ **9.** Javier le pidió la mano a Rebeca.
☐ ☐ **10.** Ella dijo «Sí».

Práctica 2. **En el pasado.** Lee el párrafo e indica si se debe usar el **pretérito** (**P**) o el **imperfecto** (**I**) para expresar las acciones en el pasado.

Mi niñez fue muy complicada. Cuando _____ (**tener**)[1] 5 años, _____ (**mudarnos**)[2] de Maine a California. Cuando _____ (**llegar**),[3] _____ (**encontrar**)[4] una casa muy pequeña pero cómoda. _____ (**Estar**)[5] triste y todos los días _____ (**pensar**)[6] en volver a Maine. No me _____ (**gustar**)[7] mucho California porque los otros niños _____ (**ser**)[8] antipáticos. _____ (**Jugar**)[9] afuera con mis hermanos mientras _____ (**llover**)[10] porque la casa _____ (**ser**)[11] pequeña y no _____ (**haber**)[12] mucho espacio. Un día, cuando _____ (**jugar**)[13] afuera en la lluvia, unos niños se _____ (**acercar**)[14] y nos _____ (**decir**):[15] «Este es nuestro parque». _____ (**Tener**)[16] miedo, pero _____ (**decir**):[17] «No, no es su parque ahora, porque ahora nosotros estamos jugando aquí». Los otros niños _____ (**decidir**)[18] jugar con nosotros y desde entonces, nos gusta vivir en California porque tenemos muchos amigos.

Práctica 3. La leyenda de Pancho[a] **Ñato.** Completa la narración con la forma correcta del pretérito o del imperfecto de los verbos entre paréntesis.

Francisco Juárez _____ **(nacer)**[1] en el municipio de Tololar, Departamento de León.

_____ **(Ser)**[2] un hombre ágil, muy alto. _____ **(Tener)**[3] dos

caballos, uno blanco y el otro negro. Él siempre _____ **(montar)**[4] el negro, que

_____ **(llamarse)**[5] Saltarín.

Pancho _____ **(ser)**[6] bandido. Le _____ **(gustar)**[7] burlarse[b] de

la gente y hacer bromas.[c] A veces _____ **(matar)**[8] para defenderse o para ganar

dinero. Por eso, muchas personas le _____ **(temer)**,[9] pero _____

(ser)[10] respetuoso con las mujeres.

Lo _____ **(seguir)**[11] la Guardia a menudo,[d] pero nunca lo _____

(atrapar).[12] Dicen que _____ **(haber)**[13] espíritus que lo _____

(proteger).[14] Incluso cuando la Guardia lo _____ **(seguir)**,[15] él

_____ **(transformarse)**[16] en otra cosa. Una vez, él _____

(colgarse)[17] del techo[e] de su casa y _____ **(convertirse)**[18] en unas bananas. Cuando

los guardias _____ **(llegar)**[19] a su casa, no lo _____ **(ver)**[20], pero sí

_____ **(ver)**[21] las bananas. Ellos _____ **(llevarse)**[22] las bananas y

cuando Pancho _____ **(volver)**[23] en sí,[f] _____ **(estar)**[24]

completamente desnudo.

[a]*Pancho* is a common nickname for *Francisco.*   [b]*to make fun*   [c]*jokes*   [d]*a... often*   [e]*roof*   [f]*volver... to change back*

Práctica 4. Preguntas personales sobre tu niñez

PASO 1. Escucha las preguntas y escribe tus respuestas a continuación.

1. _____
2. _____
3. _____
4. _____
5. _____
6. _____
7. _____
8. _____
9. _____
10. _____

PASO 2. Ahora, escribe seis preguntas: tres usando el imperfecto y tres usando el pretérito, para hacerle preguntas a tu profesor(a) sobre su niñez.

1. ¿_____?

2. ¿_____?

3. ¿_____?

4. ¿_____?

5. ¿_____?

6. ¿_____?

Síntesis y repaso

Práctica 1.   Mi vida. Escucha mientras Lucía describe su vida e indica si las oraciones son ciertas (C) o falsas (F). Si la oración es falsa, corrígela.

C	F		
☐	☐	**1.**	Vivía en la ciudad cuando era muy pequeña.
			_____
☐	☐	**2.**	Iba con su familia al zoológico durante su niñez.
			_____
☐	☐	**3.**	En la escuela secundaria, iba al cine con su familia.
			_____
☐	☐	**4.**	Acampaba con sus amigos cada verano cuando era una estudiante universitaria.
			_____
☐	☐	**5.**	En el futuro, quiere hacer actividades deportivas.
			_____

Práctica 2. **¿Cuándo hicimos las actividades?** Escucha las oraciones y escribe la letra de la oración junto al dibujo que describe. Luego, escoge la frase que mejor describe la frecuencia con que se hizo la actividad, según lo que oyes. Puedes escuchar las oraciones más de una vez.

_____ **1.** ☐ ayer
☐ todos los sábados

_____ **2.** ☐ los fines de semana
☐ el sábado pasado

_____ **3.** ☐ los veranos
☐ una vez

_____ **4.** ☐ los veranos
☐ ayer

_____ **5.** ☐ todos los domingos
☐ anoche

_____ **6.** ☐ anoche
☐ todos los lunes

Práctica 3. Mis viejos tiempos en la universidad. Escucha mientras Luis describe sus tiempos en la universidad. Luego contesta las preguntas en oraciones completas, según lo que oyes.

1. ¿Cuántos años estuvo Luis en la universidad?

_____

2. ¿Dónde vivieron Luis y sus amigos durante su segundo año?

_____

3. ¿Qué hacían Luis y sus amigos los fines de semana?

_____

4. ¿Qué hizo Luis una vez en el parque central?

_____

5. ¿Qué hicieron Luis y sus amigos en las montañas?

_____

Práctica 4. Mis días de campo

PASO 1. Lee el siguiente recuerdo infantil de Ronaldo. Luego, indica la respuesta correcta para cada una de las preguntas, según la información.

Mis días de campo

Los fines de semana me iba al campo con mis padres, mi hermano y mis primas. Allí, jugábamos a las escondidas[a] entre los árboles y corríamos sin parar. Cuando llegaba la fiesta de San Pedro, como en mi casa había tres Pedros, se hacía en medio del patio una enorme fogata que se veía desde muy lejos y que duraba hasta la madrugada.[b] Bailábamos alrededor del fuego, cantábamos y nos divertíamos con los fuegos artificiales[c] que preparaban los mayores. ¡Qué hermosos recuerdos! Mi infancia fue feliz, rodeada[d] del amor y de la protección de mi familia.

[a]a... *hide and seek* [b]*dawn* [c]fuegos... *fireworks* [d]*surrounded*

1. ¿En dónde pasaba Ronaldo los fines de semana?
   a. en la iglesia **b.** en la playa **c.** en el campo
2. ¿Dónde jugaban a las escondidas?
   a. entre las rocas **b.** en las colinas **c.** entre los árboles
3. ¿Qué quiere decir la frase «en mi casa había tres Pedros»?
   a. tres personas que se llaman Pedro **b.** tres cosas llamadas Pedro **c.** un Pedro con tres amigos
4. Basado en las pistas textuales, ¿qué crees que es una fogata?
   a. una fiesta **b.** un baile **c.** un fuego
5. ¿Cómo fue la infancia de esta persona?
   a. triste **b.** feliz **c.** no muy divertida

PASO 2. Escribe un párrafo sobre uno de los recuerdos más felices de tu niñez.

_____ (*título*)

_____

_____

_____

_____

_____

Un mundo sin límites

En este capítulo viste tres vídeos sobre Alexa y Xinia, en San Luis de Monteverde, Costa Rica. Ve los vídeos otra vez y completa las siguientes actividades. Puedes ver los vídeos más de una vez, si quieres.

Práctica 1. ¿Cierto o falso?

C   F

- ☐ ☐   **1.** Alexa ha vivido (*has lived*) en San Luis de Monteverde por cuatro años.
- ☐ ☐   **2.** Alexa aprendió español en la universidad, en su país.
- ☐ ☐   **3.** Para Alexa, Xinia, sus hijos y sus nietos son como su propia (*own*) familia.

©McGraw-Hill Education/Zenergy

- ☐ ☐   **4.** Xinia se divorció de su esposo Eduardo y actualmente vive con su novio.
- ☐ ☐   **5.** Xinia conoció a su novio antes de su matrimonio con Eduardo.
- ☐ ☐   **6.** Para Xinia, es muy importante cuidar de sus nietos y pasar tiempo con su familia y con Alexa.
- ☐ ☐   **7.** Alexa solamente cree en el amor romántico.

Práctica 2. Oraciones. Completa las siguientes oraciones con palabras de la lista.

adolescencia   enamorados   jugaba con muñecas   noviazgo   se llevaban bien   unida

1. Durante su niñez, Xinia _____ y hacía casitas con sus amigas.
2. En su _____, Xinia empezó a trabajar en el campo y en la lechería.
3. En su juventud, Xinia conoció a Eduardo y comenzaron su _____.
4. Eduardo era un hombre responsable y cariñoso. Él y su esposa _____.
5. El novio de Xinia es muy buena persona y los dos están muy _____.
6. Los hijos y los nietos de Xinia trabajan hoy día en la finca. Xinia está feliz porque el trabajo mantiene a toda la familia _____.

Práctica 3. Relaciones familiares. Alexa dice que ella empezó a valorar más la familia después de mudarse a Costa Rica. En un párrafo bien organizado, explica cómo son las relaciones familiares en tu comunidad, comparándolas con las relaciones familiares que acabas de ver en los vídeos. ¿Son semejantes o diferentes? ¿Por qué crees que es así?

_____

_____

_____

_____

_____

_____

_____

Capítulo 10

TEMA I: De viaje

Vocabulario en acción

Práctica 1. Viajar por avión. Pon los pasos en orden del primero (1) al último (10).

a. _____ subir al avión

b. _____ hacer cola en seguridad

c. _____ hacer las maletas

d. _____ llegar al destino

e. _____ esperar en la sala de espera

f. _____ facturar el equipaje

g. _____ bajarse del avión

h. _____ reclamar el equipaje

i. _____ pasar por el control de seguridad

j. _____ recibir el boleto de embarque

Práctica 2. ¿Qué necesita? Completa las oraciones con palabras de la lista. **¡OJO!** No se usan todas las palabras.

tarjeta de embarque	crucero	pasajero	tren
clase económica	maletas	pasaporte	vuelo

1. Rafael quiere viajar en barco porque le gusta el océano. Debe viajar en un

   _____ .

2. Julia es de Uruguay, pero quiere viajar a los Estados Unidos. Julia necesita un

   _____ .

3. Jaime quiere llevar mucha ropa consigo para el viaje. Necesita muchas

   _____ .

4. Elena quiere embarcar en el avión. Elena necesita la _____ .

5. Juan quiere un asiento en el avión, pero no tiene dinero suficiente para primera clase.

   Necesita sentarse en la _____ .

Gramática

10.1 Present Perfect

Práctica 1. ¡Fanfarronear (*Bragging*)! Indica si los siguientes enunciados son aplicables a ti o no.

SÍ	NO	
☐	☐	**1.** He asistido a un concierto de una estrella famosa de rock.
☐	☐	**2.** He viajado por avión más de cinco veces.
☐	☐	**3.** He viajado por barco solo/a.
☐	☐	**4.** He montado a caballo.
☐	☐	**5.** He viajado en primera clase.
☐	☐	**6.** He hecho alpinismo en los Andes.
☐	☐	**7.** He tomado el sol en el Caribe.
☐	☐	**8.** He visto un huracán.
☐	☐	**9.** He visto un tornado.
☐	☐	**10.** He nadado en el mar.

Práctica 2. Tu primer vuelo. Te ha llamado tu padre para asegurarse (*to make sure*) de que has hecho todo correctamente en el aeropuerto. Contesta sus preguntas afirmativamente, basándote en el modelo.

> MODELO (*you hear*) ¿Has preparado las maletas? →
>
> (*you say*) Sí, he preparado las maletas.

1. … **2.** … **3.** … **4.** … **5.** … **6.** … **7.** … **8.** …

Práctica 3. Sobre viajar. Completa cada una de las oraciones con el presente perfecto del verbo entre paréntesis.

1. Yo no _____ (**prepararse**) para el viaje todavía.

2. Tú _____ (**bajar**) las maletas al coche.

3. Adela _____ (**llamar**) a la agencia de viajes.

4. Nosotros _____ (**comprar**) los boletos.

5. Ellos _____ (**pedir**) los visados.

6. Adolfo _____ (**viajar**) en avión muchas veces.

7. Mis primos _____ (**llegar**) a su destino.

8. Uds. siempre _____ (**ser**) aventureros.

9. Nosotros _____ (**sentarse**) en primera clase.

10. Tú nunca _____ (**salir**) de los Estados Unidos.

Práctica 4. Muchas preguntas de tu madre. Tu madre te llama para asegurarse que has hecho todo. Contesta usando el presente perfecto. Usa los pronombres de objeto directo para evitar la repetición. Sigue el modelo. Luego, escucha y repite la respuesta correcta.

> MODELO (*you hear*) ¿Has hecho la tarea? (*you see*) sí →
>
> (*you say*) Sí, la he hecho.

1. no **2.** no **3.** sí **4.** no **5.** no **6.** sí

Práctica 5. Nota comunicativa: *Acabar de* + **infinitivo: ¿Qué acabas de hacer ahora?** Marca las cosas que acabas de hacer.

☐ Acabo de hacer la tarea.
☐ Acabo de hablar con un amigo por teléfono.
☐ Acabo de chatear con los amigos.
☐ Acabo de vestirme.
☐ Acabo de llegar al campus.
☐ Acabo de abrir mi libro de español.
☐ Acabo de comer.
☐ Acabo de asistir a clases.
☐ Acabo de viajar en autobús.
☐ Acabo de comprar un boleto.

Práctica 6. Acabo de hacerlo. Escucha las preguntas y contesta cada una usando **acabar de** + *inf.* Sigue el modelo.

MODELO (*you hear*) ¿Quieres ver la nueva película conmigo?

(*you see*) yo / ver →

(*you say*) Yo acabo de ver la nueva película.

1. yo / hacer alpinismo
2. ellos / facturar
3. nosotros / comprar
4. ellos / pasar
5. tú / comprar
6. nosotros / ir
7. yo / viajar
8. tú / volver

10.2 **Hace** + *time* + **que**

Práctica 1. Un guía en los Andes. Empareja cada una de las respuestas con la pregunta correspondiente.

_____ **1.** Hace un año que soy guía.

_____ **2.** Hace un año que empecé a ser guía.

_____ **3.** Hablo quechua desde hace tres años.

_____ **4.** Hace un año que estudié quechua.

_____ **5.** Hace diez años que hago alpinismo.

_____ **6.** Hace cinco años que me caí.

a. ¿Cuánto tiempo hace que haces alpinismo?
b. ¿Cuánto tiempo hace que te caíste de la montaña?
c. ¿Cuánto tiempo hace que hablas quechua?
d. ¿Cuánto tiempo hace que empezaste a ser guía?
e. ¿Cuánto tiempo hace que eres guía?
f. ¿Cuánto tiempo hace que estudiaste quechua?

Práctica 2. La correspondencia con mi amigo paraguayo. Contesta las preguntas sobre tu viaje a Paraguay, según el modelo.

MODELO (*you hear*) ¿Cuánto tiempo hace que tú estudias español?

(*you see*) tres semestres →

(*you say*) Hace tres semestres que estudio español.

1. cinco años
2. siete días
3. diez años
4. seis meses
5. cinco minutos
6. muchos años
7. una semana
8. nueve meses

Práctica 3. ¡Eres rey o reina de _Homecoming_! Contesta las preguntas para un artículo en el periódico.

1. ¿Cuánto tiempo hace que asistes a la universidad?

   _____

2. ¿Cuánto tiempo hace que hablas inglés?

   _____

3. ¿Cuánto tiempo hace que aprendes español?

   _____

4. ¿Cuánto tiempo hace que vives en esta ciudad?

   _____

5. ¿Cuánto tiempo hace que no vives en la casa de tus padres?

   _____

6. ¿Cuánto tiempo hace que llegaste a esta ciudad?

   _____

7. ¿Cuánto tiempo hace que empezaste a manejar un auto?

   _____

8. ¿Cuánto tiempo hace que viajaste la última vez?

   _____

9. ¿Cuánto tiempo hace que leíste un buen libro?

   _____

10. ¿Cuánto tiempo hace que le ayudaste a alguien?

   _____

Síntesis y repaso

Práctica 1. ¿Qué ha hecho? Escucha cada una de las cinco oraciones sobre estas personas. Basándote en la información que oyes, escoge la actividad que las personas han hecho ya.

> MODELO (_you hear_) Juan está en la sala de espera del aeropuerto.
>
> (_you see_) Juan ya... ☑ ha pasado por el control de seguridad.
>
> ☐ ha llegado a su hotel.

1.	Anita ya...	☐ ha comido.	☐ ha llegado a su destino.
2.	Carlos ya...	☐ ha hecho las maletas.	☐ ha hecho una parada.
3.	Maya ya...	☐ ha bajado del avión.	☐ ha llegado al hotel.
4.	Sara ya...	☐ ha tomado el tren del aeropuerto.	☐ ha subido a su habitación.
5.	Enrique ya...	☐ ha subido al avión.	☐ ha ido al reclamo de equipaje.

Práctica 2.   Una tarjeta postal. Lee la siguiente postal que Carlos le escribió a su amiga Juanita. Luego, contesta las preguntas según la postal.

TARJETA POSTAL

¡Hola! Aquí estoy en Perú. Llegué hace cuatro días y ¡lo he pasado genial! Los primeros dos días, anduve por la ciudad de Cusco. Es un lugar muy interesante con mucha historia. Hoy, fui a Machu Picchu, la ciudad perdida de los incas. Es la segunda vez que visito este lugar porque me encanta ver su arquitectura antigua. ¡Es maravilloso! Machu Picchu es muy popular entre los turistas de todo el mundo porque es tan bello y misterioso.

Acabo de regresar a mi hotel—un hotel de lujo en el centro de Cusco. Decidí hospedarme en este hotel porque tengo un poco de dinero extra. Me quedo en la ciudad por unos días más, y salgo el sábado por la mañana. ¡Nos vemos pronto!

Un abrazo,
Carlos

Juanita Almendárez

2735 Franklin Street

San Diego, CA 92128

USA

1. ¿Cuánto tiempo hace que llegó Carlos a Perú?

_____

2. ¿Cuántas veces ha viajado Carlos a Machu Picchu?

_____

3. ¿Por qué se queda en un hotel elegante en la ciudad?

_____

4. ¿Por qué es popular Machu Picchu entre los turistas?

_____

5. ¿Cuándo va a salir Carlos?

_____

Práctica 3.   Consejos para viajar. Escucha la conversación entre Guillermo y Laura e indica si las oraciones son ciertas (**C**) o falsas (**F**), según lo que oyes.

C	F	
☐	☐	**1.** Laura no ha viajado nunca por avión.
☐	☐	**2.** Laura está enojada porque no le gusta hacer cola para pasar el control de seguridad.
☐	☐	**3.** Guillermo le recomienda llevar la identificación.
☐	☐	**4.** Laura va a viajar al extranjero.
☐	☐	**5.** Laura va a tener que esperar mucho en la sala de espera.

Práctica 4. Viajar a Bolivia

PASO 1. Lee el siguiente artículo sobre viajes en Bolivia. Luego, contesta las preguntas según la lectura.

A pesar de[a] ser un país relativamente pequeño, Bolivia comprende[b] espacios geográficos muy diversos, como el Altiplano, la cordillera de los Andes, la Amazonía, los Llanos de Moxos y el Chaco, que otorgan[c] a este país algunas de las maravillas naturales más espectaculares de todo el continente. Bolivia es, también, un país multiétnico y pluricultural, rico en la mezcla de tradiciones recibidas de los pueblos indígenas y los conquistadores españoles. Todo ello hace de Bolivia un lugar ideal para viajar. Es, además, un país seguro[d] y bastante económico para el viajero.

REQUISITOS PARA ENTRAR EN BOLIVIA

1. Documento de identificación: Los turistas de los países del Mercosur (Argentina, Brasil, Chile, Colombia, Ecuador, Paraguay, Perú y Uruguay) pueden presentar en inmigración el carnet de identidad o el pasaporte. Los turistas de otras nacionalidades deben presentar exclusivamente el pasaporte.
2. Visado: No es necesario para los turistas de la Unión Europea, los países del Mercosur y Australia, Canadá, Costa Rica, Filipinas, Israel, Japón, México, Nueva Zelanda, Panamá, Turquía y Vaticano.
3. Otros documentos: Todos los turistas de países que no son parte del Mercosur deben presentar boletos de ida y vuelta[e] o el itinerario de viaje.

ESTADÍA[f]

Los turistas pueden permanecer[g] en el país un máximo de 90 días, pero las autoridades de inmigración pueden reducir la estadía a 30 días, a discreción.

TRANSPORTE TERRESTRE

Para viajar por el interior del país, el autobús es una opción muy económica. Además, las líneas de autobuses recorren todo Bolivia y casi todas las rutas principales están en muy buenas condiciones. Sin embargo, son bastante comunes las demoras[h] de hasta tres horas, lo cual puede ser un desafío[i] para los viajeros que no están acostumbrados a tal[j] flexibilidad de horarios. Otra opción es viajar en tren por un precio similar al del autobús. La ventaja es que el tren tiene aire acondicionado y calefacción,[k] y comida incluida.

[a]A... *in spite of* [b]*comprises* [c]*give* [d]*safe* [e]*round trip* [f]*stay* [g]*to stay* [h]*delays* [i]*challenge* [j]*such* [k]*central heat*

1. ¿Por qué hay en Bolivia espacios naturales tan espectaculares?

_____

2. ¿Cómo es el país y sus habitantes, desde el punto de vista (*from the point of view*) cultural?

_____

3. ¿Qué documentos deben presentar los turistas de los países del Mercosur en inmigración? ¿Y los turistas de otras nacionalidades?

_____

4. ¿Cuánto tiempo de estadía permite inmigración a los turistas?

_____

5. ¿Cuáles son las ventajas de viajar en autobús por el interior de Bolivia?

_____

6. ¿Cuáles son las ventajas de viajar en tren en comparación con el autobús?

_____

PASO 2. Busca información en internet sobre un lugar de interés turístico de una de las zonas geográficas mencionadas en el artículo. Haz una descripción del lugar y de las cosas que se pueden hacer y ver allí.

Pronunciación

s, z, ce, and ci

The Spanish letter **s** is pronounced nearly identically to the English *s*.

Práctica 1. **Pronunciación de la *s*.** Listen to each word containing **s** and repeat the words as closely as possible.

1. la **s**alida   2. el pa**s**aporte   3. el autobú**s**   4. la e**s**cuela   5. el **s**ol

The Spanish letters **z,** and **c** when followed by **e** or **i,** are pronounced differently in Latin America than in Spain. In Latin America, these sounds are pronounced like the English *s*. In Spain, however, **z, ce,** and **ci** are pronounced like the *th* in English *thick, math,* and *think.*

Práctica 2. **Pronunciación de *z, ce y ci*.** Listen and repeat the following words. Each is spelled with **z, ce,** or **ci.** You will hear each word twice: first from a Latin American speaker and then from a Spanish speaker.

1. ha**c**er   2. el **c**entro   3. la inunda**c**ión   4. el **z**oológico   5. la ta**z**a

Práctica 3. **Ortografía.** Listen to each word and indicate whether it is spelled with **s, z,** or **c.** The first five words will be pronounced with a Latin American accent; the last five will have a Spanish accent.

c	s	z	
☐	☐	☐	**1.**
☐	☐	☐	**2.**
☐	☐	☐	**3.**
☐	☐	☐	**4.**
☐	☐	☐	**5.**
☐	☐	☐	**6.**
☐	☐	☐	**7.**
☐	☐	☐	**8.**
☐	☐	☐	**9.**
☐	☐	☐	**10.**

Vocabulario en acción

Práctica 1. **En el hotel.** Mira el dibujo y escribe el nombre correspondiente a cada cosa. **¡OJO!** No se usan todas las palabras de la lista.

el ascensor	el recepcionista	el huésped	la maleta	la recepción
el botones	la habitación	la huéspeda	la mochila	el recuerdo

1. _____

2. _____

3. _____

4. _____

5. _____

6. _____

7. _____

8. _____

Práctica 2. **¡A visitar los lugares de interés!** Escoge la palabra que corresponde a cada definición.

1. Las pirámides aztecas son ejemplos de _____.

   a. agroturismo **b.** rutas precolombinas **c.** ruinas arqueológicas

2. Una foto que se envía por correo sin sobre (*envelope*) es _____.

   a. un recuerdo **b.** una postal **c.** una vista

3. Un ejemplo de una actividad acuática es _____.

   a. pasear en canoa **b.** hacer una excursión **c.** hacer un recorrido

4. Se encuentran muchos animales y plantas dentro de _____.

   a. un hotel de lujo **b.** una reserva biológica **c.** una cabaña rústica

5. Alguien que se queda en un hotel es _____.

   a. el director **b.** el huésped **c.** el botones

6. Un hotel de lujo y una cabaña rústica son dos tipos de _____.

   a. excursión **b.** naturaleza **c.** alojamiento

7. La ropa y las estatuas pequeñas que compras en un viaje para recordarlo son ejemplos de _____.

   a. recuerdos **b.** tarjetas **c.** especies endémicas

8. Al llegar al hotel, debe _____.

   a. quedarse **b.** registrarse **c.** hacer una caminata

Gramática

10.3 Formal Commands

Práctica 1. Una asistente de vuelo paciente. Completa el diálogo con las formas correctas de los mandatos que la asistente de vuelo les da a los pasajeros. **¡OJO!** Hay algunos mandatos singulares y algunos que son plurales.

SRA. GAMBOA: Disculpe. Mi hijo y yo tenemos mucha sed.

ASISTENTE: _____[1] **(Esperar)** unos minutos. Ya les traigo agua.

DRA. HERNÁNDEZ: Disculpe. Necesito ayuda con el cinturón de seguridad.

ASISTENTE: _____[2] **(Preocuparse)**. Yo se lo pongo.

SR. OCÓN: Estos niños me están molestando. Deben sentarse en sus asientos.

ASISTENTE: Por supuesto. Voy a hablar con los padres. Pero _____[3] **(ser)** paciente, por favor.

PILOTO: ¿Todo está bien?

ASISTENTE: Hay un pasajero que no apaga su celular. _____[4] **(Hablar)** con él por favor.

JUAN Y GABRIELA: Tenemos mucho frío. ¿Puede Ud. cambiar la temperatura?

ASISTENTE: _____[5] **(Ponerse)** una chaqueta o _____[6] **(pedir)** una manta.[a]

[a]*blanket*

Práctica 2. Un experto en el aeropuerto. Raúl viaja mucho y sabe moverse por los aeropuertos de la manera más eficiente. Completa su lista de sugerencias. Usa los mandatos formales singulares.

1. _____ **(Llegar)** temprano al aeropuerto, sobre todo para viajes internacionales.

2. _____ **(No facturar)** el equipaje.

3. _____ **(Mostrar)** su tarjeta de embarque a los agentes de seguridad.

4. _____ **(Hacer)** las maletas de manera organizada.

5. _____ **(Traer)** una botella de agua vacía (*empty*) y llénela después de pasar por seguridad.

6. _____ **(Escribir)** su dirección en las maletas.

Práctica 3. Mandatos con pronombres. Empareja cada pregunta con la respuesta apropiada.

_____ **1.** ¿Nos sentamos cerca de la ventana?

_____ **2.** ¿Me levanto durante la salida del vuelo?

_____ **3.** ¿Te compro un recuerdo en el aeropuerto?

_____ **4.** ¿Me siento en primera clase?

_____ **5.** ¿Nos levantamos para pedir agua?

_____ **6.** ¿Le compramos una copa de vino a Juan?

a. No se levanten. Llamen a la asistente de vuelo.

b. No me lo compres en el aeropuerto.

c. No se lo compren.

d. No se siente allí. Es muy caro.

e. No se sienten allí.

f. No se levante hasta que el piloto dé permiso.

Práctica 4. Muchas preguntas. Tus amigos se van a Latinoamérica por primera vez y te hacen muchas preguntas. Contéstalas usando mandatos formales.

1. ¿Llevamos mucho dinero en efectivo?

   No, _____

2. ¿Tomamos el agua en el hotel?

   No, _____

3. ¿Sacamos muchas fotos?

   Sí, _____

4. ¿Escribimos tarjetas postales a la familia?

   Sí, _____

5. ¿Hablamos solo en inglés con la gente local?

   No, _____

6. ¿Comemos en McDonald's?

   No, _____

7. ¿Vamos a todos los monumentos más importantes?

   Sí, _____

8. ¿Hacemos las maletas una hora antes del vuelo?

   No, _____

Práctica 5. La luna de miel de Sara y Daniel. Para su luna de miel, Sara y Daniel viajan en crucero por el Caribe. Contesta cada pregunta con un mandato formal. Usa pronombres de objeto directo e indirecto para evitar la repetición. Sigue el modelo.

> MODELO (*you hear*) ¿Usamos tarjetas de crédito?
> (*you see*) no →
> (*you write*) No las usen.

1. sí _____
2. sí _____
3. no _____
4. sí _____
5. no _____
6. sí _____
7. sí _____
8. no _____

Síntesis y repaso

Práctica 1. Las vacaciones perfectas. Lee las descripciones de cada oferta de viaje. Después, escucha mientras cada persona describe sus vacaciones ideales. Dile a cada persona lo que debe hacer.

El Caribe. Tres semanas en crucero. Incluye una habitación privada, dos comidas al día, piscina, casino, teatro, bar y canchas de tenis.

Patagonia. Cinco días en las montañas. Alojamiento en cabaña en un parque nacional. Incluye senderismo y excursiones a las montañas para ver los glaciares.

República Dominicana. Una semana en un hotel de lujo en la costa. Excursiones a varias islas, canchas de vólibol y tenis, recorridos en autobús.

España. Una semana en Madrid. Alojamiento en habitación doble en el centro de la ciudad. Excursiones en autobús a lugares históricos de interés en Madrid.

1. Marina, vaya a _____.

2. Jimena, visite _____.

3. Marco, viaje a _____.

Práctica 2. Los mandatos. Escucha mientras el Sr. Martínez le da mandatos al Sr. Fernández durante su viaje. Luego, basándote en lo que oyes, decide en dónde está el Sr. Fernández en ese momento.

1. El Sr. Fernández está en _____.

2. El Sr. Fernández está en _____.

3. El Sr. Fernández está en _____.

4. El Sr. Fernández está en _____.

5. El Sr. Fernández está en _____.

6. El Sr. Fernández está en _____.

a. la tienda
b. el sendero
c. las ruinas
d. la playa
e. la oficina de correos
f. el aeropuerto

Práctica 3. ¿Qué voy a hacer? Escucha mientras cada persona describe una situación. Luego, dile a cada persona lo que debe hacer, según lo que oyes. Primero, conjuga el verbo con la forma correcta de los mandatos formales y después circula la actividad correcta.

1. _____ **(Pasar)** Ud. las vacaciones en (**un crucero / un hotel en la playa**).

2. _____ **(Ir)** Ud. al (**control de seguridad / reclamo de equipaje**).

3. _____ **(Visitar)** Ud. (**la reserva biológica / la recepción del hotel**).

4. _____ **(Hacer)** Ud. (**la cama / excursiones**).

5. _____ **(Hospedarse)** Ud. en (**un hotel de lujo / una cabaña**).

Práctica 4. El ecoturismo en Colombia

PASO 1. Lee el anuncio sobre un parque nacional colombiano. Luego, contesta las preguntas según la lectura.

La Reserva Natural Palmari es una reserva en la zona amazónica de Colombia. Es de interés para los turistas ecológicos y también para los turistas aventureros.

Es difícil llegar a la reserva. Desde Bogotá, hay que viajar en avión a Leticia, la ciudad más sureña[a] de Colombia. De allí, hay que cruzar a Tabatinga, un pueblo brasileño. Desde allí, el turista tiene que viajar en lancha[b] por el Río Amazonas hasta llegar a la reserva.

La reserva ofrece cabañas amuebladas, con WiFi. También hay un restaurante, una piscina y acceso a la playa.

Los programas turísticos incluyen la pesca,[c] viajes en canoa y kayaks, y excursiones para la observación de la fauna y la flora. La observación de los delfines rosados es espectacular y la observación de varias especies de cocodrilos durante paseos nocturnos es una experiencia que nadie debe perderse. Algunos de los programas incluyen integración con las comunidades indígenas.

Antes de visitar la Reserva Natural Palmari, es necesario vacunarse contra la fiebre amarilla.

[a]más... *southernmost* [b]*motor boat* [c]*fishing*

1. ¿Qué tipo de transportaciones hay que usar para llegar al parque?

   _____

2. ¿Puede uno escribir un e-mail en el parque? ¿Por qué?

   _____

3. ¿Dónde se puede comer en el parque?

   _____

4. ¿Qué tipo de excursiones ofrecen?

   _____

5. ¿Qué tipo de vacuna es necesario ponerse antes de viajar a la Reserva?

   _____

PASO 2. Imagina que tienes una agencia de viaje y que una de las ofertas de viajes es una visita a la Reserva Natural Palmari. Escribe cuatro oraciones para persuadir a una pareja interesada en el ecoturismo a que pase su aniversario de boda en la Reserva. Da detalles en tus respuestas.

   MODELO   Vayan a observar los delfines rosados. Es espectacular.

1. _____.
2. _____.
3. _____.
4. _____.

Un mundo sin límites

En este capítulo viste tres vídeos sobre Tobie y Javier, en Quito, Ecuador. Ve los vídeos otra vez y completa las siguientes actividades. Puedes ver los vídeos más de una vez, si quieres.

Práctica 1. **¿Quién?** Indica si cada enunciado es aplicable a Tobie (**T**), Javier (**J**) o ambos (**A**).

T	J	A	
☐	☐	☐	**1.** Aprendió español para comunicarse con novias hispanas.
☐	☐	☐	**2.** Le gusta Quito por su centro histórico, sus montañas y porque es un lugar espectacular.
☐	☐	☐	**3.** Viajó por primera vez a un país extranjero con miembros de su familia.
☐	☐	☐	**4.** Viajar le ha ayudado mucho a comunicarse con personas de otras culturas.
☐	☐	☐	**5.** Después de viajar a otros países, valora más Ecuador y su cultura.
☐	☐	☐	**6.** Valora la espontaneidad cuando se viaja en Ecuador. No es necesario hacer reservaciones y todo sale bien.

©McGraw-Hill Education/Zenergy

Práctica 2. **Oraciones.** Completa las siguientes oraciones con el vocabulario de la lista.

el aeropuerto   una agencia de viajes   los boletos   dar caminatas   las maletas   el turismo

1. Tobie trabaja en la embajada británica y Javier, en _____.

2. De niño, Tobie viajó a Francia y en _____ pensó que todo era diferente a su país.

3. Tobie y sus papás tuvieron que correr con _____ para tomar el tren al sur de Francia.

4. Tobie valora que para viajar en Ecuador no es necesario comprar _____ con antelación (*in advance*).

5. _____ ha cambiado Ecuador y ahora tiene mucho más que ofrecer al visitante.

6. A Tobie y Javier les gusta _____ por la montaña y disfrutar de las vistas.

Práctica 3. **Un viaje a Ecuador.** Escribe una lista de recomendaciones para una pareja estadounidense que va a viajar a Ecuador. Ambos tienen 40 años y les interesa el turismo cultural. Debes informarles de los documentos requeridos para entrar en el país y recomendarles las ciudades que deben visitar, el alojamiento y el transporte para viajar en el país. Usa la información de este capítulo, del vídeo y de internet.

MODELO   Visiten Quito. Hay muchos museos y el centro histórico es hermoso.

_____

_____

_____

_____

_____

_____

Capítulo 11

TEMA I: Las celebraciones y fiestas tradicionales
Vocabulario en acción

Práctica 1. Las fechas. Empareja cada día festivo con la fecha correspondiente.

_____ **1.** el 2 de noviembre

_____ **2.** el 25 de diciembre

_____ **3.** el 1 de enero

_____ **4.** el 4 de julio

_____ **5.** el 31 de diciembre

_____ **6.** el 24 de diciembre

_____ **7.** el 6 de enero

a. la Nochebuena
b. el Día de la Independencia de los Estados Unidos
c. la Navidad
d. la Nochevieja
e. el Año Nuevo
f. el Día de los Reyes Magos
g. el Día de los Muertos

Práctica 2. Las celebraciones. Lee las definiciones y escoge el día que corresponde a cada definición. **¡OJO!** No se usan todas las palabras de la lista.

_____ **1.** cuando se celebra el día en que uno nació (*was born*)

_____ **2.** cuando se da regalos a las mamás

_____ **3.** una semana de vacaciones de la escuela

_____ **4.** la celebración de la resurrección de Jesucristo

_____ **5.** la celebración del triunfo de la batalla de Puebla

a. el Cinco de Mayo
b. el cumpleaños
c. el Día de la Raza
d. el Día de la Madre
e. la Pascua
f. los Sanfermines
g. la Semana Santa
h. las vacaciones de primavera

Gramática

11.1 Introduction to the Subjunctive

Práctica 1. Al llegar al hotel. Indica cuál de las oraciones tiene un verbo en el subjuntivo.

☐ **1.** Quiero que tú me invites a tu fiesta de Año Nuevo.
☐ **2.** Queremos llegar a tiempo.
☐ **3.** Queremos que Uds. abran los regalos.
☐ **4.** Quieren que nosotros pongamos las cosas debajo del árbol de Navidad.
☐ **5.** Quieren también empezar a comer a las cinco.
☐ **6.** Mi padre quiere hacer un brindis con nosotros.
☐ **7.** El gerente del hotel quiere que nos quedemos para escuchar el conjunto musical.
☐ **8.** Quiere también que tengamos tiempo para celebrar la fiesta.
☐ **9.** Quiero descansar primero; estoy muy cansada.
☐ **10.** Después de descansar, quiero ir al festival.

Práctica 2. **El guía.** El guía les dice a todos lo que él quiere que hagan para disfrutar de la excursión del Carnaval de Perú. Completa las oraciones con las formas correctas de los verbos en el presente de subjuntivo.

1. Quiero que nosotros _____ (**hacer**) la excursión.

2. Quiero que tú _____ (**traer**) la cámara y suficiente dinero.

3. Quiero que Tomás _____ (**llevar**) un disfraz festivo.

4. No quiero que el abuelo _____ (**venir**) hoy.

5. Quiero que Uds. _____ (**preparar**) un blog describiendo la celebración.

6. Quiero que Ana _____ (**buscar**) las carrozas más llamativas.

7. Quiero que Ud. _____ (**subir**) en una carroza.

8. Quiero que nosotros _____ (**divertirse**).

Práctica 3. **Lo que quiere el abuelo.** Completa cada una de las oraciones con la forma correcta del subjuntivo del verbo entre paréntesis.

1. Quiero que Uds. me _____ (**dar**) la oportunidad de participar en más actividades.

2. Quiero que los niños _____ (**saber**) que estoy interesado en muchas cosas.

3. Quiero que _____ (**haber**) más excursiones en coche.

4. Quiero que Uds. _____ (**ser**) más pacientes conmigo.

5. Quiero que nosotros _____ (**ir**) a un desfile.

6. Quiero que todos _____ (**estar**) contentos.

7. Quiero que mi hijo me _____ (**cuidar**) más.

8. Quiero que mi familia me _____ (**respetar**).

Práctica 4. **¿Qué quiere que hagamos?** Imagínate que eres el/la guía para una familia durante sus vacaciones. Escucha y contesta cada una de las preguntas. Sigue el modelo. Luego, escucha y repite la respuesta correcta.

> MODELO (*you hear*) ¿Qué quiere que hagamos nosotros?
>
> (*you see*) hacer una excursión
>
> (*you say*) Quiero que Uds. hagan una excursión.

1. recorrer la ciudad
2. dar caminatas
3. ir al desfile
4. ver conjuntos musicales
5. quedarse para las vacaciones de primavera
6. comer uvas en la Nochevieja
7. subir a la cumbre para ver los fuegos artificiales
8. ver los bailarines en la calle

Práctica 5.   Una madre negativa. Escribe la respuesta a las preguntas de tu madre. Usa el subjuntivo y el pronombre de objeto directo para evitar la repetición.

MODELO   —Mamá, ¿puedo comprar unas tarjetas postales?
—No, no quiero que las compres.

1. —Mamá, ¿puedo ver la película?

—No, no quiero que _____.

2. —Mamá, ¿puedo comer las uvas ahora?

—No, no quiero que _____.

3. —Mamá, ¿puedo recorrer el pueblo?

—No, no quiero que _____.

4. —Mamá, ¿puedo abrir los regalos?

—No, no quiero que _____.

5. —Mamá, ¿puedo invitar a mis amigos?

—No, no quiero que _____.

6. —Mamá, ¿puedo hacer la excursión?

—No, no quiero que _____.

7. —Mamá, ¿puedo comprar unos fuegos artificiales?

—No, no quiero que _____.

8. —¿Puedo tomar champaña con Uds. a medianoche?

—No, no quiero que _____.

Práctica 6.   ¿Qué quieres? Tu amigo y tú van a pasar las vacaciones de primavera juntos. Escribe seis cosas que quieres que hagan.

MODELO   Quiero que veamos un desfile de Semana Santa.

1. _____
2. _____
3. _____
4. _____
5. _____
6. _____

11.2 Present Subjunctive: Volition

Práctica 1. **Problemas y soluciones.** Empareja cada problema con la solución correspondiente.

_____ **1.** Mañana es mi cumpleaños, pero no quiero celebrarlo.

_____ **2.** Mis padres quieren una gran fiesta para su aniversario, pero no tengo tiempo para hacerla.

_____ **3.** Deseo viajar a Colombia para las vacaciones de primavera, pero mis padres están preocupados. ¿Debo ir en secreto?

_____ **4.** No me gustan los desfiles, pero mi sobrina quiere ir al desfile hoy.

_____ **5.** Mañana es el Día de la Madre y también es el cumpleaños de mi madre.

_____ **6.** Mañana es el día de Halloween.

_____ **7.** Creo que el Día de San Valentín es triste.

_____ **8.** Mañana es el Día del Padre, pero mi padre vive muy lejos de aquí.

a. Te recomiendo que le mandes una tarjeta.

b. Te sugiero que les hagas una pequeña fiesta.

c. Te aconsejo que la lleves por un rato.

d. Es importante que se lo digas a tus amigos.

e. Es necesario que le compres dos regalos.

f. Prefiero que no te disfraces.

g. Insisto en que te diviertas con tus amigos para no sentirte mal.

h. Te prohíbo que vayas sin hablarles de tus planes.

Práctica 2. **Un jefe dominante.** Completa la narración con la forma correcta del subjuntivo de los verbos entre paréntesis.

¡Mi jefe quiere controlar mi vida! Todo el tiempo me da órdenes y recomendaciones y quiere que yo haga las cosas como él dice Por ejemplo, insiste en que yo _____[1] **(trabajar)** durante mis ratos de descanso porque, dice, «es necesario que tú _____[2] **(aprender)** que la vida no es fácil». ¿Puedes creerlo? También me dice que _____[3] **(lavar)** los platos dos veces porque «prefiero que los platos _____[4] **(estar)** super-limpios». Esto no es todo. Ayer me dijo: «Es urgente que tú _____[5] **(llevar)** mis trajes a la lavandería y quiero que los _____[6] **(recoger)** a las cuatro». Finalmente, él me prohíbe que _____[7] **(tomar)** la merienda mientras trabajamos. ¿Qué me aconsejas tú, amiga? Te pido que me _____[8] **(sugerir)** lo que debo hacer. ¿Me recomiendas que _____[9] **(dejar)** el trabajo?

Práctica 3. **Un cumpleaños en los Estados Unidos.** Escucha las preguntas y, basándote en las pistas, da consejos a tu amigo paraguayo que asiste por primera vez a un cumpleaños en este país. Sigue el modelo.

MODELO (_you hear_) ¿Debo llevar traje? (_you see_) sugerir / no →
(_you say_) No, te sugiero que no lleves un traje.

1. recomendar / sí
2. insistir / no

3. aconsejar / sí
4. prohibir / no

5. pedir / sí
6. sugerir / no

Práctica 4. **Consejos de un hermano mayor.** Completa los consejos que Carlos da a su hermana menor que va a empezar sus estudios universitarios.

1. En la residencia, es importante que tú...

_____

2. En la universidad, te aconsejo que...

_____

3. En la clase de español, es necesario que...

_____

4. En una fiesta, te digo que...

_____

5. Nuestros padres prefieren que...

_____

6. Con los profesores, te pido que...

_____

7. Los fines de semana, es urgente que...

_____

8. Los lunes, te recomiendo que...

_____

9. Los profesores prohíben que los viernes...

_____

10. Con tu novio/a, te sugiero que...

_____

Práctica 5. ¿Qué recomiendas para que una fiesta sea buena? Completa con el subjuntivo las cinco recomendaciones para hacer una buena fiesta.

1. Es importante que _____.

2. Es necesario que _____.

3. Recomiendo que _____.

4. Aconsejo que _____.

5. Sugiero que _____.

Síntesis y repaso

Práctica 1. Los deseos y los días festivos. Escucha mientras cada persona habla de sus deseos sobre ciertas celebraciones. Luego, escoge la celebración correspondiente, según lo que oyes.

el Año Nuevo   el Día de la Independencia   las vacaciones
el cumpleaños   la Navidad

1. _____   **4.** _____

2. _____   **5.** _____

3. _____

Práctica 2. Consejos para dar una fiesta. Escucha las siguientes recomendaciones sobre cómo organizar una gran fiesta de cumpleaños para tu mejor amigo/a. Luego, indica si las oraciones son ciertas (**C**) o falsas (**F**), según lo que oyes.

C	F	
☐	☐	**1.** El narrador dice que invites a los amigos de tu amigo.
☐	☐	**2.** El narrador sugiere que lleves ropa informal.
☐	☐	**3.** Según el narrador, es importante que sirvas un pastel de cumpleaños.
☐	☐	**4.** El narrador dice que no es necesario que todos los invitados lleven regalos.
☐	☐	**5.** Según el narrador, es importante que saques fotos.

Práctica 3. ¿Cierto o falso? Escucha cada una de las oraciones sobre celebraciones e indica si es cierta (**C**) o falsa (**F**).

C	F			C	F			C	F	
☐	☐	**1.**		☐	☐	**3.**		☐	☐	**5.**
☐	☐	**2.**		☐	☐	**4.**				

Práctica 4. La fiesta de quinceañera

PASO 1. Lee las indicaciones sobre cómo prepararse para la fiesta de quinceañera. Luego, contesta las preguntas según la información.

Doce meses antes

- Es importante que elijas a los padrinos, porque ellos te pueden ayudar mucho a ti y a tus padres a hacer los planes.
- Pídeles a tus amigos que te recomienden nombres de fotógrafos, personas que se encarguen de la comida, DJs, modelos de invitaciones, floristerías y pastelerías.

Diez meses antes

- Te sugerimos que escojas a siete parejas[a] para tu corte de amor.
- Es necesario que reserves la iglesia y el salón de fiesta con mucha anticipación.[b]

Seis meses antes

- Recuérdales a tus padres que te compren una Biblia especial.
- Sugiéreles a tus padres que reserven una limosina.

Dos meses antes

- Es urgente que envíes las invitaciones.
- Te aconsejamos que verifiques los detalles con tus proveedores.[c]

Un mes antes

- Te sugerimos que prepares una presentación como, por ejemplo, un poema para leer en la iglesia, un discurso[d] en el salón o una canción especial.
- Debes pedirle a tu papá o a tu compañero de honor que escriba el brindis.[e]

Dos semanas antes

- Desde este día, te recomendamos que evites comer en exceso grasas,[f] chocolates o cualquier otra cosa que te dañe el cutis.[g]

El día de la fiesta

- Es importante que tomes un desayuno grande porque, muy posiblemente, es lo único que vas a comer este día.
- ¡No te olvides de disfrutar del día!

Después de la fiesta

- Es necesario que mandes tarjetas de agradecimiento.[h]

[a]*couples* [b]*con... well in advance* [c]*vendors* [d]*speech* [e]*toast* [f]*fat* [g]*complexion* [h]*thank-you*

1. ¿Qué es necesario reservar diez meses antes de la fiesta de quinceañera?

_____

2. ¿Cuándo es urgente que envíes las invitaciones?

_____

3. ¿Cuáles son dos de las cosas que necesitas elegir o comprar seis meses antes de la fiesta?

_____

4. ¿A quién le debes pedir que escriba el brindis?

_____

5. ¿Qué comidas debes evitar dos semanas antes de la fiesta?

_____

6. ¿Qué es necesario hacer después de la celebración?

_____

PASO 3. Escribe unas recomendaciones para una joven estadounidense que quiere tener una fiesta de *Sweet Sixteen*.

Te recomiendo que _____.

Te sugiero que _____.

Te aconsejo que _____.

Es importante que _____.

Es necesario que _____.

Pronunciación

ñ and **ch**

The Spanish letter **ñ** is pronounced much like the *ny* sound in the English word *canyon*.

Práctica 1. Repeticiones. Listen and repeat each word containing **ñ**.

    1. la monta**ñ**a   **2.** la caba**ñ**a   **3.** el cumplea**ñ**os   **4.** el espa**ñ**ol   **5.** la ma**ñ**ana

The **ch** sound in Spanish is pronounced like the *ch* in English, as in *check*.

Práctica 2. Pronunciación de *ch*. Listen to each word containing the sound **ch** and repeat the pronunciation as closely as possible.

    1. el **ch**eque   **2.** la mo**ch**ila   **3.** la le**ch**e   **4.** escu**ch**ar   **5.** mu**ch**o

Práctica 3. Ortografía. Listen to each word or phrase containing **ñ** or **ch** and spell it correctly. You will hear each word twice.

    1. _____   **4.** _____

    2. _____   **5.** _____

    3. _____   **6.** _____

TEMA II: Las bellas artes
Vocabulario en acción

Práctica 1. Las obras de los artistas. Completa las oraciones con el verbo y el tipo de obra correcto para describir lo que hace cada artista. **¡OJO!** Algún verbo se usa más de una vez.

VERBOS

dirige   esculpe   saca

escribe   pinta

OBRAS

estatuas   libros   óperas

fotos   orquestas   cuadros o murales

1. El escritor _____.

2. El pintor _____.

3. El fotógrafo _____.

4. El compositor _____.

5. El escultor _____.

6. El director _____.

Práctica 2. Las profesiones en las artes. Empareja cada imagen con la profesión correspondiente.

a.   b.   c.

d.   e.   f.

1. _____ la arquitecta   **3.** _____ el músico   **5.** _____ la cantante

2. _____ la directora   **4.** _____ el bailarín   **6.** _____ el aficionado

Gramática

11.3 Present Subjunctive: Emotion

Práctica 1. La vida universitaria. Indica si las oraciones son aplicables a ti o no.

SÍ	NO		
☐	☐	**1.**	Espero que los profesores me den buenas notas en mis clases.
☐	☐	**2.**	Tengo miedo de que los exámenes finales sean difíciles.
☐	☐	**3.**	Es una lástima que el campus sea tan pequeño.
☐	☐	**4.**	Me gusta que haya muchas cafeterías.
☐	☐	**5.**	Me preocupa que la biblioteca se cierre tan temprano.
☐	☐	**6.**	Es increíble que muchos estudiantes no estudien nunca.
☐	☐	**7.**	Es bueno que haya consejeros simpáticos.
☐	☐	**8.**	Es malo que nuestro equipo de fútbol americano sea tan horrible.
☐	☐	**9.**	Me alegro de que mis profesores tengan horas de oficina.
☐	☐	**10.**	Ojalá que me den una beca (*scholarship*).

Práctica 2. Un desfile. Completa la conversación con la forma correcta del subjuntivo de cada verbo entre paréntesis.

TÚ: Me alegro mucho de que nosotros _____[1] (**ir**) a tener un desfile para

celebrar la feria de esta ciudad. Es importante que la gente _____[2]

(**reconocer**) que nuestra feria es fabulosa. ¿Qué te parece que nosotros

_____[3] (**hacer**) un desfile para la fiesta?

TU AMIGO: Es bueno que _____[4] (**haber**) una fiesta, pero es absurdo que nosotros

_____[5] (**tener**) un desfile. Los desfiles son para niños. Me preocupa que a

los estudiantes no les _____[6] (**gustar**) la idea del desfile.

TÚ: Es bueno que tú _____[7] (**decir**) lo que piensas, pero no veo nada malo en

que nosotros _____[8] (**preparar**) un desfile. Los estudiantes piensan que es

una lástima que ellos _____[9] (**tener**) que olvidar su niñez.

TU AMIGO: Es increíble que siempre _____[10] (**ser**) tan optimista. Los estudiantes van a

disfrazarse y van a participar en el desfile. Ojalá que ellos _____[11] (**divertirse**).

TÚ: Por supuesto que sí.

Práctica 3. Opiniones. Escucha cada una de las oraciones y responde usando la expresión indicada y el subjuntivo. Sigue el modelo. Luego, escucha y repite la respuesta correcta.

MODELO (*you hear*) Voy a estudiar ocho horas esta noche.

(*you see*) es ridículo que →

(*you say*) Es ridículo que estudies ocho horas esta noche.

1. es malo que	**3.** es extraño que	**5.** es bueno que
2. tener miedo de que	**4.** es ridículo que	**6.** preocuparle que

Práctica 4. Las vacaciones de primavera. Completa la narración con la forma correcta de los verbos entre paréntesis.

Estoy emocionada por las vacaciones de primavera. Es bueno que (**tenemos / tengamos**)[1] una semana entera porque así podemos hacer un gran viaje. Mis amigos y yo (**vamos / vayamos**)[2] a viajar a Perú. Una amiga mía tiene un novio allá y él quiere que lo (**visitamos / visitemos**).[3] Estamos muy emocionadas. Él insiste en que nosotras (**nos alojamos / nos alojemos**)[4] en su casa, es decir, en la casa de su familia. Es increíble que no (**tenemos / tengamos**)[5] que pagar hotel. Creo que nosotros no (**vamos / vayamos**)[6] a gastar mucho en este viaje. Es ridículo que los vuelos (**cuestan / cuesten**)[7] tanto dinero durante las vacaciones de primavera, pero nosotros (**salimos / salgamos**)[8] dos días antes para evitar un costo elevado. Es importante que (**llegamos / lleguemos**)[9] a tiempo al aeropuerto. Nosotras (**pensamos / pensemos**)[10] llegar con tres horas de antelación. ¡Estoy tan emocionada que ya no (**puedo / pueda**)[11] dormir!

Síntesis y repaso

Práctica 1. Una experiencia artística. Escucha la conversación entre Eduardo y Marisa e indica si las siguientes oraciones son ciertas (**C**) o falsas (**F**), según lo que oyes.

C	F		
☐	☐	**1.**	Marisa y Eduardo ya han ido al teatro.
☐	☐	**2.**	Marisa vio la ópera *Carmen*.
☐	☐	**3.**	Eduardo quiere ver el ballet en el Teatro Central.
☐	☐	**4.**	Eduardo prefiere ver los bailes modernos.
☐	☐	**5.**	Al final, Eduardo y Marisa van a ir al cine.

Práctica 2. De vacaciones en Guayaquil. Escucha la conversación entre Karla y Simón sobre la visita de Karla a Guayaquil. Luego, escribe la forma correcta del verbo entre paréntesis e indica si las oraciones son ciertas (**C**) o falsas (**F**), según lo que oyes. Corrige las oraciones falsas.

C	F		
☐	☐	**1.**	A Karla no le gusta que Simón la _____ (**haber**) invitado a pasar las vacaciones en Guayaquil.

_____

| ☐ | ☐ | **2.** | A Karla le sorprende que Guayaquil _____ (**ser**) una ciudad diversa. |

_____

| ☐ | ☐ | **3.** | Simón se preocupa de que a Karla no le _____ (**gustar**) Guayaquil. |

_____

| ☐ | ☐ | **4.** | Karla y Simón sienten que el Museo Municipal no _____ (**estar**) abierto. |

_____

| ☐ | ☐ | **5.** | Simón espera que Karla no _____ (**estar**) cansada y _____ (**poder**) subir al Cerro de Santa Ana. |

_____

Práctica 3.   La región andina y el arte. Escucha el texto sobre la región andina y las expresiones artísticas. Luego, escribe cinco oraciones expresando tus reacciones, según lo que oyes. Usa expresiones como **Es una lástima que, Es extraño/increíble que, Espero que, Es bueno/malo que** y **Ojalá que.**

MODELO   Me alegro de que haya acceso a las tecnologías en las grandes ciudades porque la gente puede ver obras de arte en museos virtuales.

1. _____

2. _____

3. _____

4. _____

5. _____

Práctica 4.   Don Guillermo Rossini, actor cómico peruano

PASO 1.   Lee el artículo. Luego, indica si las reacciones son lógicas (**L**) o ilógicas (**I**), según la información.

Guillermo Rossini cumple más de 50 años de buen humor

Guillermo Rossini es un actor cómico peruano con una larga trayectoria[a] profesional en la radio y la televisión. Tiene aproximadamente 86 años y todavía continúa activo.

Descubierto por Augusto Ferrando, un presentador y animador peruano, Guillermo Rossini llegó a ser pionero del arte cómico en la radio, y ganó renombre[b] con sus imitaciones[c] de figuras políticas. Su talento reside en caracterizaciones comiquísimas y voces multicolores. Tiene una larga historia en la televisión también, con programas como «Teleloquibambia», «Estrafalario[d]», «El tornillo[e]» y «Risas y salsa», donde por primera vez en la televisión se imitó a un político, caracterizando al Ministro de Trabajo de aquellos años. También creó el trío «Los chistosos» con Fernando Armas y Hernán Vidaurre, grupo y programa que divirtieron al público por radio y televisión con bromas y chistes. El programa «Los chistosos» todavía se produce en la televisión peruana, con nuevos comediantes y con mucho éxito.

---

[a]career   [b]fama   [c]impersonations   [d]Outlandish, Bizarre   [e]screw

L	I	
☐	☐	**1.** Es una lástima que Guillermo Rossini no sea cómico.
☐	☐	**2.** Nos alegramos de que Rossini sea muy famoso en Perú.
☐	☐	**3.** Es increíble que una persona tan joven tenga tanta popularidad.
☐	☐	**4.** Augusto Ferrando siente que Rossini no tenga mucho éxito.
☐	☐	**5.** Es bueno que la gente se divierta con los programas de Rossini.
☐	☐	**6.** Es increíble que los programas de Rossini todavía se produzcan en la radio y la televisión.
☐	☐	**7.** Siento que Rossini no imite a los políticos en sus programas.

PASO 2.   Escoge un actor o actriz cómico/a de este país y escribe ocho oraciones sobre él/ella.

1. Es increíble que _____.

2. Siento que _____.

3. Me alegra que _____.

4. Es bueno que _____.

5. Es una lástima que _____.

6. Espero que _____.

7. Me sorprende que _____.

8. Ojalá que _____.

Un mundo sin límites

En este capítulo viste tres vídeos sobre Becky y Andrés, en Cali, Colombia. Ve los vídeos otra vez y completa las siguientes actividades. Puedes ver los vídeos más de una vez, si quieres.

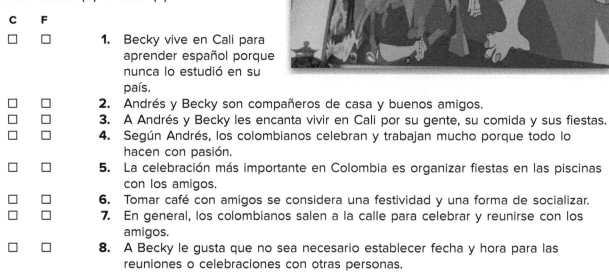

©McGraw-Hill Education/Zenergy

Práctica 1.   Comprensión. Indica si los enunciados son ciertos (**C**) o falsos (**F**).

C	F		
☐	☐	**1.**	Becky vive en Cali para aprender español porque nunca lo estudió en su país.
☐	☐	**2.**	Andrés y Becky son compañeros de casa y buenos amigos.
☐	☐	**3.**	A Andrés y Becky les encanta vivir en Cali por su gente, su comida y sus fiestas.
☐	☐	**4.**	Según Andrés, los colombianos celebran y trabajan mucho porque todo lo hacen con pasión.
☐	☐	**5.**	La celebración más importante en Colombia es organizar fiestas en las piscinas con los amigos.
☐	☐	**6.**	Tomar café con amigos se considera una festividad y una forma de socializar.
☐	☐	**7.**	En general, los colombianos salen a la calle para celebrar y reunirse con los amigos.
☐	☐	**8.**	A Becky le gusta que no sea necesario establecer fecha y hora para las reuniones o celebraciones con otras personas.

Práctica 2.   Oraciones. Completa las siguientes oraciones con el vocabulario de la lista.

Año Nuevo	brindar	los fuegos artificiales
el arte	Carnaval	las pinturas

1.   Los colombianos celebran _____ en familia.

2.   Una tradición típica del Año Nuevo en Colombia son _____.

3.   A los colombianos les gusta reunirse en las casas para socializar, _____ y divertirse con los amigos.

4.   Según Andrés, hay una fiesta de _____ en todos los pueblos del país.

5.   Además de las fiestas, _____ es también muy importante en Colombia.

6.   A Becky le fascinan _____ o murales de las calles porque aprende sobre la cultura y la historia colombianas.

Práctica 3.   Una celebración. En un párrafo bien organizado, describe una festividad importante para ti. ¿Con quién la celebras? ¿Cuándo? ¿Cuáles son algunas tradiciones de la celebración? ¿Por qué es una festividad importante en tu vida?

_____

_____

_____

_____

_____

Capítulo 12

TEMA I: La salud física

Vocabulario en acción

Práctica 1. **Las partes del cuerpo humano.** Escribe el nombre de cada parte del cuerpo humano indicada en el dibujo.

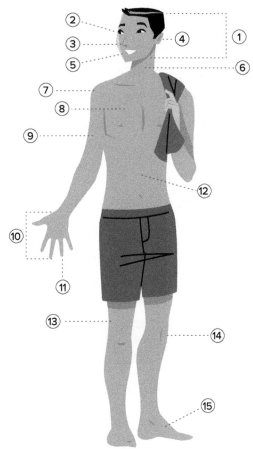

la boca	la cabeza	el dedo	el hombro	la nariz	el ojo	el pie	la rodilla
el brazo	el cuello	el estómago	la mano	la oreja	el pecho	la pierna	

1. _____

2. _____

3. _____

4. _____

5. _____

6. _____

7. _____

8. _____

9. _____

10. _____

11. _____

12. _____

13. _____

14. _____

15. _____

Práctica 2. Los usos de las partes del cuerpo. Completa cada descripción usando las palabras de la lista.

la boca	el cerebro	los dientes	los ojos	los pies
los brazos	los dedos	las manos	las piernas	los pulmones

1. Usamos _____ para respirar.

2. Usamos _____ y _____ para comer.

3. Usamos _____ y _____ para caminar y correr.

4. Usamos _____ para pensar.

5. Usamos _____ y _____ para tocar instrumentos.

6. Usamos _____ para ver.

7. Usamos _____ para abrazar a nuestros amigos.

Práctica 3. Las enfermedades. Completa cada oración con la palabra apropiada.

1. Cuando un enfermo tiene una temperatura alta, se dice que tiene _____.

2. El dolor de oídos se debe posiblemente a una _____.

3. Una persona que no tiene problemas de salud es _____.

4. La tos y la fiebre son síntomas de _____.

5. Estas personas ponen generalmente las inyecciones: _____.

6. Si una persona tiene tos, el médico probablemente le receta _____.

7. Cuando una persona tiene dolor de muela, debe ver al _____.

8. Un dolor fuerte en el pecho es un síntoma de una enfermedad de _____.

a. sana
b. enfermeros/as
c. fiebre
d. dentista
e. infección
f. corazón
g. la gripe
h. un jarabe

Gramática

12.1 Present Subjunctive: Impersonal Expressions

Práctica 1. ¿Subjuntivo o indicativo? Indica si la frase requiere el subjuntivo (**S**) o el indicativo (**I**).

S   I

☐ ☐   **1.** Es cierto que...
☐ ☐   **2.** Es importante que...
☐ ☐   **3.** Es malo que...
☐ ☐   **4.** Es verdad que...
☐ ☐   **5.** Es preferible que...
☐ ☐   **6.** Es mala idea que...
☐ ☐   **7.** No es verdad que...
☐ ☐   **8.** Es probable que...

Práctica 2. ¿Engañada? (*Betrayed?*) Las amigas de Elena le dicen que su novio la engaña (*cheats on her*), que coquetea (*flirts*) con otras mujeres. Completa la confrontación que tiene con su novio con el indicativo y el subjuntivo de los verbos entre paréntisis.

ELENA: Es posible que yo _____[1] (**estar**) enamorada de un hombre que no me quiere.

NOVIO: ¿Cómo? No es verdad que yo no te _____[2] (**querer**).

ELENA: Escucho rumores y es mejor que me _____[3] (**decir**) la verdad.

NOVIO: Es importante que tú _____[4] (**confiar**) en mí.

ELENA: ¿Es cierto que _____[5] (**ir**) al bar después de trabajar en la clínica con Catalina y Angelina?

NOVIO: Es probable que ellas me _____[6] (**seguir**) al bar a veces.

ELENA: Entonces, ¿no es verdad que tú las _____[7] (**llevar**) contigo al bar?

NOVIO: Es verdad que yo siempre _____[8] (**llegar**) solo al bar.

ELENA: Es una lástima que tú no me _____[9] (**invitar**) a mí. ¿Por qué no?

NOVIO: Es necesario que yo _____[10] (**tener**) un poco de libertad. Trabajo mucho y necesito mi espacio.

ELENA: Es ridículo que tú _____[11] (**pasar**) más tiempo con ellas que conmigo.

NOVIO: Es triste que _____[12] (**sentirse**) tan insegura.

ELENA: Es interesante que tú no me _____[13] (**responder**) claramente.

NOVIO: Ay, es increíble que ya _____[14] (**ser**) las 8:00. Tengo que empezar mi turno (*turn*). ¡Hasta luego!

ELENA: ¡Hasta nunca!

Práctica 3. Mi padre se casa de nuevo (*again*). Escucha cada una de las oraciones y responde usando las frases indicadas. Sigue el modelo. Luego, escucha y repite la respuesta correcta.

MODELO (*you hear*) Mis padres se divorciaron hace diez años.

(*you see*) Es una lástima / divorciarse →

(*you say*) Es una lástima que mis padres se hayan divorciado.

1. es bueno que / salir
2. es cierto que / estar
3. no es cierto / tener
4. es probable que / casarse
5. es ridículo que / estar
6. es malo que / hablar mal
7. es mejor que / ir
8. es importante que / hacer
9. es importante / ser

Práctica 4. La salud. ¿Estás de acuerdo o no?

SÍ	NO		
☐	☐	**1.**	Es imposible cuidar de nuestros cuerpos.
☐	☐	**2.**	Es importante darle mucha atención a la salud.
☐	☐	**3.**	Es malo quejarse de los problemas cuando no son serios.
☐	☐	**4.**	Es bueno hacer ejercicio.
☐	☐	**5.**	Es preferible evitar el estrés.
☐	☐	**6.**	Es ridículo no ir al médico cuando estás enfermo/a.
☐	☐	**7.**	Es mejor hacerse un chequeo cada año.
☐	☐	**8.**	Es tonto tener miedo de las inyecciones.

Práctica 5. Se aplica a todos. Escribe oraciones usando las frases de la lista. Puedes inventar frases, si quieres.

ser honesto/a con tu médico/a
evitar el estrés
ponerte la inyección contra la gripe
toser y no cubrir la boca
pasar tiempo con los amigos

tener una actitud negativa
tomarse la temperatura
buscar oportunidades para reírse
sonreírles a todos
¿ ?

1. Es importante _____.

2. Es bueno _____.

3. Es malo _____.

4. Es mejor _____.

5. Es mala idea _____.

6. Es buena idea _____.

7. Es ridículo _____.

8. Es triste _____.

12.2   Present Subjunctive: Doubt, Denial, and Uncertainty

Práctica 1.   La vida de los estudiantes de medicina. Completa cada oración con la forma correcta del subjuntivo o del indicativo del verbo entre paréntesis.

1. Dudo que los estudiantes de medicina _____ (**ganar**) mucho dinero.

2. No dudo que ellos _____ (**tener**) una vida muy ocupada.

3. Es cierto que los estudiantes de medicina _____ (**trabajar**) a horas extrañas.

4. No estoy seguro de que ellos _____ (**dormir**) mucho.

5. Afirmo que los estudiantes de medicina _____ (**poder**) ayudar mucho a sus pacientes.

6. No es verdad que estos pacientes _____ (**estar**) siempre muy agradecidos (*grateful*).

7. Es posible que _____ (**ser**) muy divertido aprender sobre diferentes aspectos de la medicina.

8. ¡Es imposible que yo _____ (**aprender**) tanta información!

9. Es probable que los médicos _____ (**divertirse**) con su trabajo.

10. Es improbable que todos ellos _____ (**ser**) famosos.

Práctica 2.   ¿Una emergencia? Escucha cada una de las oraciones. Responde con la idea opuesta. **¡OJO!** Va a tener que cambiar el verbo subordinado al subjuntivo. Sigue el modelo. Luego, escucha y repite la respuesta correcta.

> MODELO (*you hear*) Creo que debemos ir al hospital. →
>
> (*you say*)   No creo que debamos ir al hospital.

1. ...   **2.** ...   **3.** ...   **4.** ...   **5.** ...   **6.** ...

Práctica 3. Ir a la clínica de urgencias (*emergency clinic*). Escribe la oración contraria, cambiando cada verbo del subjuntivo al indicativo o viceversa, cuando sea necesario.

> MODELO Dudo que llegue mucha gente esta noche.
>
> Creo que va a llegar mucha gente esta noche.

1. Creo que es una buena noche para salir.

_____

2. Dudo que haya mucha gente en la sala de espera (*waiting room*).

_____

3. Es cierto que los médicos no escriben muy claramente.

_____

4. No es verdad que cueste mucho dinero.

_____

5. Es probable que mi amigo esté esperando varias horas para hablar con los enfermeros.

_____

6. Niego que yo esté enferma ahora.

_____

7. No dudo que quieres sentirte mejor pronto.

_____

8. Estoy seguro de que nos divertimos observando la gente en la sala de espera.

_____

Práctica 4. Una diferencia de opiniones expertas. Completa el diálogo entre la enfermera y la directora con la forma correcta del subjuntivo o del indicativo de los verbos entre paréntesis.

DIRECTORA: Buenas tardes, médicos y enfermeros. Creo que nosotros _____[1] **(deber)** empezar a operar en cinco minutos. ¿Hay preguntas?

ENFERMERA: Dudo que nosotros _____[2] **(empezar)** en cinco minutos porque el especialista no está aquí. Tenemos que esperar al especialista para empezar.

DIRECTORA: Tranquila. No creo que nosotras _____[3] **(necesitar)** al especialista. Es verdad que ellos _____[4] **(conocer)** la condición del paciente, pero podemos empezar sin ellos.

ENFERMERA: Le aseguro[a] que _____[5] **(ser)** muy necesarios. Al principio, ellos preparan los pacientes que _____[6] **(ir)** a ser operados. Es imposible que nosotros _____[7] **(trabajar)** sin ellos.

DIRECTORA: Estoy muy cansada de que tú _____[8] **(discutir[b])** siempre conmigo. Yo soy la directora así que tú me _____[9] **(tener)** que escuchar. Prefiero que tú _____[10] **(callarse)** ahora.

ENFERMERA: Bien, pero estoy segura de que esta operación no _____[11] **(ir)** a tener éxito.

[a]*assure*   [b]*to argue*

Síntesis y repaso

Práctica 1.   ¿Cuál es la enfermedad? Escucha los síntomas que presentan estas personas e identifica la enfermedad o el problema médico que tiene cada una de ellas.

_____ **1.** Marina

_____ **2.** Gregorio

_____ **3.** Daniela

_____ **4.** Matías

_____ **5.** Elena

a. resfriado
b. pulmón
c. estómago
d. estrés
e. pie

Práctica 2.   Problemas de salud. Escucha el diálogo entre Santiago y Florencia sobre problemas de salud y completa las oraciones, según lo que oyes. **¡OJO!** En las oraciones que requieren conjugar el verbo, usa la forma correcta del subjuntivo o el indicativo, de acuerdo con el contexto.

1. Santiago tiene mucha tos, _____.

2. Santiago cree que él _____.

3. Florencia duda que Santiago _____.

4. Según Florencia, es probable que Santiago _____.

5. Según Florencia, es importante que Santiago _____.

6. Según Florencia, también es mejor que Santiago _____.

7. Santiago está tomando pastillas y piensa que él _____.

Práctica 3.   Las recomendaciones del médico. Escucha mientras estas personas describen sus síntomas y luego completa las siguientes recomendaciones con las expresiones de la lista. **¡OJO!** No te olvides de conjugar los verbos.

beber agua
(no) beber alcohol

descansar
tomar aspirinas

tomar jarabe
tomarse la temperatura

1. A Sara le recomiendo que _____ y que _____.

2. A Juan le sugiero que _____ y que _____.

3. A Maya le aconsejo que _____ y que _____.

Práctica 4. La salud en Uruguay

PASO 1.   Lee el texto sobre la salud en Uruguay. Luego, contesta las preguntas, según la información.

Uruguay tiene un clima benigno y, además, ofrece servicios sanitarios[a] públicos y privados de muy alta calidad. Por esta razón, en Uruguay no existen enfermedades de riesgo para el turista como, por ejemplo, la malaria o la fiebre amarilla, y no es necesario que el turista se ponga vacunas. Sin embargo, en algunas zonas tropicales de Argentina, el país vecino, sí existen focos[b] de fiebre amarilla. Así pues,[c] para los turistas que piensan viajar a esas zonas, es conveniente que se vacunen para prevenir la enfermedad. Aunque las condiciones sanitarias de Uruguay son muy buenas, la atención médica es cara y aconsejamos que el turista compre un seguro[d] de viaje. Otros consejos prácticos para las personas que piensan viajar a Uruguay son los siguientes:

(1) Aunque[e] el agua del grifo[f] es potable[g] en casi todo el país, es conveniente que el viajero beba agua de botella.[h]

(2) Es importante que el turista lave bien las frutas y las verduras antes de comerlas, aunque las compre en un supermercado.

(3) Todas las ciudades de Uruguay tienen farmacias bien equipadas con medicinas importadas de Europa y los Estados Unidos y muchas de estas medicinas se venden sin receta médica. Así pues, no es necesario que el viajero se preocupe si se le olvida empacar algún medicamento.

(4) En verano, la luz del sol es intensa; es recomendable que los visitantes utilicen protector solar y no tomen el sol entre las 11:00 de la mañana y las 5:00 de la tarde.

[a]*health*   [b]*sources*   [c]*Así... Therefore*   [d]*medical insurance*   [e]*Although*   [f]*faucet*   [g]*drinkable*   [h]*bottle*

1. ¿Por qué no existen enfermedades de riesgo en Uruguay?

_____.

2. ¿En qué lugar del Cono Sur existen posibilidades de adquirir fiebre amarilla? ¿Por qué?

_____.

3. ¿Cómo es la atención médica en Uruguay? ¿Qué recomiendan a los turistas?

_____.

4. ¿Cómo son las farmacias en Uruguay? ¿Qué sugerencias les dan a los viajeros?

_____.

PASO 2.   Imagina que dos de tus mejores amigos/as van a hacer un viaje a Uruguay. Completa las oraciones para darles cuatro consejos sobre la salud, según la información del **Paso 1.**

1. No es necesario que _____.

2. Es conveniente que _____.

3. Es importante que _____.

4. Es recomendable que _____.

Pronunciación

y and ll

The Spanish consonant **y** is most commonly pronounced like the English *y*, as in the word *yellow*. Some speakers may pronounce this sound more like an English *j* as in *joke*, and others (for example, in Argentina) may pronounce it as *sh* as in *show*.

Práctica 1.   Pronunciación de la _y_. Listen and repeat each word containing **y.** Try to repeat the words as closely as possible.

    1. yo   **2.** ya   **3.** mayo   **4.** el yoga   **5.** la playa

Like the consonant **y,** the most common pronunciation of letter **ll** is *y,* as in the word *yellow*. However, it may be pronounced in several different ways depending on the dialect, for example, *ly* as in *million, j* as in *joke, sh* as in *show.*

Práctica 2.   Pronunciación de la _ll_. Listen and repeat each word containing **ll.**

    1. llamar   **2.** la pastilla   **3.** la rodilla   **4.** llorar   **5.** bella

Práctica 3.   Ortografía. Listen to each sentence containing **y** or **ll** and spell the words correctly. You will hear each sentence twice.

    1. _____

    2. _____

    3. _____

    4. _____

    5. _____

    6. _____

TEMA II: La salud mental

Vocabulario en acción

Práctica 1. Así nos relajamos. Escoge la palabra o expresión de la lista que corresponde a cada dibujo. ¡OJO! No se usan todas las palabras.

a. beber alcohol   **d.** hacer aromaterapia   **g.** meditar
b. escuchar música   **e.** hacer ejercicio   **h.** tocar un instrumento musical
c. fumar   **f.** hacer yoga

1. _____

2. _____

3. _____

4. _____

5. _____

6. _____

Práctica 2. Hábitos y emociones. Completa cada oración con la palabra apropiada.

1. Cuando una persona es adicta a los fármacos, se dice que es _____.

2. El ejercicio y la dieta son maneras de _____.

3. El abuso del alcohol puede causar _____.

4. Si una persona está triste porque desea las cosas de otras personas, tiene _____.

5. En esto consiste el uso del tabaco: _____.

6. Una persona que se ama excesivamente a sí misma y no se precupa de los demás es _____.

7. Un buen remedio para aliviar el estrés y la depresión es _____.

8. Si una persona come comida con grasa y no hace ejercicio, va a _____.

a. adicción
b. fumar
c. drogadicta
d. la meditación
e. adelgazar
f. engordar
g. envidia
h. egoísta

Gramática

12.3 More About *gustar* and Similar Verbs

Práctica 1. Gustos y disgustos. Escribe la forma correcta de los verbos entre paréntesis.

1. A Miguel le _____ (**interesar**) aprender a cuidarse mejor.

2. A nosotros nos _____ (**preocupar**) las consecuencias de la adicción.

3. A Ana le _____ (**molestar**) que su esposo fume cigarrillos.

4. A ellos les _____ (**importar**) el autoestima de sus hijos.

5. A mí me _____ (**fascinar**) hablar de los sentimientos con mis amigos.

Práctica 2. Más gustos y disgustos. Escribe el pronombre necesario para completar cada oración.

1. A mí _____ gusta evitar las emociones negativas.

2. A ellos _____ molestan los drogadictos de su barrio.

3. A Juan y a Ramón _____ fascina hacer yoga.

4. A Uds. _____ aburren las reuniones en el trabajo.

5. A ti _____ interesa aprender más sobre la terapia en grupo.

Práctica 3.   Una intervención. Javier, el mejor amigo de Sara y Miguel, tiene una adicción a los fármacos. Escucha las razones que Sara y Miguel le ofrecen a Javier e indica sus probables respuestas.

_____ **1.**

_____ **2.**

_____ **3.**

_____ **4.**

_____ **5.**

a. No me importa que Uds. estén preocupados.

b. Me molesta que Uds. me digan que he perdido el control.

c. Me duele que Uds. piensen que yo no puedo continuar así.

d. No me gusta que todo el mundo esté hablando de mis problemas.

e. No me preocupa la cantidad de pastillas que estoy tomando.

Práctica 4.   Tus gustos y preferencias. Usando los siguientes elementos, escribe oraciones completas sobre tus preferencias e intereses.

1.   interesar / hacer yoga

_____

2.   importar / cuidar la salud física y mental

_____

3.   encantar / estirarse antes de hacer ejercicio

_____

4.   preocupar / mi nivel (*my level*) de estrés

_____

5.   molestar / las personas que nunca se relajan

_____

Síntesis y repaso

Práctica 1.   Gustos y preferencias. Escucha la descripción sobre gustos y preferencias de Lucía y su familia. Luego indica a qué miembro de la familia corresponde las descripciones: A Lucía (L), a su hermano Pablo (P), a Jorge, su papá (J) o a Rosa, su mamá (R). **¡OJO!** Algunas descripciones corresponden a más de una persona.

L	P	J	R	
☐	☐	☐	☐	**1.** Juega al fútbol, pero no le gusta hacer ejercicio.
☐	☐	☐	☐	**2.** Le preocupa la salud y le gusta llevar una vida sana.
☐	☐	☐	☐	**3.** Le fascina caminar y practicar yoga.
☐	☐	☐	☐	**4.** Le gusta relajarse trabajando en el jardín y leyendo novelas.
☐	☐	☐	☐	**5.** Le preocupa mucho que Pablo fume.
☐	☐	☐	☐	**6.** Le encanta tocar un instrumento musical.

Práctica 2. La salud mental. Escucha lo que dice un médico sobre la salud mental. Después indica si cada oración es cierta (**C**) o falsa (**F**), según lo que oyes.

C	F	
☐	☐	**1.** No es verdad que la gente se olvide de cuidar de su salud mental.
☐	☐	**2.** Es necesario que reduzcamos el estrés en nuestras vidas.
☐	☐	**3.** No es buena idea escuchar música cuando uno está estresado.
☐	☐	**4.** Llevarse bien con la familia nos ayuda a mantener la salud mental.
☐	☐	**5.** El médico no nos recomienda que practiquemos deportes.

Práctica 3. Tus opiniones. Escribe la forma correcta de los verbos entre paréntesis para expresar tus opiniones en las siguientes situaciones. **¡OJO!** Presta atención al contexto, pues algunas veces las oraciones se refieren a ti y otras veces, a otras personas.

MODELO   Me aburre meditar.

Me preocupa que mis amigos no estudien.

1. _____ (**Importar / No importar**) _____ (**llevar**) una vida sana.

2. _____ (**Preocuparse / No preocuparse**) que mi mejor amigo

_____ (**beber**) mucho alcohol.

3. _____ (**Ser**) una buena idea que tú _____ (**estar**) planeando dejar de fumar.

4. _____ (**Molestar / No molestar**) que mis amigos _____ (**ser**) orgullosos.

5. _____ (**Fascinar / No gustar**) _____ (**hacer**) yoga para aliviar el estrés.

6. _____ (**Encantar**) la idea de que tú _____ (**asistir**) a una terapia de grupo para curarte de tu adicción a los fármacos.

7. _____ (**No creer**) que la envidia _____ (**ser**) una emoción positiva.

8. _____ (**Sorprender**) que algunas personas _____ (**comer**) tanto cuando quieren adelgazar.

Práctica 4. La drogadicción

PASO 1. Lee el artículo. Luego, contesta las preguntas, según la información.

Cualquier adicción a una sustancia o a una actividad tiene consecuencias perjudiciales[a] tanto en la salud mental y física de la persona como en sus relaciones personales. Pero cuando la adicción es a drogas ilícitas, el daño[b] se intensifica por las posibles repercusiones legales. En el caso de drogas intravenosas, las complicaciones aumentan por la exposición a VIH y SIDA.[c]

La drogadicción es una enfermedad. Los drogadictos dependen de la ingesta de sustancias que les afectan física, mental y emocionalmente. El uso de la droga cambia su comportamiento, su percepción, sus emociones y su juicio.[d]

El reto[e] de establecer programas de recuperación, prevención y educación contra la drogadicción en Sudamérica, como en muchas partes del mundo, se complica por los prejuicios[f]

y desinformación en la comunidad. Sin embargo, poco a poco, especialmente en las ciudades grandes, algunos programas en las comunidades han podido medir[g] su efecto positivo. En Buenos Aires, por ejemplo, Intercambios, una ONG,[h] desarrolló un programa con cuatro iniciativas: apoyo,[i] investigación, prevención y entrenamiento.[j] El programa incluía prácticas para reducir riesgos como el cambio de aguja,[k] una idea que para muchos fue difícil de aceptar.

En Argentina y otros países del Cono Sur, la drogadicción es indiscriminada y puede devastar a hombre o mujer, joven o viejo, rico o pobre. Afortunadamente, la colaboración entre las ONGs, el gobierno y la comunidad ha aumentado, y las víctimas y sus familias tienen más acceso a información y programas que las pueden salvar.[l]

[a]*damaging* [b]*damage* [c]VIH... *HIV and AIDS* [d]*judgment* [e]*challenge* [f]*prejudices* [g]*measure* [h]Organización no gubernamental [i]*advocacy* [j]*training* [k]cambio... *needle exchange* [l]*rescue*

1. ¿Por qué son más perjudiciales las adicciones a las drogas ilícitas?

_____

2. ¿Qué es la drogadicción?

_____

3. ¿Qué tipo de programa desarrolló Intercambios en Buenos Aires?

_____

4. ¿Por qué son controvertidas algunas de las prácticas de los programas para reducir daño?

_____

5. ¿A quiénes puede afectar la drogadicción?

_____

PASO 2. Busca otro programa para combatir la drogadicción en Sudamérica y uno en tu país. Trata de saber qué entidades (el gobierno, ONGs, sectores privados, etcétera) contribuyen o colaboran con los programas. ¿Cómo son sus estrategias?

_____

_____

_____

_____

_____

_____

Un mundo sin límites

En este capítulo viste tres vídeos sobre Mei Li y Lorena, en Santiago, Chile. Ve los vídeos otra vez y completa las siguientes actividades. Puedes ver los vídeos más de una vez, si quieres.

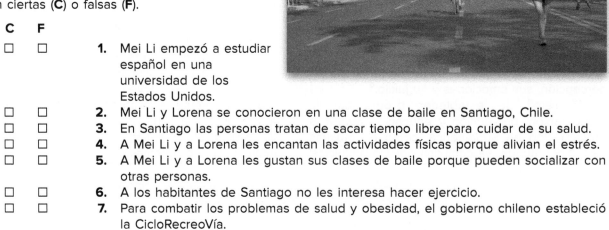

Práctica 1. Comprensión. Indica si las oraciones son ciertas (**C**) o falsas (**F**).

C	F	
☐	☐	**1.** Mei Li empezó a estudiar español en una universidad de los Estados Unidos.
☐	☐	**2.** Mei Li y Lorena se conocieron en una clase de baile en Santiago, Chile.
☐	☐	**3.** En Santiago las personas tratan de sacar tiempo libre para cuidar de su salud.
☐	☐	**4.** A Mei Li y a Lorena les encantan las actividades físicas porque alivian el estrés.
☐	☐	**5.** A Mei Li y a Lorena les gustan sus clases de baile porque pueden socializar con otras personas.
☐	☐	**6.** A los habitantes de Santiago no les interesa hacer ejercicio.
☐	☐	**7.** Para combatir los problemas de salud y obesidad, el gobierno chileno estableció la CicloRecreoVía.

Práctica 2. Oraciones. Completa las siguientes oraciones con el vocabulario de la lista.

dañar	le duelen	estrés	las piernas	recuperarse	la rodilla

1. Según Lorena, cuando alguien piensa que trabaja _____ en una sesión de baile, al día siguiente _____ los abdominales.

2. Mei Li cree que bailar demasiado puede _____ algunas partes del cuerpo.

3. Al compañero de baile de Mei Li le duele mucho _____.

4. Una causa del _____ en Santiago son las largas distancias para llegar al trabajo.

5. Para _____ de la presión del trabajo, a Lorena le gusta reunirse con amigos.

Práctica 3. Mi estilo de vida. En un párrafo bien desarrollado, describe cómo es tu estilo de vida durante el año académico. ¿Cuántas clases tomas y cuántas horas dedicas a tus estudios? Si también tienes un trabajo, ¿cuántas horas requiere de tu tiempo? ¿Qué haces para mantenerte sano/a física y mentalmente? ¿Haces una dieta buena y variada? ¿Haces ejercicios o practicas algún deporte? ¿Qué tipo de ejercicios? Compara y contrasta tu estilo de vida con el de Mei Li y Lorena y explica si son semejantes o diferentes.

_____

_____

_____

_____

_____

_____

Capítulo 13

TEMA I: ¿Qué haremos en el futuro?

Vocabulario en acción

Práctica 1.   Las carreras. Empareja las descripciones con las profesiones correctas.

_____ **1.** Escribe en periódicos.

_____ **2.** Atiende a los pacientes en el hospital.

_____ **3.** Enseña en una escuela.

_____ **4.** Corta el pelo.

_____ **5.** Escucha la defensa de los abogados.

_____ **6.** Crea ropa de estilos de moda.

_____ **7.** Diseña edificios.

_____ **8.** Juega a varios deportes.

_____ **9.** Se dedica al estudio de los animales y las plantas.

_____ **10.** Traduce de una lengua a otra.

a. el/la enfermero/a
b. el/la diseñador(a)
c. el/la atleta
d. el/la peluquero/a
e. el/la maestro/a
f. el/la traductor(a)
g. el/la juez(a)
h. el/la periodista
i. el/la arquitecto/a
j. el/la biólogo/a

Práctica 2.   Las destrezas especiales. Completa las oraciones con palabras de la lista.

la abogada	la cocinera	la farmacéutica	la pintora	la traductora
el banquero	el entrenador	el médico	el programador	el veterinario

1. _____ necesita tener buen conocimiento de los deportes.

2. _____ necesita tener buen conocimiento de las leyes.

3. _____ necesita tener buen conocimiento de los animales.

4. _____ necesita tener buen conocimiento de asuntos de dinero.

5. _____ necesita tener buen conocimiento del cuerpo humano.

6. _____ necesita tener buen conocimiento de la preparación de las comidas.

7. _____ necesita tener buen conocimiento de su arte.

8. _____ necesita tener buen conocimiento de las computadoras.

9. _____ necesita tener buen conocimiento de las medicinas.

10. _____ necesita tener buen conocimiento de lenguas extranjeras.

Gramática

13.1 The Future Tense

Práctica 1. **¿Qué harás en el futuro?** Indica si las oraciones definen tus planes o no.

SÍ	NO	
☐	☐	**1.** Me graduaré.
☐	☐	**2.** Obtendré un doctorado.
☐	☐	**3.** Viajaré a la Argentina.
☐	☐	**4.** Trabajaré para mí mismo.
☐	☐	**5.** Trabajaré en una compañía grande.
☐	☐	**6.** Seré famoso/a.
☐	☐	**7.** Me casaré.
☐	☐	**8.** Tendré seis hijos.
☐	☐	**9.** Tendré un hijo.
☐	☐	**10.** Viviré en una ciudad grande.

Práctica 2. **¿Quién será qué?** Escucha cada una de las preguntas y contesta usando la(s) persona(s) indicada(s). Sigue el modelo. Luego, escucha y repite la respuesta correcta.

MODELO (*you hear*) ¿Quién será médico? (*you see*) Amelia →

(*you say*) Amelia será médica.

1.	Ernesto	**4.**	ellas	**7.**	ellos	**10.**	nosotras
2.	nosotros	**5.**	yo	**8.**	Ud.	**11.**	Uds.
3.	tú	**6.**	tú y Pedro	**9.**	Rita y Ramón	**12.**	Tina

Práctica 3. **Un futuro bello.** Completa la narración sobre los planes de Roberto con el futuro de los verbos entre paréntesis.

En dos meses yo _____[1] **(graduarse).** Saco un bachillerato en sicología. Después,

yo _____[2] **(tomar)** unos meses de vacaciones para descansar de mis estudios. Ya

estoy planeando un viaje con mi novia. Nosotros _____[3] **(ir)** a la Tierra del Fuego.

Allí nosotros _____[4] **(hacer)** camping y también _____[5] **(subir)** a las

montañas majestuosas que hay allí. Nosotros _____[6] **(llevar)** nuestros abrigos

porque allí hace fresco la mayor parte del tiempo. Ella tiene un tío que vive cerca de allí y nosotros

_____[7] **(alojarse)** en su casa. Lo más interesante es que allí, en las montañas, yo le

_____[8] **(pedir)** que se case conmigo. Ella me _____[9] **(decir):** «sí», y

_____[10] **(estar)** muy emocionada. Estoy seguro de que ella _____[11]

(llorar). Le _____[12] **(dar)** el anillo que le tengo preparado y ella me

_____[13] **(abrazar)** y nosotros _____[14] **(besarse).** Luego, ella

se lo _____[15] **(contar)** todo a su tío cuando volvamos. ¡Qué buen viaje

_____[16] **(ser)!**

Práctica 4.   Un futuro aburrido. Completa la narración con el futuro de los verbos entre paréntesis.

En dos meses mi novio _____[1] **(graduarse)** de la universidad. Después, no sé qué

_____[2] **(hacer)** él. Siempre ha hablado de viajar a Sudamérica conmigo, pero yo

no _____[3] **(ir)** con él. Tengo mis propios planes para el verano. Por un lado, yo

_____[4] **(seguir)** tomando clases porque me falta un año para terminar los estudios.

Este verano _____[5] **(poder)** tomar doce créditos. Yo _____[6]

(querer) estudiar todo el tiempo. No _____[7] **(salir)** mucho con mis amigos o con mi

novio porque necesito terminar. ¿Qué le _____[8] **(decir)** yo a mi novio? Él no

_____[9] **(querer)** aceptar mi decisión, pero para mí es importante porque solo así

yo _____[10] **(poder)** ser dentista algún día. _____[11] **(Tener)** que estar

muy dedicada a mi trabajo. Además, yo sé que mi novio piensa pedir mi mano a mis padres... ¡Yo no

_____[12] **(saber)** qué decirle!

Práctica 5.   El hombre misterioso. Completa las preguntas con el futuro de los verbos entre paréntesis.

1. ¿Quién _____ **(ser)** él?
2. ¿Por qué _____ **(venir)** él a esta hora?
3. ¿Cuántos años _____ **(tener)** él?
4. ¿Dónde _____ **(haber)** comprado su traje tan elegante?
5. Parece un tipo muy exótico, ¿de dónde _____ **(ser)** él?
6. ¿Por qué _____ **(llevar)** flores?
7. ¿_____ **(Haber)** discutido él con nuestra vecina?
8. ¿Dónde _____ **(estar)** nuestra vecina?
9. ¿Por qué no _____ **(contestar)** ella a quién toca a la puerta?
10. ¿_____ **(Estar)** ella enojada con él?

13.2   Present Subjunctive After Temporal Conjunctions

Práctica 1.   Pedir un aumento. Subraya las conjunciones temporales en las oraciones.

1. Hoy, antes de que salga de mi trabajo, pediré un aumento de sueldo.
2. Gritaré de alegría cuando me lo den.
3. Después de que yo reciba el aumento, cenaré en un bar con mis amigos.
4. En cuanto no haya más que comer, pediré más.
5. Celebraremos hasta que se cierre el bar.

Práctica 2.   Necesito un abogado bilingüe. Escucha cada una de las oraciones. Luego, indica si el verbo de la cláusula subordinada es subjuntivo (**S**) o indicativo (**I**).

> MODELO   (*you hear*) Cuando estoy deprimido, hablo con la sicóloga. →
>
> (*you check*)I

	S	**I**		**S**	**I**		**S**	**I**		**S**	**I**		**S**	**I**
1.	☐	☐	**3.**	☐	☐	**5.**	☐	☐	**7.**	☐	☐	**9.**	☐	☐
2.	☐	☐	**4.**	☐	☐	**6.**	☐	☐	**8.**	☐	☐			

Práctica 3.   Un abuelo terco (*stubborn*). Completa la narración con la forma correcta de cada verbo entre paréntesis. Usa el presente de subjuntivo o el presente de indicativo.

Mi abuelo es muy terco. Nunca va a la clínica cuando _____[1] (**enfermarse**). Para que mi abuelo _____[2] (**ir**) a una clínica, tiene que estar medio muerto. Mi abuela lo cuida muchísimo. En cuanto mi abuelo _____[3] (**resfriarse**), mi abuela le da un té fuerte de ajo con miel. La última vez que a mi abuelo le dio la gripe, se quedó en cama hasta que mi abuela lo _____[4] (**dejar**) levantarse.

Mis padres me llamaron anoche. Me dijeron que mi abuelo está en el hospital. No puede salir hasta que _____[5] (**mejorarse**). Hoy, cuando _____[6] (**salir**) de mis clases, iré a visitarlo. Después de que lo _____[7] (**visitar**) esta tarde, tendré que regresar a estudiar. En cuanto mi abuelo _____[8] (**estar**) mejor, le voy a decir que es mejor que vaya a la clínica para no volver al hospital.

Síntesis y repaso

Práctica 1.   ¿Qué estudiarán? Lee las siguientes oraciones y escucha las descripciones. Después, indica si cada oración es cierta (**C**) o falsa (**F**), según lo que oyes.

C	**F**		
☐	☐	**1.**	Rosa estudiará arte en la universidad en cuanto se gradúe de la escuela secundaria.
☐	☐	**2.**	María no estudiará periodismo en la universidad hasta que termine sus estudios en la secundaria.
☐	☐	**3.**	Leo estudiará informática en la universidad tan pronto como complete sus estudios en la secundaria.
☐	☐	**4.**	José estudiará sicología cuando lo acepten en la universidad.
☐	☐	**5.**	Lidia estudiará medicina en la universidad cuando se gradúe de la secundaria.
☐	☐	**6.**	Miguel estudiará ciencias políticas en la universidad.

Práctica 2. Las carreras de mi familia. Lee las siguientes oraciones sobre Adán y su familia. Después, escucha mientras Adán describe las profesiones de cada uno de los miembros. Finalmente, indica si las oraciones son ciertas (**C**) o falsas (**F**), según lo que oyes. Si las oraciones son falsas, corrígelas.

C   **F**

☐   ☐   **1.** Adán es escultor porque le gusta el arte.

_____

☐   ☐   **2.** El hermano de Adán prefiere las matemáticas.

_____

☐   ☐   **3.** El padre de Adán diseña carreteras.

_____

☐   ☐   **4.** El padre de Adán es jefe.

_____

☐   ☐   **5.** La madre de Adán tiene interés en la salud.

_____

☐   ☐   **6.** La tía de Adán habla español e italiano.

_____

☐   ☐   **7.** La tía de Adán trabaja para una compañía de traducción.

_____

☐   ☐   **8.** Al primo de Adán le gustan los trabajos manuales.

_____

Práctica 3. ¿Qué carrera tendrá? Escucha las descripciones de las siguientes personas e indica cuál es la mejor profesión para cada una de ellas, según lo que oyes.

1. ¿Qué carrera tendrá Laura cuando se gradúe?

    a. mujer de negocios   **b.** cocinera   **c.** ingeniera

2. ¿Cuál será la profesión de Guillermo después de que termine sus estudios?

    a. veterinario   **b.** traductor   **c.** programador

3. ¿Cuál será la profesión de Roberto en cuanto complete sus estudios?

    a. escultor   **b.** banquero   **c.** atleta

4. ¿Qué trabajo tendrá Elena tan pronto como acabe sus estudios universitarios?

    a. jueza   **b.** diseñadora   **c.** química

Práctica 4. Las carreras del futuro

PASO 1. Lee el siguiente artículo. Luego, indica si las oraciones son ciertas (**C**) o falsas (**F**) según el texto.

¿Qué estudia Ud.? O lo que es más importante, ¿para qué profesión estudia? Algunas de las carreras que estarán más solicitadas en el futuro serán las de los campos de ingeniería ambiental, biotecnología, robótica, informática, turismo, educación y traducción. ¿A Ud. le interesa alguna de esas carreras?

El mundo profesional y laboral cambia constantemente a causa de muchos factores, siendo los más importantes la tecnología y la globalización. Los trabajadores del futuro tendrán que tener más y más conocimiento tecnológico, cultural y lingüístico.

¿Cree Ud. que estará preparado para el futuro? Es importante tener en cuenta las destrezas y el entrenamiento que Ud. deberá acumular durante su carrera universitaria. Por ejemplo, según los expertos, las carreras más prometedoras[a] serán las de los campos como la informática, la telemática, la ingeniería genética, la biónica y la realidad virtual. Otras carreras importantes serán las que estén relacionadas con las instituciones para ancianos[b] y niños, es decir, con asilos, guarderías[c] y escuelas. Y es importante recordar que en casi todos estos campos y posibles carreras, la globalización y el hecho de que muchas de las empresas son multinacionales influye en los requisitos para los solicitantes. Durante su carrera universitaria y su entrenamiento, es imprescindible[d] tener en cuenta que su currículum sea excelente y pueda incluir los siguientes datos: 1) el dominio de, por lo menos, dos idiomas, 2) título y/o conocimiento de informática y tecnología, 3) capacidad de coordinar y negociar.

[a]*promising* [b]*elderly* [c]*daycare centers* [d]*essential*

C	F	
☐	☐	**1.** En el futuro, será importante hablar más de un idioma.
☐	☐	**2.** Será importante poder cocinar bien.
☐	☐	**3.** Predominará el sector del derecho.
☐	☐	**4.** La tecnología será muy importante.
☐	☐	**5.** Los ingenieros del campo de la genética serán muy solicitados.

PASO 2. Entre las carreras más solicitadas en el futuro, escoge la que te interesa más y descríbela. ¿En qué consiste el trabajo? ¿Es una profesión en demanda hoy día? ¿Conoces a alguna persona que practique esta profesión? ¿En qué maneras es difícil esta profesión? ¿Por qué crees que es interesante?

_____

_____

_____

_____

_____

_____

Pronunciación

n and x

The Spanish letter **n** is pronounced like the English *n*.

Práctica 1. Repeticiones. Listen and repeat each word containing an **n**.

1. e**n**trevista
2. be**n**eficio
3. el e**n**tre**n**ador
4. i**n**forme
5. co**n**ocimie**n**to

The Spanish letter **x** is generally pronounced with a *ks* sound as in the English word *box*. However in words with a Native American origin, **x** may be pronounced like the Spanish **j** or the English *sh* sound.

Práctica 2. Pronunciación de la *x*. Listen and repeat each word containing the letter **x**.

1. el e**x**amen
2. el e**x**perto
3. e**x**ótico
4. Mé**x**ico
5. Oa**x**aca

Práctica 3. Ortografía. Listen to each sentence containing **n** or **x** and spell the words correctly. You will hear each sentence twice.

1. _____
2. _____
3. _____
4. _____

TEMA II: El empleo

Vocabulario en acción

Práctica 1. Las responsabilidades en la oficina. Completa cada oración con la palabra apropiada de la lista. **¡OJO!** No se usan todas las palabras.

anota	entrevista	maneja	solicita
archiva	llena	renuncia	supervisa

1. El contador _____ las cuentas.

2. La jefa _____ a los empleados.

3. El aspirante _____ un trabajo.

4. El secretario administrativo _____ los informes.

5. La directora de personal _____ a los aspirantes.

6. La empleada _____ los datos.

Práctica 2. En el lugar de trabajo. Escoge la palabra apropiada para completar cada oración.

1. Cuando se necesita dar el mismo papel a muchas personas, es necesario _____.

   a. solicitar **b.** hacer copias **c.** anotar datos

2. Cuando un jefe pide que los empleados trabajen mucho, es _____.

   a. comprensivo **b.** flexible **c.** exigente

3. El espacio privado donde uno trabaja en la oficina se llama _____.

   a. la solicitud **b.** el archivero **c.** el cubículo

4. El dinero que le pagan a uno por trabajar se llama _____.

   a. el sueldo **b.** el puesto **c.** el horario

5. Cuando un empleado trabaja cuarenta horas por semana, tiene un trabajo de _____.

   a. tiempo parcial **b.** tiempo completo **c.** horario de trabajo

6. Cuando a un empleado le empiezan a pagar más dinero que antes, ha recibido _____.

   a. un aumento **b.** un jefe **c.** un seguro médico

7. Cuando el teléfono suena, la recepcionista debe _____.

   a. despedirlo **b.** archivarlo **c.** contestarlo

8. Para obtener un puesto de trabajo, el/la aspirante debe tener un buen _____.

   a. seguro médico **b.** currículum **c.** plan de jubilación

Gramática

13.3 Present Subjunctive in Adjectival Clauses with Indefinite Antecedents

Práctica 1. Tu futuro trabajo. Indica si cada oración es aplicable a ti.

SÍ NO

☐ ☐ **1.** Busco un trabajo que me pague más de cien mil dólares por año.
☐ ☐ **2.** Quiero un trabajo en el que nadie me supervise.
☐ ☐ **3.** Busco un trabajo en donde no tenga que escribir informes.
☐ ☐ **4.** Deseo un trabajo en el que yo dirija a los demás.
☐ ☐ **5.** Quiero un trabajo que requiera trabajar solo diez horas por semana.
☐ ☐ **6.** Buscaré un trabajo en el que enseñe a los niños.
☐ ☐ **7.** Buscaré un trabajo que pague el salario mínimo.
☐ ☐ **8.** Quiero trabajar para una compañía que pague el seguro médico.
☐ ☐ **9.** Quiero un trabajo en el que yo tenga mi propia oficina.
☐ ☐ **10.** Deseo un trabajo en el que pase todo el día en la computadora.

Práctica 2. Buscamos un empleado que... Completa la narración con la forma correcta del subjuntivo de cada verbo entre paréntesis.

Trusted Translation, Inc., busca un empleado que _____[1] **(poder)** empezar inmediatamente. Queremos una persona que _____[2] **(tener)** dos años de experiencia en traducir del español al inglés. Aunque preferimos una persona que _____[3] **(ser)** totalmente bilingüe, también aceptamos a personas que _____[4] **(saber)** bastante bien ambos idiomas y que _____[5] **(tener)** entrenamiento en la traducción. Necesitamos una persona que _____[6] **(disfrutar)** de un ambiente exigente y a quien le _____[7] **(gustar)** anotar datos. Queremos una persona que _____[8] **(saber)** usar varios programas de software como Word, Publisher, Excel y otros. El puesto es de tiempo parcial, pero si encontramos a una persona que _____[9] **(estar)** altamente cualificada, el puesto puede ser de tiempo completo. No sabemos de ninguna otra compañía que _____[10] **(cuidar)** mejor a sus empleados, así que Ud. puede confiar en nosotros. Llame al teléfono 5548-43-57 para obtener una solicitud.

Práctica 3. Nadie quiere ayudar. Escucha cada una de las preguntas de tu jefe y responde con **No...** Luego, escucha y repite la respuesta correcta. **¡OJO!** Vas a usar el subjuntivo en tus respuestas.

MODELO (*you hear*) ¿Hay alguien que pueda hacerme copias? →
(*you say*) No, no hay nadie que pueda hacerle copias.

1. ... **2.** ... **3.** ... **4.** ... **5.** ... **6.** ... **7.** ... **8.** ...

Práctica 4. En el trabajo. Usa la forma del indicativo o el subjuntivo, según el contexto.

1. Quiero trabajar con un jefe que _____ (**ser**) comprensivo.

2. Quiero trabajar con el jefe que _____ (**ser**) comprensivo.

3. Busco los zapatos negros que me _____ (**dar**) apariencia profesional.

4. Busco un puesto que me _____ (**hacer**) sentir contento.

5. Deseo un trabajo en el que no _____ (**tener**) que anotar datos.

6. Deseo el trabajo en el que no _____ (**tener**) que anotar datos.

7. Conozco a un gerente que _____ (**tratar**) bien a sus empleados.

8. No conozco a ningún jefe que _____ (**tratar**) bien a sus empleados.

9. Hay una persona que _____ (**querer**) hacer su entrevista hoy.

10. No hay ninguna persona que _____ (**querer**) hacer su entrevista hoy.

11. ¿Hay alguna persona que _____ (**trabajar**) por el sueldo mínimo en esta compañía?

12. No hay ninguna persona que _____ (**trabajar**) por el sueldo mínimo en esta compañía.

Práctica 5. Busco, quiero y necesito. Usa el subjuntivo para completar estas cláusulas adjetivales.

1. Busco un trabajo que...

   _____

2. Necesito un paquete de software que...

   _____

3. Deseo una computadora que...

   _____

4. Quiero un jefe que...

   _____

5. Quiero entrevistarme con una compañía que...

   _____

6. Necesito un sueldo que...

   _____

7. Deseo un puesto que...

   _____

8. Busco un plan de jubilación que...

   _____

Síntesis y repaso

Práctica 1. **Una solicitud.** Lee las siguientes oraciones y escucha el anuncio de trabajo. Luego indica si las oraciones son ciertas (**C**) o falsas (**F**), según lo que oyes.

C	F		
☐	☐	**1.**	Es necesario que los empleados sepan mucho de tecnología.
☐	☐	**2.**	Los empleados nuevos tendrán que compartir el cubículo con otros empleados.
☐	☐	**3.**	Es necesario que los empleados escriban informes.
☐	☐	**4.**	La compañía ofrece un plan de jubilación con el puesto.
☐	☐	**5.**	Habrá una entrevista con el consejero.

Práctica 2. **El puesto ideal.** Lee las descripciones de unos puestos e indica cuál será la mejor persona para cada puesto.

_____ **1.** Buscamos cajera para nuestra librería, que sea organizada y que se lleve bien con la gente. Tiempo parcial con seguro médico.

_____ **2.** Buscamos un(a) periodista que tenga sólida formación universitaria. Tiempo completo, plan de jubilación, seguro médico, vacaciones pagadas.

_____ **3.** Puesto de consejera en una escuela primaria. La aspirante debe ser carismática. Tiempo completo, seguro médico y vacaciones pagadas.

_____ **4.** Buscamos recepcionista bilingüe para una oficina de negocios. Responsabilidades incluyen contestar el teléfono y recibir a la gente. Tiempo parcial y seguro médico.

_____ **5.** Puesto de cocinero en un restaurante italiano. Tiempo completo, vacaciones pagadas y seguro médico.

_____ **6.** Trabajo a tiempo parcial como secretario administrativo. Responsabilidades incluyen hacer copias y archivar informes. Horario flexible.

a. Sergio es un estudiante de la escuela secundaria. Necesita trabajar, pero está muy ocupado y tiene un horario irregular.

b. Julia es una persona muy humanitaria y busca un trabajo en el que pueda ayudar a la gente.

c. Juan está estudiando en la universidad y habla español e inglés. Necesita dinero para alquilar un apartamento.

d. Elena se jubiló el año pasado, pero quiere trabajar algunas horas porque le gusta relacionarse con la gente.

e. César busca un trabajo de tiempo completo, pero no quiere un puesto permanente porque se mudará a otra ciudad en dos años.

f. Raquel estudió literatura inglesa y periodismo en la universidad. Quiere empezar su carrera.

Práctica 3. En busca de empleados. Completa las oraciones con la forma correcta del subjuntivo del verbo entre paréntesis e indica la palabra o frase correcta para el final.

1. El jefe de una compañía de negocios internacionales necesita un empleado que

    _____ **(tener) (sueño / carisma).**

2. Un programador busca una computadora que _____ **(incluir) (un paquete / un**

    puesto) de software.

3. Un empleado que escribe muchos informes necesita un secretario que _____

    (saber) (entrevistar / hacer copias).

4. El oficio de albañil es físicamente pesado; por eso, la compañía de construcción busca un

    albañil que _____ **(ser) (fuerte / exigente).**

5. La compañía tiene cientos de empleados y millones de archivos; por eso, la compañía necesita

    jefes que _____ **(ser) (comprensivos / organizados).**

Práctica 4. Oferta de empleo

PASO 1. Lee el anuncio para un puesto. Luego, contesta las preguntas según el anuncio.

Vendedores de Sistemas y Equipo de Comunicaciones

- empresa multinacional
- sector del transporte público

Funciones del puesto

- venta[a] de productos y sistemas tecnológicos y comunicativos para la publicidad del transporte público (trenes de alta velocidad, metros, autobús), dirigida a profesionales y empresas
- clientes establecidos, garantizando una productividad diaria
- oportunidades de captar clientes nuevos

Puestos vacantes

- 2 puestos

Requisitos

- experiencia de al menos un año en ventas, preferiblemente del sector de computación y tecnología

- tenaz, motivado en alcanzar sus metas[b]
- ambición económica y profesional
- bilingüe (al menos español e inglés, preferiblemente multilingüe)
- título en ventas y/o computación; maestría[c] de preferencia

Lugar de trabajo

- provincia: Santiago
- centro de Trabajo: Los Condes

Se ofrece

- salario fijo con comisiones
- contrato de prueba de dos años
- excelente ambiente de trabajo
- empresa de rápido crecimiento

Jornada laboral

- completa

Horario

- lunes a jueves: 9:30–18:30
- viernes: 8:00–15:00

---

[a]*sale* [b]*goals* [c]*master's degree*

1. ¿A qué horas tiene que trabajar el empleado los viernes?

   _____

2. ¿A qué hora termina de trabajar los jueves?

   _____

3. ¿Es el puesto de jornada parcial o completa?

   _____

4. ¿Cómo es la remuneración (*pay*) del empleado?

   _____

5. ¿Dónde están las oficinas de esta empresa?

   _____

6. Esta empresa busca a una persona que... (Escribe tres de los requisitos, usando verbos en el subjuntivo.)

   _____

   _____

   _____

PASO 2. Imagínate que eres el director o la directora de un periódico. Estás buscando un empleado para trabajar como reportero. Inventa un anuncio para poner en el periódico sobre este trabajo.

Nombre del periódico: _____

Funciones del puesto: _____

_____

Requisitos: _____

_____

Lugar de trabajo: _____

Se ofrece: _____

Horario: _____

Un mundo sin límites

En este capítulo viste tres vídeos sobre Janna y Sandra, en Marindia, Uruguay. Ve los vídeos otra vez y completa las siguientes actividades. Puedes ver los vídeos más de una vez, si quieres.

Práctica 1. Comprensión. Indica si los enunciados son ciertos (**C**) o falsos (**F**).

C F

☐ ☐ **1.** Janna es profesora de inglés y enseña sus clases por internet desde su casa.

☐ ☐ **2.** Sandra empezó la carrera de contador público, pero decidió trabajar en la policía.

☐ ☐ **3.** A Janna y a Sandra les gusta vivir en Marindia por la naturaleza y la playa.

☐ ☐ **4.** Janna y Sandra valoran el ritmo de trabajo en Uruguay porque es tranquilo.

©McGraw-Hill Education/Zenergy

☐ ☐ **5.** En su trabajo Janna tiene un jefe que la supervisa, pero es comprensivo.

☐ ☐ **6.** Según Janna, en Uruguay se valora más el tiempo libre que el dinero.

☐ ☐ **7.** La tasa de empleo en Uruguay es muy baja y no hay trabajo para todos.

☐ ☐ **8.** Sandra piensa que las carreras relacionadas con la tecnología y el turismo tendrán más demanda en el futuro.

Práctica 2. Oraciones. Completa las siguientes oraciones con el vocabulario de la lista.

el horario de trabajo   **puestos**   **vacaciones pagadas**
llenar la solicitud   **los sueldos**

1. En su búsqueda de trabajo, Janna tuvo que _____ y hacer una entrevista online.

2. Janna en su trabajo no tiene _____, pero le gusta tener control de su tiempo.

3. _____ de Janna es de 7:00 a 11:00 de la mañana. Debe ser muy organizada con su tiempo.

4. _____ en Uruguay no son muy altos, pero la gente valora más tener tiempo para estar con la familia y los amigos.

5. El turismo en Uruguay crea muchos _____ de trabajo, especialmente en restaurantes y hoteles.

Práctica 3. El mundo laboral. En el vídeo Janna dice que «los uruguayos trabajan para vivir, no viven para trabajar». En un párrafo bien organizado, describe cómo se refleja esta actitud en la vida diaria de Janna. ¿Cómo es su día típico? ¿Qué cosas son importantes para ella? En tu estado o comunidad, ¿cómo es la rutina diaria de los empleados? ¿Qué cosas valoran más? ¿Crees que en tu cultura las personas «trabajan para vivir» o «viven para trabajar»? ¿Qué prefieres tú? ¿Por qué?

_____

_____

_____

_____

Capítulo 14

TEMA I: El mundo natural

Vocabulario en acción

Práctica 1. Las zonas geográficas. Completa las oraciones con las palabras más lógicas.

agua	arena	gaviotas	hielo	quetzales
animales salvajes	caballos	glaciares	olas	vacas

1. En la zona ártica hay _____ y _____.

2. En la playa hay _____ y _____.

3. En el mar hay _____ y _____.

4. En la finca hay _____ y _____.

5. En el bosque tropical hay _____ y _____.

Práctica 2. ¿De dónde son estos animales? Escribe el nombre de cada animal en la lista apropiada. **¡OJO!** Algunos animales pertenecen a más de una lista.

el águila	la foca	el pingüino	la serpiente
la ballena	el mono	el puma	el tiburón
el delfín	el oso	la rana	el tigre

1. animales marinos

2. animales de la selva

3. animales de las montañas

_____ _____ _____

_____ _____ _____

_____ _____ _____

_____ _____ _____

_____ _____

_____

Gramática

14.1 Present Subjunctive After Conjunctions of Contingency and Purpose

Práctica 1. **El reciclaje.** Empareja las frases para formar oraciones lógicas.

_____ **1.** La gente siempre arrojará las cosas de papel...

_____ **2.** El cartón se debe separar del papel...

_____ **3.** La gente desperdiciará mucho...

_____ **4.** Se puede comprar un basurero con compartimientos...

_____ **5.** Las compañías de reciclaje te darán unas cajas grandes...

_____ **6.** Evitamos arrojar las substancias químicas...

_____ **7.** Las tiendas seguirán usando las bolsas recicladas...

a. con tal de que la gente las siga pidiendo.

b. para que del papel se produzca más papel y del cartón más cartón.

c. sin que tengas que pagar por ellos.

d. en caso de que se quiera reciclar directamente en la cocina.

e. a menos que haya una ley que promueva el reciclaje del papel.

f. a menos que haya un programa obligatorio de reciclaje.

g. para que no se contamine el suelo.

Práctica 2. **Antimedioambiental.** Completa las oraciones con el subjuntivo de los verbos entre paréntesis.

1. Las fábricas producen mucha de la contaminación del aire sin que el gobierno

_____ (**prestar**) atención (*pay attention*) al problema.

2. En Los Ángeles, se da aviso sobre la contaminación del aire para que la gente asmática

_____ (**quedarse**) en casa.

3. Hay que evitar arrojar los residuos peligrosos a menos que los expertos lo

_____ (**autorizar**).

4. Evitan el uso de demasiados pesticidas en las fincas para que las personas que consuman sus

productos no _____ (**enfermarse**).

5. La gente siempre va a arrojar desperdicios a menos que _____ (**haber**) escasez de algún recurso.

6. La tala de árboles va a continuar siempre que el mundo _____ (**seguir**) haciendo muebles de madera.

7. Muchas compañías están inventando coches eléctricos e híbridos para que nosotros no

_____ (**usar**) todo el petróleo.

8. Con tal de que nosotros no _____ (**dejar**) de destruir el ambiente, el

calentamiento global causará grandes cambios en la Tierra.

9. En caso de que _____ (**haber**) escasez mundial de comida, debes aprender a

cultivar comestibles en tu jardín.

10. A menos que no se _____ (**utilizar**) más pesticidas peligrosos, siempre habrá

contaminación del suelo.

Práctica 3. Tu hermanito viene al campus para visitarte. Escucha cada una de las preguntas del hermanito de Mateo y contesta usando las pistas. Sigue el modelo. Luego, escucha y repite la respuesta correcta.

> MODELO (*you hear*) ¿Puedo ir al cine contigo?
>
> (*you see*) sí / con tal de que / no hablar durante la película →
>
> (*you say*) Sí, puedes ir al cine conmigo con tal de que no hables durante la película.

1. sí / con tal de que / hablar en español
2. sí / con tal de que / no decirles nada a nuestros padres
3. sí / a menos que / comer demasiado
4. no / a menos que / saber hacer cálculo
5. no / en caso de que / ser muy pesada (*heavy*)
6. sí / con tal de que / no mencionar mi nombre
7. no / a menos que / ser café descafeinado
8. no / a menos que / querer meterte en problemas

Práctica 4. Consejos para un nuevo estudiante. Completa estas frases con el subjuntivo y tu consejo para el nuevo estudiante.

1. Debes estudiar quince horas por semana para que...

_____

2. Debes ir a fiestas los jueves a menos que...

_____

3. Debes estudiar en grupo en caso de que...

_____

4. Debes visitar a tus profesores durante sus horas de oficina para que...

_____

5. Debes comprarte una computadora portátil en caso de que...

_____

6. Debes hacer nuevos amigos sin que...

_____

7. Debes vender los libros al final del semestre a menos que...

_____

8. Debes formar parte de un club social para que...

_____

Síntesis y repaso

Práctica 1. ¡A visitar el zoológico! Escucha la descripción de un parque zoológico y escoge la respuesta correcta, según lo que oyes. **¡OJO!** Puede haber más de una opción para algunas oraciones.

VOCABULARIO PRÁCTICO

papagayos parrots
jaulas cages

1. En el zoológico hay animales de (**la selva amazónica / la zona ártica / África**).

2. Entre los animales del bosque tropical, *no* se puede ver (**serpientes / aves / arañas**).

3. Los animales más populares son los de (**la selva amazónica / la zona ártica / África**).

4. Entre los animales de las llanuras hay (**cebras / elefantes / leones**).

5. Los animales del zoológico viven en (**ambientes naturales / jaulas pequeñas / jaulas grandes**).

Práctica 2. En busca de animales. Completa cada una de las oraciones. Primero escribe la forma correcta del verbo entre paréntesis y luego indica la palabra o frase apropiada para completarla.

1. A María le gustaría ver unas arañas grandes, pero no puede verlas a menos que

   _____ (**ir**) a la (**selva / zona ártica**).

2. Eduardo quiere ver glaciares y puede verlos con tal de que _____ (**hacer**) un

   viaje a la (**zona ártica / llanura**).

3. Rosa quiere sacar fotos de un quetzal. Tiene que ir a (**un bosque tropical / una isla**) para que

   lo _____ (**poder**) ver.

4. Alonso tiene una serpiente como mascota. Puede cuidarla muy bien, a menos que sus padres

   _____ (**descubrir**) el (**hábitat / altiplano**) donde está guardada.

5. Juliana quiere ver varios tipos de ranas, pero no las verá sin que _____

   (**caminar**) por un (**río / desierto**).

6. Marcos busca peces colorados, y los puede encontrar con tal que _____ (**ir**) al

   (**lago / volcán**) este verano.

Práctica 3. La reserva biológica. Lee las oraciones y escucha la conversación entre Lisa y Pablo. Después, indica si las oraciones son ciertas (**C**) o falsas (**F**), según lo que oyes.

VOCABULARIO PRÁCTICO

pelícanos pelicans
conchas seashells

C	F		
☐	☐	**1.**	En la reserva no hay mucha vegetación, pero hay animales.
☐	☐	**2.**	En la reserva hay anfibios (*amphibia*).
☐	☐	**3.**	En la reserva hay reptiles.
☐	☐	**4.**	En la reserva hay aves marinas.
☐	☐	**5.**	La reserva está cerca de un lago y no tiene costa.

Práctica 4. Tejiendo[a] por la naturaleza

PASO 1. Lee sobre una iniciativa para la conservación del medio ambiente. Luego, indica si las oraciones son ciertas (**C**) o falsas (**F**).

Según la *Agencia de Protección Ambiental* (EPA, por sus siglas[b] en inglés), se consumen en el mundo entre 500 billones y un trillón de bolsas de plástico por año y los Estados Unidos, mantiene la Agencia, es responsable de la mayoría de este consumo. Sin embargo, en la costa de Centroamérica, los problemas de manejo de los desechos[c] sólidos también son serios porque mucha de la basura llega a los ríos y, finalmente, al mar. Por supuesto, los plásticos representan una gran parte de estos desechos, y cuando las bolsas de plástico que, por ejemplo, se dan en los supermercados llegan a las playas, las tortugas se las comen y mueren por asfixia.[d] Este hecho despertó muchas conciencias y en 2007 la *Red de Conservación de Tortugas Marinas del Gran Caribe* (WIDECAST, por sus siglas en inglés), *Fauna y Flora Internacional* (FFI) en Nicaragua y otras organizaciones comenzaron a buscar alternativas para reutilizar las bolsas de plástico. Los objetivos de esta iniciativa han sido, desde entonces, reducir las emisiones de plásticos al medio ambiente para conservar la vida de las tortugas marinas, promover la participación de la mujer en el proyecto y crear productos que beneficien el ambiente y que contribuyan a la economía de la comunidad. «Tejiendo por la naturaleza» es un ejemplo de esta iniciativa. En Chacocente, Nicaragua, un grupo de mujeres fueron capacitadas[e] para elaborar productos a partir del reciclaje de las bolsas de plástico. El proceso consiste en lavar las bolsas; desinfectarlas y, finalmente, transformarlas en una especie de hilo[f] que se utiliza para tejer carteras, bolsos, brazaletes y sandalias que venden en los mercados. El trabajo extraordinario de estas mujeres supone[g] un ingreso[h] complementario en la economía familiar y, además, protege las tortugas y cuida el medio ambiente.

[a]*weaving* [b]*acronyms* [c]*waste* [d]*asphyxiation* [e]*fueron... were trained* [f]*una... a kind of thread* [g]*means* [h]*income*

C	F	
☐	☐	**1.** El consumo excesivo de plásticos es un problema global muy grave.
☐	☐	**2.** El país donde se consume la mayoría de los plásticos es Nicaragua.
☐	☐	**3.** La emisión de bolsas de plástico en las costas de Centroamérica pone en peligro la vida de las tortugas.
☐	☐	**4.** Organizaciones medioambientales han tomado iniciativas para reducir la emisión de plásticos en la costa, reciclándolos y creando productos éticos con el ambiente.
☐	☐	**5.** «Tejiendo por la naturaleza» es uno de los proyectos y lo forman un grupo de hombres en Nicaragua.
☐	☐	**6.** Los productos elaborados con plástico reciclado por el grupo «Tejiendo por la naturaleza» ayudan con la economía familiar y protegen a las tortugas marinas.

PASO 2. Contesta las siguientes preguntas.

1. ¿Por qué la presencia de bolsas de plástico en las playas de Centroamérica pone en peligro la vida de las tortugas marinas?

_____

2. ¿Cuáles son algunos productos creados con plástico reciclado? ¿Qué hacen con ellos?

_____

3. Piensa en un problema medioambiental de la comunidad donde vives (o de tu estado o del país) y explica brevemente qué iniciativas se han tomado para resolverlo. Busca información en internet, si lo necesitas.

_____

Pronunciación

Accent Marks, Diacritical Accents, and Accents on Verbs

You already know that accent marks may be used in Spanish to let you know where the stress falls in a word. Accent marks may also be used to distinguish two words that otherwise have the same spelling.

de	of, from	**dé**	give (present subjunctive)	**mi**	my	**mí**	me
el	the	**él**	he	**si**	if	**sí**	yes
mas	but	**más**	more	**tu**	your	**tú**	you

All interrogative words carry accents. The prepositions or relative pronouns with the same spelling do not have accent marks.

¿Cuándo llega Inés?   *When does Inés arrive?*

Llega cuando completa la excursión.   *She arrives when she completes the tour.*

Práctica 1. Los acentos. Circle the correct words in parentheses to complete each sentence.

1. ¿(**Dónde / Donde**) está (**tú / tu**) padre?
2. Mi amigo no sabe (**cuándo / cuando**) llega (**mí / mi**) hermana.
3. Es importante que (**él / el**) profesor (**dé / de**) notas buenas a los estudiantes que trabajan mucho.
4. (**Sí / Si**) has dormido solo tres horas, debes dormir (**más / mas**).
5. Los estudiantes son (**dé / de**) Argentina.
6. (**Él / El**) quiere saber (**dónde / donde**) vives (**tú / tu**).

Spanish also has a diacritical mark called **diéresis** (¨) used sometimes on the vowel **u** when it occurs in **gue** or **gui**. This mark lets you know whether the **u** is pronounced or not. For example, the **u** is silent in words like **guerra,** spelled without a **diéresis** here. But in words like **pingüino,** the **diéresis** indicates that the **u** is pronounced.

Práctica 2. Diéresis. Listen and repeat the following words. Note the use of the **diéresis.**

1. pague   2. guisantes   3. vergüenza   4. lingüística

Accent marks and word stress are also used to distinguish between verb tenses and moods. You may have already noticed, for example, that the verb **hablo** means *I talk* whereas **habló** means *he/she/you talked.*

Práctica 3. Los acentos y los verbos. Listen and repeat the following verbs. The accent mark tells you where to put the stress.

1. **trabajara** I/he/she/you worked (past subjunctive)   **trabajará** he/she/you will work
2. **escucho** I listen   **escuchó** he/she/you listened
3. **busque** look for (present subjunctive)   **busqué** I looked for

Práctica 4. El uso correcto de los acentos en los verbos. Read and then listen to the following sentences, completing each one with the missing verb that you hear.

1. El chico _____ todo el cereal.

2. _____ al fútbol todos los días.

3. _____ diez horas ayer.

4. Es importante que cada persona _____ el papel.

5. ¿Dónde _____ mi libro?

6. Le recomienda al chico que no _____ demasiado.

7. El otro día, yo _____ a mis abuelos.

8. _____ tres vasos de agua.

9. Si usamos medios de transporte anticontaminantes, el aire _____.

10. La chica _____ una gran mujer algún día.

TEMA II: Lo que podemos hacer nosotros
Vocabulario en acción

Práctica 1.   Los opuestos. Empareja las palabras opuestas.

_____ **1.** desperdiciar

_____ **2.** destruir

_____ **3.** reutilizar

_____ **4.** limpiar

_____ **5.** mejorar

_____ **6.** aumentar

a. arrojar
b. empeorar
c. reducir
d. proteger
e. conservar
f. contaminar

Práctica 2.   Problemas y soluciones. Indica si las oraciones son ciertas (**C**) o falsas (**F**).

C	F		
☐	☐	**1.**	Una de las soluciones al problema del tráfico excesivo en las ciudades es usar el transporte público.
☐	☐	**2.**	Una de las soluciones al problema de la deforestación es reciclar el papel.
☐	☐	**3.**	Una de las soluciones al problema de las emisiones de carbono es arrojar los desechos en el basurero.
☐	☐	**4.**	Una de las soluciones al problema de la escasez del agua es cerrar el grifo.
☐	☐	**5.**	Una de las soluciones al problema de los animales en peligro de extinción es crear reservas biológicas.
☐	☐	**6.**	Una de las soluciones al problema de la contaminación del aire es talar los árboles.

Práctica 3.   Problemas ambientales. Escoge la palabra apropiada para cada definición.

1. Uno de los elementos importantes del aire para los seres humanos es _____.

a. el oxígeno   **b.** el humo   **c.** el smog

2. Cuando muchas personas viven en el mismo lugar, se dice que hay _____.

a. contaminación   **b.** sobrepoblación   **c.** calentamiento global

3. Los agricultores usan _____ para destruir los insectos.

a. el petróleo   **b.** el dióxido de carbono   **c.** los pesticidas

4. _____ significa que no hay cantidad suficiente de un elemento.

a. El oxígeno   **b.** La escasez   **c.** Los animales en peligro de extinción

5. _____ es un contaminante del aire que viene del fuego y de algunas fábricas.

a. El humo   **b.** El cartón   **c.** El envase

(Continúa.)

6. La energía solar, eólica e hidroeléctrica son ejemplos de energías _____.

    a. renovables   **b.** recicladas   **c.** contaminantes

7. Los basureros contribuyen a la _____.

    a. sobrepoblación   **b.** contaminación del suelo   **c.** escasez de agua

8. Los productos químicos y los derivados del petróleo no son _____.

    a. contaminantes   **b.** peligrosos   **c.** reciclables

Gramática

14.2 Review of The Subjunctive

Práctica 1. El medio ambiente. Completa las oraciones con la forma correcta de los verbos entre paréntesis. Usa el presente de subjuntivo o de indicativo, o el infinitivo.

1. Queremos aire que _____ (**ser**) puro.

2. Es importante que Ud. _____ (**proteger**) el medio ambiente.

3. Creo que _____ (**haber**) demasiados coches en el mundo.

4. Dudo que tú _____ (**conservar**) agua eficientemente.

5. Es imposible _____ (**evitar**) la contaminación.

6. No creo que ellos _____ (**hacer**) mucho por resolver este problema medioambiental.

7. Es urgente que nosotros _____ (**mejorar**) nuestros esfuerzos para reciclar.

8. Es probable que tú _____ (**estar**) haciendo algo para proteger el medio ambiente.

9. Es verdad que yo _____ (**ducharse**) por media hora.

10. Afirmo que todos nosotros _____ (**tener**) que hacer cambios a nivel personal para proteger el medio ambiente.

11. No dudo que nuestros esfuerzos _____ (**ir**) a ayudar mucho.

12. Espero que tú _____ (**tomar**) en serio estos problemas mundiales.

Práctica 2. ¿Qué debemos hacer? Completa las oraciones con la forma correcta de los verbos entre paréntesis. Usa el presente o el imperfecto de indicativo, el presente de subjuntivo o el infinitivo.

1. Estoy interesada en mandar dinero cada mes para ayudar a un niño que no

    _____ (**tener**) padres.

2. Tú buscarás un grifo que _____ (**cerrarse**) automáticamente.

3. Nosotros usábamos combustible (*fuel*) que _____ (**estar**) hecho parcialmente

    de maíz.

4. Yo tomaré duchas que _____ (**durar**) menos tiempo.

5. Juana y Pepe tienen un sistema para _____ (**reutilizar**) el agua.

6. No hay ninguna universidad que no _____ **(tomar)** medidas para conservar energía.

7. Necesitamos más parques que _____ **(ser)** reservas naturales.

8. Me gustaría ver el lince (*lynx*) ibérico, que _____ **(estar)** en la lista de animales en peligro de extinción.

9. No conozco a ningún agricultor que no _____ **(estar)** preocupado por el medio ambiente.

10. Quiero ver el águila que _____ **(vivir)** encima de un edificio de la capital.

11. Uds. deben _____ **(buscar)** un centro de reciclaje.

12. Para mis vacaciones, siempre voy a la reserva natural que _____ **(estar)** en Argentina.

13. Fuimos a una fábrica (*factory*) donde vimos unos coches que _____ **(ser)** híbridos.

14. Busquen un árbol nuevo para reemplazar el árbol que _____ (***Uds.:* ir**) a cortar.

15. Ellos buscan un experto para _____ **(renovar)** su casa ecológicamente.

Práctica 3. El pasado y el futuro del planeta. Completa las oraciones con la forma correcta de los verbos entre paréntesis. Usa el imperfecto, el presente de subjuntivo o el infinitivo.

1. Con tal de que nosotros _____ **(cuidar)** la Tierra, habrá menos huracanes.

2. Cuando _____ **(ser)** jóvenes, a nosotros no nos importaba mucho el medio ambiente.

3. Nuestros padres siempre reciclaban cuando no _____ **(costar)** mucho hacerlo.

4. En cuanto _____ **(tener)** casa, yo también pagaré por un programa de reciclaje.

5. Debemos plantar muchos árboles para que las aves _____ **(poder)** construir sus nidos (*nests*).

6. Antes de que mis padres _____ **(comprar)** una casa nueva, van a asegurarse de que los árboles den mucha sombra.

7. Los agricultores no deben quemar la basura en caso de que se _____ **(contaminar)** el aire.

8. Se debe parar de cortar el bambú para que los osos panda tengan suficiente comida y _____ **(vivir)** en paz.

9. Después de _____ **(construir)** casas nuevas en un área, los animales que vivían allí tuvieron que buscar un nuevo lugar para vivir.

(Continúa.)

10. Cuando se introducen plantas exóticas en un ambiente diferente, los insectos nativos de ese lugar no _____ (**poder**) vivir en ellas.

11. Las abejas desaparecerán a menos que se _____ (**encontrar**) la causa.

12. Se debe comer productos orgánicos en caso de que la comida _____ (**estar**) contaminada por los pesticidas.

13. Vamos a considerar la posibilidad de comprar un coche híbrido antes de _____ (**comprar**) un coche nuevo.

Práctica 4. Quiero ser biólogo. Completa el párrafo con la forma correcta de cada verbo entre paréntesis. Usa el presente de subjuntivo, el presente de indicativo, el pretérito o el infinitivo.

Quiero ser un biólogo que _____[1] (**especializarse**) en la flora exótica de la Amazonia. El área de la Selva Amazónica es muy importante en el mundo. Es probable que en esta región _____[2] (**haber**) muchas plantas medicinales que _____[3] (**poder**) curar varias de las enfermedades graves de hoy en día. Después de que mi abuelo _____[4] (**ser**) diagnosticado con cáncer, empecé a interesarme en las plantas medicinales. Los indígenas siempre han usado plantas para _____[5] (**hacer**) curas. Creo que estas curas exóticas también _____[6] (**tener**) aplicación hoy. Mis padres piensan que yo _____[7] (**tener**) razón. Cuando mi padre _____[8] (**decidir**) dejar sus estudios de ingeniería para hacerse científico, vio las muchas oportunidades que tiene un científico para mejorar la condición humana. Yo también _____[9] (**ver**) estas posibilidades y quiero _____[10] (**ayudar**) a la gente enferma.

Voy a buscar un pueblo en la región amazónica que _____[11] (**estar**) cerca del río. Deseo _____[12] (**vivir**) allí hasta que yo _____[13] (**encontrar**) una nueva planta que _____[14] (**prometer**) ser medicinal. En cuanto yo la _____[15] (**encontrar**), voy a estudiarla con mi equipo de biólogos. La analizaremos hasta que _____[16] (**descubrir**) su potencial. Después, la _____[17] (**ir**) a mandar a los Estados Unidos con tal de que _____[18] (**haber**) una compañía farmacéutica que nos _____[19] (**dar**) dinero para las investigaciones. En caso de que ninguna compañía nos _____[20] (**querer**) ayudar, tenemos una lista de universidades que investigan las plantas amazónicas. Espero que ellos _____[21] (**interesarse**) en nuestro proyecto. Pero hasta que no _____[22] (**acabar**) de completar mis estudios, no podré realizar este trabajo. Deséame suerte.

Práctica 5.   Nota comunicativa: Past Subjunctive. Indica si las oraciones corresponden a tu niñez o no.

SÍ	NO		
☐	☐	**1.**	Quería que mis padres me compraran juguetes electrónicos.
☐	☐	**2.**	Buscaba un amigo a quien le gustaran las muñecas.
☐	☐	**3.**	Jugaba afuera hasta que estaba oscuro.
☐	☐	**4.**	Me gustaba jugar al béisbol en la calle para que tuviéramos más espacio.
☐	☐	**5.**	Era importante que asistiéramos a la iglesia los domingos.
☐	☐	**6.**	Dudaba que existiera Santa Claus.
☐	☐	**7.**	Andaba en bicicleta sin que pidiera permiso a mis padres.
☐	☐	**8.**	Jugaba con los otros niños con tal de que ellos jugaran como yo quería.
☐	☐	**9.**	Quería que mis hermanos y yo vendiéramos limonada en las calles.
☐	☐	**10.**	Tenía miedo de montar en bicicleta en caso de que me cayera.

Síntesis y repaso

Práctica 1.   El medio ambiente y mi vida. Lee las preguntas y escucha mientras Marina describe cómo protege el medio ambiente en su vida diaria. Después, contesta las preguntas según lo que oyes.

1. ¿Cuál es el problema ambiental en la ciudad donde vive Marina?

_____

2. ¿Por qué no maneja un coche?

_____

3. ¿Cómo conserva el agua?

_____

4. ¿Por qué cree que es importante reciclar?

_____

5. ¿Qué hace con los productos no reciclables?

_____

Práctica 2. Algunas soluciones importantes. Completa cada declaración sobre los problemas ambientales usando frases de la lista. Añade tu propia información para terminar la oración. **¡OJO!** Usa el subjuntivo del verbo.

cerrar el grifo
crear reservas naturales
reciclar todo el papel

reutilizar nuestras cosas
usar la energía renovable

1. Las plantas de energía que usan petróleo contaminan el aire; es importante que nosotros...

_____

2. Los cambios climáticos y la sobrepoblación dan como resultado la escasez de agua en algunas áreas; es mejor que...

_____

3. El uso de productos hechos de papel contribuirá a la deforestación hasta que...

_____

4. Los basureros y los deshechos urbanos contaminan la tierra siempre que nosotros no...

_____

5. El uso de la tierra para la agricultura y el desarrollo de las ciudades y las afueras contribuirán a la extinción de algunos animales, a menos que nosotros...

_____

Práctica 3. Mejorar el medio ambiente. Lee las listas y escucha las tres situaciones. Completa las oraciones indicando el problema y los animales afectados en cada situación. Finalmente, escribe una solución para cada problema. **¡OJO!** No necesitas usar todos los problemas de la lista.

PROBLEMAS

el cambio climático
la contaminación del agua
la contaminación del suelo

la deforestación
la desertificación
la sobrepoblación

ANIMALES

las focas
las gaviotas
los monos

los osos polares
los pingüinos
los tigres

1. **a.** Este problema es un ejemplo de _____.

   b. Este problema afecta a _____ y _____.

   c. Una de las soluciones es _____.

2. **a.** Este problema es un ejemplo de _____.

   b. Este problema afecta a _____ y _____.

   c. Una de las soluciones es _____.

3. **a.** Este problema es un ejemplo de _____.

   b. Este problema afecta a _____ y _____.

   c. Una de las soluciones es _____.

Práctica 4. ANDRILL: Un proyecto en la Antártida

PASO 1. Lee el artículo. Luego, contesta las preguntas según la información del texto.

Se dice que es importante aprender de la historia para evitar la repetición de errores, conflictos y problemas.

Uno de los estudios históricos más ambiciosos es el proyecto ANDRILL. El nombre de este proyecto se deriva de las palabras en inglés: *ANtarctica DRILLing Project.* Como sugieren estas palabras, este estudio histórico usa la perforación[a] para estudiar el hielo de tiempos pasados. El proyecto tiene su base en la Antártida, en la Estación McMurdo.

Los 200 científicos, estudiantes y profesores de este proyecto son de Alemania, Italia, Nueva Zelanda, Gran Bretaña y los Estados Unidos, y esperan que los centenares[b] de metros de perforación les brinde[c] información sobre clima y los cambios climáticos de los últimos 20 millones de años. Estos profesionales de la historia quieren aprender más sobre los cambios del medio ambiente en los tiempos pasados y saber cómo eran los cambios glaciales en nuestro planeta. Muchos científicos temen que el calentamiento global pueda causar la repetición de algunos de estos movimientos glaciales. No quieren que esa historia se repita.

En octubre de 2009, los científicos descubrieron evidencia de un período de calor en la Antártida. Encontraron alga y polen de plantas, lo cual significa que el clima de ese período incluía temperaturas de por lo menos 50 grados Fahrenheit. Además, en mayo de 2014, los científicos descubrieron marcas de pequeñas anémonas de mar en la parte inferior de bloques de hielo en el Mar Ross. Las anémonas son animales marinos que viven en el fondo del océano. Así pues, este descubrimiento confirma los resultados obtenidos en 2009. ¿Crees que ANDRILL revelará más secretos históricos?

[a]*drilling* [b]*hundreds* [c]*give*

1. ¿Dónde hacen sus investigaciones los profesionales de ANDRILL? ¿Cómo las hacen?

_____

2. ¿Qué es ANDRILL?

_____

3. ¿Qué países participan en este proyecto?

_____

4. ¿Cuál es la meta de ANDRILL?

_____

5. ¿En qué años descubrieron algo inesperado (*unexpected*)? ¿Qué encontraron?

_____

6. ¿Qué significa este descubrimiento?

_____

PASO 2. Imagina que eres científico. ¿Qué parte del mundo te fascina? ¿Cuál es una de las partes del mundo que quieres proteger? Describe la flora y la fauna de este lugar. ¿Hay peligros de contaminación en este lugar? ¿Qué se puede hacer para resolver los problemas de esta área?

_____

_____

_____

_____

Un mundo sin límites

En este capítulo viste tres vídeos sobre Jessica y Keylor, en Monteverde, Costa Rica. Ve los vídeos otra vez y completa las siguientes actividades. Puedes ver los vídeos más de una vez, si quieres.

Práctica 1.   Comprensión. Indica si las oraciones son ciertas (**C**) o falsas (**F**).

C   F

☐   ☐   **1.** Jessica aprendió español, principalmente, conviviendo (*coexisting*) con nativos.

☐   ☐   **2.** Jessica es bióloga y estudia la ecología del dosel del bosque nuboso.

☐   ☐   **3.** Keylor es amigo de Jessica y trabaja para una empresa de ecoturismo.

☐   ☐   **4.** Jessica investiga el efecto del cambio climático en las plantas que habitan en las ramas de los árboles primarios.

©McGraw-Hill Education/Zenergy

☐   ☐   **5.** Jessica y Keylor suben a los árboles para sacar muestras tres veces por semana.

☐   ☐   **6.** El grupo de plantas que exponen al calor y a la sequía desaparecen.

☐   ☐   **7.** Jessica hace estudios para que la sociedad tome conciencia del impacto del cambio climático en el medio ambiente.

Práctica 2.   Oraciones. Completa las siguientes oraciones con el vocabulario de la lista.

ballenas   calentamiento global   contaminación   una mariposa   monos   volcanes

1. A Jessica y Keylor les encanta el contacto con la naturaleza porque no hay _____ sónica.

2. Jessica solo necesita ver _____ volando para sentirse feliz. Le gusta el silencio del bosque y los animales.

3. A Jessica le fascina la biodiversidad de Costa Rica: tiene playas, bosques y _____.

4. En el bosque nuboso hay aves, como el quetzal, y cuatro especies diferentes de _____. También hay _____ que migran a la costa del país.

5. Jessica investiga el impacto del _____ en la biodiversidad de los bosques. Quiere preservar toda su riqueza.

Práctica 3.   El calentamiento global. El calentamiento global es un grave problema internacional que afecta la vida de todos y en el que contribuye, en gran parte, la acción humana. En un párrafo bien organizado, describe las causas principales del calentamiento global, algunas de las consecuencias del calentamiento que a ti más te preocupan y las medidas que deben tomar la sociedad y los gobiernos para reducir los efectos del cambio climático. Busca información en el internet, si lo necesitas.

_____

_____

_____

_____

_____

Capítulo 15

TEMA I: La tecnología y la comunicación

Vocabulario en acción

Práctica 1. **Vivir en el mundo moderno.** Indica si las oraciones sobre el mundo moderno son ciertas (**C**) o falsas (**F**).

C	F	
☐	☐	**1.** El coche híbrido funciona con gasolina solamente.
☐	☐	**2.** La gente se informa de los acontecimientos (*events*) viendo las noticias.
☐	☐	**3.** Los ciudadanos pueden votar por internet durante las elecciones nacionales.
☐	☐	**4.** Si uno quiere manejar las cuentas por internet, debe saber su contraseña (*password*).
☐	☐	**5.** Los alimentos transgénicos son ejemplos de la comida orgánica.
☐	☐	**6.** El escáner se usa mucho en las compañías de negocios.

Práctica 2. **El mundo digital.** Escoge la palabra apropiada para completar cada una de las siguientes oraciones. **¡OJO!** No se usan todas las palabras de la lista.

adjuntar	borrar	digitalizar	el modem
los archivos	la conexión WiFi	estar informado	televisión de alta definición

1. Es importante no olvidar guardar _____ antes de apagar la computadora.

2. Se usa el escáner para _____ documentos y fotos.

3. Para mandar un archivo a otra persona, lo debes _____ a un email.

4. Con _____ uno puede conectarse al internet con el portátil en toda la casa.

5. Es muy fácil _____ gracias a los varios periódicos y revistas que se encuentran en línea.

6. Si quiere tener una fiesta del Super Bowl, es importante que tenga _____.

Gramática

15.1 Conditional

Práctica 1. **¿Qué preferirías?** Lee las preferencias e indica lo que prefieres.

1. ☐ Preferiría estar al día.　　　　　　　　　☐ Preferiría no saber nada de las noticias.
2. ☐ Preferiría tener un coche híbrido.　　　　☐ Preferiría tener un coche eléctrico.
3. ☐ Preferiría ser rico/a.　　　　　　　　　　☐ Preferiría quedarme sin dinero.
4. ☐ Preferiría una tableta.　　　　　　　　　☐ Preferiría una computadora portátil.
5. ☐ Preferiría una agenda en mi celular.　　　☐ Preferiría tener un calendario en la pared.
6. ☐ Preferiría hablar por teléfono.　　　　　　☐ Preferiría enviar mensajes de texto.
7. ☐ Preferiría viajar por tren de alta velocidad.　☐ Preferiría viajar por avión.
8. ☐ Preferiría presentarme para presidente.　　☐ Preferiría votar por otra persona.

Práctica 2. Con un millón de dólares en el banco... Conjuga los verbos en el condicional.

1. Nosotros _____ (**presentarse**) a la presidencia.

2. Mis abuelos _____ (**viajar**) muchas veces a Florida.

3. Yo me _____ (**comprar**) un barco.

4. Mi madre _____ (**mudarse**) a una casa más grande.

5. Uds. _____ (**tener**) su propio periódico.

6. Uds. _____ (**comer**) solo comida orgánica.

7. Mi padre _____ (**encontrar**) la motocicleta que desea.

8. Tú _____ (**buscar**) un coche híbrido.

9. Ud. _____ (**guardar**) el dinero en el banco.

10. Los estudiantes _____ (**hacer**) más viajes.

Práctica 3. ¿Qué harías como presidente de tu país? Conjuga los verbos en el condicional.

Como presidente, yo _____¹ (**hacer**) cosas muy buenas por los ciudadanos

de mi país. En mi país todos _____² (**saber**) leer y escribir bien. Yo

_____³ (**ir**) a visitar las escuelas con frecuencia. Yo _____⁴ (**tener**)

programas para que los estudiantes participaran en las investigaciones que les interesaran. Ellos me

_____⁵ (**decir**): «Muchas gracias por la oportunidad, señor Presidente». Si hubiera una

huelga^a de trabajadores, yo _____⁶ (**salir**) a hablar con ellos personalmente y

_____⁷ (**resolver**) los problemas con ellos. Me _____⁸ (**gustar**) darles

oportunidades a todos los ciudadanos y también a los inmigrantes. Los inmigrantes

_____⁹ (**poder**) mantener su nacionalidad de origen y también tener la nacionalidad

de mi país. _____¹⁰ (**Haber**) programas para ayudar a los inmigrantes a adaptarse a la

nueva cultura. Por otro lado, nosotros _____¹¹ (**tener**) organizaciones culturales espe-

ciales para ayudarlos a mantener su cultura. Yo no _____¹² (**querer**) olvidarme de

nadie. Cuando las personas llamaran para hablar conmigo sobre un asunto de importancia

personal, yo _____¹³ (**poner**) sus nombres en una lista y les _____¹⁴

(**devolver**) sus llamadas cuando tuviera tiempo. Todos los días la gente _____¹⁵ (**venir**)

a visitarme.

^a*strike*

Práctica 4. Pidiendo favores. Escucha cada una de las pistas. Usando el condicional del verbo dado, expresa un deseo. Sigue el modelo. Luego, escucha y repite la respuesta correcta.

> MODELO (*you hear*) decirme la hora   (*you see*) poder →
>   (*you say*)   ¿Podrías decirme la hora?

1. poder
2. poder conseguirme
3. pasarme
4. poder ponerme
5. informarme
6. votar
7. llamarnos

Práctica 5. El futuro desde un punto de vista del pasado. Completa las oraciones con la forma correcta del pretérito del primer verbo entre paréntesis, y del condicional del segundo.

> MODELO El dictador <u>cambió</u> (**cambiar**) las leyes porque <u>querría</u> (**querer**) más poder.

1. Los ciudadanos _____ (**guardar**) provisiones porque _____ (**venir**) un período de escasez.

2. Los asesinatos (*murders*) _____ (**ocurrir**) en la noche porque los testigos probablemente _____ (**estar**) durmiendo.

3. El dictador _____ (**prometer**) que nos _____ (**dar**) mucha libertad.

4. Los políticos _____ (**esconder**) la clonación que evidentemente _____ (**ser**) muy controvertida más tarde.

5. Los trabajadores _____ (**cumplir**) con sus deberes porque _____ (**salir**) en las noticias si no lo hicieran.

6. Los reporteros no _____ (**escribir**) la información que _____ (**poder**) causarles problemas con el gobierno.

7. Las revistas tampoco _____ (**decir**) la verdad porque los escritores _____ (**perder**) sus puestos si la publicaran.

8. El desastre natural que _____ (**ocurrir**) en los años 90 _____ (**parar**) los planes que el dictador tenía para el futuro.

Síntesis y repaso

Práctica 1. El acontecimiento. Lee las oraciones y después escucha mientras Ricardo y Jaime hablan de una noticia del periódico. Indica si las oraciones son ciertas (**C**) o falsas (**F**), según lo que oyes.

C	F	
☐	☐	**1.** Hoy hay una manifestación (*demonstration*).
☐	☐	**2.** Hay una huelga (*strike*) de trabajadores en el centro.
☐	☐	**3.** La gente protesta porque nadie quiere otra fábrica en la ciudad.
☐	☐	**4.** El basurero de la ciudad ya está lleno de basura.
☐	☐	**5.** A Ricardo no le molestan los basureros.
☐	☐	**6.** Jaime no está de acuerdo con las ideas de Ricardo.

Práctica 2. El mejor candidato. Lee las declaraciones de los votantes y, después, escucha mientras dos candidatos para alcalde describen sus programas. Indica si cada votante elegirá al **Candidato 1** o al **Candidato 2**, según sus declaraciones.

VOCABULARIO PRÁCTICO

si yo fuera alcalde   if I were mayor

1. Laura: «Mi candidato favorito mejorará el sistema de autobuses.»

    Laura votará por _____.

2. Esteban: «Mi candidato favorito creará parques.»

    Esteban votará por _____.

3. Eduardo: «Mi candidato favorito cree que los trabajadores deben tener seguro médico.»

    Eduardo votará por _____.

4. Lucía: «Mi candidato favorito probablemente estaría a favor de crear programas de reciclaje.»

    Lucía votará por _____.

5. Gustavo: «Mi candidato favorito cree que es importante que los niños sepan cuidarse.»

    Gustavo votará por _____.

6. Marisol: «A mi candidato favorito probablemente le importaría el estado mental de los ciudadanos.»

    Marisol votará por _____.

Práctica 3. Un noticiero. Lee las preguntas y después escucha las noticias de la televisión. Escoge la respuesta correcta para cada pregunta, según lo que oyes.

VOCABULARIO PRÁCTICO

asesinado   murdered
testigos   witnesses

1. ¿Qué tiempo hace esta noche?

    ☐ Llueve.   ☐ Nieva.

2. ¿Por qué no es buena idea manejar?

    ☐ El hielo podría causar accidentes de coches. ☐ El agua podría causar una inundación.

3. ¿Cuál es el problema de los actores?

    ☐ Están en huelga por el sueldo.   ☐ Están en huelga por el horario de trabajo.

4. ¿Qué sucede en el país vecino?

    ☐ Los ciudadanos trabajarán.   ☐ Los ciudadanos podrán votar.

5. ¿Cómo es la situación en ese país ahora?

    ☐ Es mala.   ☐ Es buena.

6. ¿Qué ocurrió en el Parque Central?

    ☐ una lucha   ☐ un asesinato (*murder*)

7. Según la policía, ¿por qué ocurren estos casos?

    ☐ La gente no obedece las leyes.   ☐ La gente obedece las leyes.

8. ¿Quién aparecerá en el noticiero de las 10:00?

    ☐ Aparecerá un político.   ☐ Aparecerá uno de los testigos.

Práctica 4. El desarrollo científico y tecnológico

PASO 1. Lee sobre el futuro de la tecnología. Luego, contesta las preguntas.

Según los expertos, hay diez avances[a] científicos que realmente cambiarían el mundo. ¿Le sorprendería saber que todos esos avances tienen algo que ver con la tecnología? No, ¿verdad? Muchos de esos avances tienen nombres que, hace unos años, solo leeríamos en novelas de ciencia ficción: nano-células solares,[b] mecatrónica,[c] glucómicas,[d] criptografía quantum,[e] litografía nano-impresión,[f] por nombrar algunos.

A los países latinoamericanos, los obstáculos económicos les han impedido avanzar en los campos de la ciencia y la tecnología. El Banco Interamericano de Desarrollo[g] (BID) es un banco dedicado al desarrollo de los países latinoamericanos y caribeños. Uno de sus objetivos es acabar con la diferencia en el campo científico y tecnológico entre Latinoamérica y otras naciones como los Estados Unidos, Canadá y los países europeos. Para lograr[h] esto, el BID ha colaborado con varias agencias, políticos e instituciones para estimular e invertir[i] en ciencia y tecnología en esos países.

Aunque todavía hay diferencias en estos campos, algunos países latinoamericanos ya han tomado medidas para cubrir las distancias que los separan de los países más desarrollados. ¿Cómo se acabaría con estas diferencias por completo? Algunas de las medidas[j] incluirían el aumento del número de publicaciones científicas, del número de empleados que trabajan en investigaciones y desarrollo y del número de patentes pedidas. Para promover estas actividades, también es muy importante crear un sistema de educación que integre las ciencias y la tecnología.

El BID invierte en todos los países latinoamericanos y caribeños, pero los resultados varían mucho de un país a otro. Informan estudios recientes que, de los países latinoamericanos, Chile es el líder en tecnología y ciencia, especialmente en el campo de tecnologías de la información y comunicación. Sin embargo, la región presenta tendencias alentadoras,[k] pues según datos del 2015, 14 de sus 23 países han mejorado en este sector.

[a]*advances* [b]nano-células... *nanosolar cells* [c]*mechatronics* [d]*glycomics* [e]criptografía... *quantum cryptography* [f]litografía... *nanoimprint lithography* [g]*Development* [h]*achieve* [i]*invest* [j]*measures* [k]*encouraging*

1. Describe en qué consiste uno de los avances mencionados en el primer párrafo.

_____

2. ¿Qué es el BID?

_____

3. ¿Cuál es el objetivo del BID?

_____

4. ¿Qué medidas pueden tomar los países latinoamericanos para acabar con las diferencias en el campo científico y tecnológico?

_____

5. ¿Qué país latinoamericano es el líder en tecnología y ciencias? ¿En qué campo?

_____

PASO 2. Busca información sobre dos avances mencionados en el primer párrafo u otros que te interesen, y describe cómo estos cambiarían nuestra vida diaria.

_____

_____

_____

_____

_____

_____

Pronunciación

Rhythm and Intonation

Remember that Spanish words are linked together when pronounced in sequence. In normal speech, there are typically no pauses between words, and no syllable is pronounced longer than any other syllable.

Práctica 1. El ritmo. Listen to each phrase and pay attention to the rhythm and linking. Then repeat each phrase as closely as possible.

1. ¿Adónde va Adán?
2. los árboles
3. ¿Cómo está Ud.?
4. tu amigo
5. ¿Estás seguro de que tu amigo esté en las afueras?

When pronouncing a statement, Spanish speakers use a falling intonation. This means that the pitch of the voice falls toward the end of the sentence.

Práctica 2. La entonación. Listen to each statement and pay attention to the falling intonation. Then repeat each statement as closely as possible.

1. El libro está en la mesa.
2. Me gusta estudiar español.
3. No sé dónde estará mi amigo.
4. Es importante que estudies.
5. No tengo mucho dinero.

Falling intonation is also used in information questions that begin with a question word such as **¿qué?** or **¿cómo?** For *yes-no* questions, however, a rising intonation is used. This means that the pitch of the voice rises toward the end of the sentence.

Práctica 3. La entonación: Preguntas. Listen to the intonation of several different types of questions. Then repeat each question as closely as possible.

1. ¿Por qué estudias español?
2. ¿Qué haces los fines de semana?
3. ¿Cuánto dinero tienes?
4. ¿Tienes mi libro?
5. ¿Te gusta el español?
6. ¿Has visto a mi amigo?

For statements and questions that include a list of items, the pitch will rise with each item in the list and fall on the last item.

Práctica 4. La entonación: Listas. Listen to each list and pay attention to the intonation patterns. Then repeat each sentence as closely as possible.

1. Me gusta leer, escribir y cantar.
2. ¿Te gusta el español o el francés?
3. Tengo tres opciones: ir a la fiesta, estudiar o dormir.
4. ¿Vas a beber té, café o agua?
5. ¿Qué prefieres, los monos o las ranas?

TEMA II: La calidad y las presiones de la vida

Vocabulario en acción

Práctica 1. Las presiones de la vida moderna. Lee cada oración y escoge la palabra que la complete mejor.

1. Para ahorrar dinero es importante aprender a _____.

   ☐ manejar el tiempo   ☐ controlar los gastos

2. El gobierno te va a dar dinero para que puedas asistir a la universidad. Esto es _____.

   ☐ una matrícula   ☐ un préstamo estudiantil

3. Cuando una persona quiere tener una carrera o un trabajo estable, se preocupa por _____.

   ☐ la formación académica   ☐ formar una familia

4. Esto ocurre cuando inhalas mucho aire en los pulmones: _____.

   ☐ respirar profundo   ☐ estirarse

5. Problemas como la depresión, la irritabilidad o el dolor de espalda y del cuello son síntomas de _____.

   ☐ estrés   ☐ miedo

6. El ritmo de vida acelerado es una causa de la _____ de la vida moderna.

   ☐ meditación   ☐ presión

Práctica 2. Las presiones de Marisa. Completa la narración con palabras y expresiones de la lista. **¡OJO!** No se usan todas las palabras y expresiones.

casarse	medita	relaciones personales	se enamoró
deudas	pagar las cuentas	respiró profundamente	trabajo estable
estirarse	pareja	se emocionó	yoga

A Marisa le preocupan sus _____[1] porque no dedica mucho tiempo a sus amigos

por las presiones de sus estudios y el trabajo. Aunque Marisa quiere _____[2] y

formar una familia, tampoco ha encontrado una _____.[3] Ella salió con algunos chi-

cos en su trabajo y en la universidad, pero nunca _____[4] de nadie. Marisa también

se siente estresada cuando piensa en el futuro de su carrera. ¿Va a encontrar un

_____[5]? Como dedica todo su tiempo y energía a su formación académica, no

gana mucho dinero. Marisa está cansada de no tener suficiente dinero para _____[6]

cada mes pero es más importante salir bien en sus clases. Para aliviar las presiones de la vida,

Marisa asiste a clases de _____[7] en la universidad y _____[8] por

unos veinte minutos después de despertarse y antes de acostarse.

Gramática

15.2 **Si** Clauses

Práctica 1. Cosas que siempre hace la consejera. Completa las oraciones con la forma correcta de los verbos entre paréntesis, según el modelo.

      MODELO   Si un estudiante <u>necesita</u> (**necesitar**) ayuda, yo lo <u>escucho</u> (**escuchar**).

1. Si un estudiante me _____ (**decir**) que está deprimido, siempre le

      _____ (**preguntar**) por qué.

2. Si un estudiante _____ (**tener**) problemas con algún compañero, me

      _____ (**gustar**) hablar con su compañero también.

3. Si un estudiante _____ (**quejarse**) de sus profesores, le _____

      (**recomendar**) que hable con ellos.

4. Si un estudiante no _____ (**poder**) dormir bien, siempre le

      _____ (**dar**) consejos para ayudarlo a dormir.

5. Si un cliente me _____ (**explicar**) que no le gusta su trabajo, le

      _____ (**sugerir**) que cambie de puesto.

6. Si un cliente me _____ (**dar**) permiso, _____ (**grabar**) la

      conversación para revisarla después.

7. Si un cliente no _____ (**querer**) hablar conmigo, siempre

      _____ (**querer**) saber por qué.

8. Si un cliente no _____ (**ser**) respetuoso, a veces _____ (**tener**)

      que llamar a la policía.

Práctica 2. Mi trabajo en la venta de bienes raíces. Completa las oraciones con la forma correcta de los verbos entre paréntesis, según el modelo.

      MODELO   Si <u>vendía</u> (**vender**) cuatro casas al mes, <u>ganaba</u> (**ganar**) mucho dinero.

1. Si los clientes me _____ (**llamar**) por la mañana, yo les _____

      (**mostrar**) la casa por la tarde.

2. Si las casas _____ (**estar**) cerradas, las _____ (**abrir**) con la llave.

3. Me _____ (**gustar**) mostrar las casas si los clientes me _____

      (**hacer**) muchas preguntas interesantes.

4. Los clientes _____ (**ponerse**) muy contentos si les _____

      (**hablar**) de un descuento.

5. Los clientes _____ (**enojarse**) si la casa _____ (**oler**) a animales.

6. Los clientes _____ (**recibir**) una tarjeta de Navidad si _____

      (**hacer**) negocio conmigo.

Práctica 3. Mis planes con el dinero. Completa las oraciones con la forma correcta de los verbos entre paréntesis, según el modelo.

> MODELO Si el banco no me <u>presta</u> (**prestar**) dinero, no <u>compraré</u> (**comprar**) una casa nueva.

1. Si el banco me _____ (**dar**) un préstamo (*loan*), yo _____ (**comprar**)

   una casa.

2. Si _____ (**ganar**) dinero extra este año, lo _____ (**invertir**) en la bolsa.

3. Si no _____ (**ganar**) mucho dinero durante mi primer año de trabajo, no

   _____ (**poner**) nada en el banco.

4. Si mis padres me _____ (**prestar**) dinero, les _____ (**pagar**)

   tan pronto como me sea posible.

5. Si _____ (**invertir**) mi dinero en la bolsa, _____ (**leer**) el periódico todos

   los días para ver si ha subido el valor.

6. Si no _____ (**terminar**) mis estudios, nunca _____ (**tener**)

   mucho dinero.

Práctica 4. Si yo fuera este animal... Empareja las frases para formar oraciones lógicas.

_____ **1.** Si yo fuera una ballena...

_____ **2.** Si yo fuera un mono...

_____ **3.** Si yo fuera un reptil...

_____ **4.** Si yo fuera un cocodrilo...

_____ **5.** Si yo fuera un pingüino...

_____ **6.** Si yo fuera una mariposa...

_____ **7.** Si yo fuera un lobo...

_____ **8.** Si yo fuera un águila...

a. sería el líder de la manada (*pack*).
b. me gustaría el frío.
c. dormiría encima de una roca en el sol.
d. comería peces y calamares de los mares.
e. viviría en un pantano.
f. mostraría al mundo mis colores bellos.
g. volaría muy alto.
h. saltaría en los árboles.

Práctica 5. Posibilidades en la vida. Completa las oraciones con la forma correcta del imperfecto de subjuntivo de los verbos entre paréntesis.

1. Si yo _____ (**tener**) más tiempo, participaría en un retiro (*retreat*) espiritual.

2. Si tú _____ (**ir**) al banco, te darían un préstamo.

3. Si Ud. _____ (**hacer**) negocios con nosotros, su compañía lograría muchos

   beneficios.

4. Si nosotros _____ (**ser**) más apasionados por el trabajo, podríamos tener

   mejores resultados.

5. Si Uds. _____ (**hablar**) por internet en vez de usar el celular, gastarían menos

   dinero.

6. Si las personas _____ (**estar**) más contentos en sus relaciones familiares,

   habría menos necesidad de la terapia de grupo.

Práctica 6. Pobre de mí. Escucha cada una de las lamentaciones. Usando las palabras dadas, responde. Sigue el modelo. Luego, escucha y repite la respuesta correcta.

MODELO (*you hear*) Tengo muy pocos amigos.

(*you see*) no ser tan ambicioso / tener más amigos →

(*you say*) Si no fueras tan ambicioso, tendrías más amigos.

1. ser altruista / ser más feliz
2. no estar tan ocupado / poder asistir a las fiestas
3. hablar con él con más frecuencia / conocerte
4. ser menos egoísta / estar más interesadas en ti
5. no ser rencoroso / no tenerte manía
6. pedirle / aumentarte el sueldo
7. no tenerles envidia / tratarte mejor

Síntesis y repaso

Práctica 1. ¿Qué harías? Lee las preguntas, escucha la conversación entre Sabina y Mateo y después contesta las preguntas en oraciones completas, según lo que oyes.

VOCABULARIO PRÁCTICO

egoísta   selfish
la hipoteca   mortgage

1. ¿Cómo supo Mateo que el actor gana mucho dinero?

   _____

2. ¿Qué cosas materiales compraría Sabina?

   _____

3. ¿Qué deudas personales pagaría Sabina?

   _____

4. ¿Qué acto de altruismo haría Sabina si tuviera mucho dinero?

   _____

5. ¿A qué lugar se mudaría Mateo si ganara mucho dinero? ¿Por qué?

   _____

Práctica 2. Si tuviera tiempo... Lee las preguntas y, después, escucha mientras cada persona se describe a sí misma. Escoge la respuesta correcta, según lo que oyes.

1. Si Luis tuviera tiempo, ¿qué haría?

   a. Trabajaría en el jardín.   **b.** Cocinaría unos postres.   **c.** Iría a nadar en el mar.

2. Si Salvador tuviera tiempo, ¿qué haría?

   a. Leería un libro.   **b.** Estudiaría para un examen.   **c.** Bebería unas cervezas.

3. Si Juana tuviera tiempo, ¿qué haría?

   a. Iría a la librería.   **b.** Bailaría en una discoteca.   **c.** Limpiaría la casa.

4. Si Ramón tuviera tiempo, ¿qué haría?

   a. Correría en el parque.   **b.** Jugaría a los videojuegos.   **c.** Leería el periódico en línea.

5. Si Lola tuviera tiempo, ¿qué haría?

   a. Pasaría la aspiradora.   **b.** Dormiría en casa.   **c.** Haría de voluntaria en el hospital.

Práctica 3. A parafrasear. Lee las oraciones y la paráfrasis de cada una. Completa las paráfrasis con la forma condicional del verbo apropiado.

1. En mi opinión, es importante que los ciudadanos estén al día para que tomen decisiones inteligentes.

   En otras palabras, si los ciudadanos estuvieran al día, _____ decisiones inteligentes.

2. En mi opinión, es indispensable que las fábricas dejen de contaminar el aire para que no haya tanto smog.

   En otras palabras, si las fábricas dejaran de contaminar el aire, no _____ tanto smog.

3. En mi opinión, es necesario que los jefes supervisen a los empleados para que los empleados sean responsables.

   En otras palabras, si los jefes supervisaran a los empleados, los empleados _____ responsables.

4. En mi opinión, es importante que la gente duerma ocho horas cada noche para que no se enferme.

   En otras palabras, si la gente durmiera ocho horas cada noche, no se _____.

5. En mi opinión, es necesario que llegues al aeropuerto a tiempo para que no pierdas el vuelo.

   En otras palabras, si llegaras al aeropuerto a tiempo, no _____ el vuelo.

Práctica 4. El estrés en el trabajo

PASO 1. Lee el artículo. Luego, contesta las preguntas.

¿Sabe Ud. reconocer los síntomas del estrés? El estrés puede presentar síntomas físicos, mentales y sociales. Un dolor de cabeza, espalda o cuello podrían ser síntomas del estrés mental. Un síntoma emocional sería el desánimo[a] o la pérdida de motivación, llorar o estar de mal humor. Las personas que consumen mucho alcohol o drogas o que tienen malas relaciones con sus compañeros o con su familia podrían estar exhibiendo síntomas sociales del estrés. ¿Ha sufrido Ud. alguna vez de tensiones musculares, visión borrosa,[b] problemas digestivos, cansancio[c] excesivo o dificultad en dormir? ¿Se ha sentido incapaz de cambiar una situación desagradable? Es posible que Ud. sufra del estrés.

¿Qué factores contribuyen al estrés? En muchos casos puede ser el carácter de una persona, pero hay otros factores que intervienen. Un factor prevalente es el trabajo. El estrés con síntomas físicos es especialmente problemático en trabajos que exigen un ritmo acelerado, como el de las secretarias, los camareros y los obreros de la construcción. Son empleos que, además, no tienen remuneración muy alta.[d] Los que trabajan como empleados domésticos, maestros o empleados de transporte a menudo[e] manifiestan síntomas mentales del estrés. Las amas de casa[f] también lo sufren.

Muchos afectados por el estrés podrían aliviar los síntomas si dedicaran algún tiempo a reflexionar, analizar su situación y seguir algunos pasos para recuperarse. Si Ud. sufre del estrés, debe hacer más ejercicio. No tiene que ser una rutina complicada. Si Ud. diera un paseo tres o cuatro días a la semana, reduciría muchas de sus tensiones. También podría simplemente relajarse, meditar unos diez minutos, estirar los músculos después de levantarse. También debe tener en cuenta su dieta. Es aconsejable[g] comer bien, bajar la ingestión de carbohidratos y aumentar la comida alta en fibras. Y lo más importante, haga un poco de autorreflexión para conocerse a sí mismo y aprender a evitar situaciones estresantes. Aunque es imposible evitar por completo el estrés, hay muchas técnicas que podemos usar para reducirlo.

[a]*dejection*   [b]*blurry*   [c]*tiredness*   [d]*no... don't pay well*   [e]*a... often*   [f]*amas... housewives*   [g]*advisable*

1. ¿Cuáles son los trabajos que causan mucho estrés mental?

_____

2. ¿Cuáles causan estrés físico?

_____

3. Nombra dos de los síntomas físicos del estrés.

_____

4. Nombra dos de los síntomas mentales.

_____

5. Nombra tres de las cosas que una persona puede hacer para aliviar el estrés.

_____

PASO 2. Contesta las siguientes preguntas, según tu propia experiencia.

1. ¿Qué situaciones te causan mucho estrés?

_____

2. ¿Qué haces cuando te sientes estresado/a? ¿Comes? ¿Bebes? ¿Fumas? ¿Te quejas? ¿Guardas silencio? ¿otras cosas?

_____

_____

3. ¿Con quién hablas de tu problema cuando te sientes estresado/a? ¿con un amigo? ¿un pariente? ¿un profesor? ¿una mascota? ¿Prefieres escribir? Explica.

_____

4. ¿Has experimentado estrés relacionado con el trabajo? ¿Hiciste algo para resolver el problema? ¿Qué hiciste?

_____

5. ¿Cuáles son algunas de las técnicas que te gustaría probar (*try*) la próxima vez que te sientas estresado/a?

_____

Un mundo sin límites

En este capítulo viste tres vídeos sobre Ben y Mariano, en San Francisco, Estados Unidos. Ve los vídeos otra vez y completa las siguientes actividades. Puedes ver los vídeos más de una vez, si quieres.

©McGraw-Hill Education/Zenergy

Práctica 1. **Comprensión.** Indica si los enunciados son ciertos (**C**) o falsos (**F**).

C	F		
☐	☐	**1.**	Ben aprendió español durante los cuatro años que vivió en Argentina.
☐	☐	**2.**	Ben es manager de contenidos y Mariano es jefe de proyectos en una compañía de idiomas.
☐	☐	**3.**	Ben conoció a Mariano durante su estadía (*stay*) de seis meses en Ecuador.
☐	☐	**4.**	La pareja trabaja de forma virtual desde muchas ciudades del mundo.
☐	☐	**5.**	Ben y Mariano usan la tecnología para ordenar comida, organizar vuelos o pedir taxis.
☐	☐	**6.**	Para la pareja es importante ver el mundo con sus propios ojos y socializar con las personas locales.
☐	☐	**7.**	Ben y Mariano solo trabajan para la compañía de idiomas cuando viajan.

Práctica 2. Oraciones. Completa las siguientes oraciones con el vocabulario de la lista.

ahorrar dinero   **controlar los gastos**   **presión**   **quitarse el estrés**   **conexión**

1. Según Mariano, hoy día es posible trabajar virtualmente si se tiene una buena _____ a internet.

2. Para _____ en el alojamiento, Mariano y Ben cuidan mascotas cuando los dueños están de viaje.

3. Mariano y Ben planifican cuidadosamente su viaje y buscan destinos baratos para _____.

4. Organizar los viajes es estresante para la pareja, especialmente, por la _____ adicional de sus trabajos.

5. Para _____, Ben y Mariano salen a pasear sin sus teléfonos celulares.

Práctica 3. La tecnología y yo. Ben y Mariano piensan que, a veces, debemos separarnos de la tecnología, pero que es difícil porque creemos que no podemos vivir sin ella. ¿Estás de acuerdo? En un párrafo bien organizado escribe la relación que mantienes con la tecnología, contestando estas preguntas: ¿Qué aparatos electrónicos tienes? ¿Para qué los usas? ¿Crees que pasas demasiado tiempo conectado/a a internet o a redes sociales? Debes indicar también cómo sería un día en tu vida sin la tecnología.

_____

_____

_____

_____

_____

_____

_____

Answer Key

CAPÍTULO 1

Tema I

Vocabulario en acción   Práctica 1: 1. e 2. d 3. c 4. f 5. a 6. b **Práctica 2:** 1. cómo 2. Me llamo 3. nombre 4. Igualmente 5. De dónde eres 6. Y tú 7. Buenos días 8. usted 9. gracias 10. Hasta luego **Práctica 3:** 1. veintiséis 2. quince 3. dos 4. veintinueve 5. diez 6. diecisiete **Práctica 4:** 1. 3 2. 21 3. 12 4. 6 5. 8 6. 10 7. 1 8. 13 **Práctica 5:** 1. F 2. C 3. F 4. C 5. F 6. F 7. F 8. F **Práctica 6:** 1. una mochila, un teléfono celular 2. unos libros de texto, un cuaderno 3. una mochila, un cuaderno 4. una mochila, un bolígrafo **Práctica 7:** 1. b 2. c 3. b 4. a 5. d **Práctica 8:** 1. inglés, literatura 2. ciencias políticas, derecho 3. biología, química 4. economía, estadística 5. arquitectura, ingeniería

Gramática 1.1   Práctica 1, PASO 1: 1. las 2. la 3. los 4. la 5. el 6. los **PASO 2:** 1. un 2. unos 3. unas 4. una 5. un 6. un **Práctica 2, PASO 1:** 1. los cuadernos 2. los lápices 3. los papeles 4. las sillas 5. los dólares **PASO 2:** 1. la novela 2. el mapa 3. la sandalia 4. el diccionario 5. la luz

Gramática 1.2   Práctica 1: 1. Ud. 2. tú 3. tú 4. Ud. 5. Ud. 6. Uds. 7. tú 8. tú 9. Uds. 10. Uds. **Práctica 2:** 1. ella 2. él 3. ellos 4. ellas 5. nosotros 6. Uds. 7. ellos 8. ella 9. Uds. 10. él **Práctica 3:** 1. soy 2. somos 3. son 4. son 5. Son 6. Es 7. son 8. es 9. eres 10. es

Síntesis y repaso   Práctica 1: 1. Se llama Luis Gómez. 2. Se llaman Roberto y Marcos. 3. Muy bien. 4. Roberto 5. Marcos 6. el profesor/Luis Gómez **Práctica 2:** 1. ambos 2. estudiante 3. profesor 4. profesor 5. ambos 6. estudiante **Práctica 3: PASO 1.** 1. Cómo te llamas / Cuál es tu nombre 2. De dónde eres 3. Cuántos estudiantes hay **PASO 2.** estudiantes 1: María, México, 23 (veintitrés) estudiantes 2: Antonio, Puerto Rico, 15 (quince) estudiantes 3: Gloria, California, 28 (veintiocho) estudiantes **Práctica 4:** 1. cálculo, español, anatomía, química, sicología 2. difíciles 3. medicina 4. español 5. interesante **Práctica 5: PASO 1.** 1. ambas 2. Michelle 3. Michelle 4. Zoe 5. ambas 6. ambas 7. ambas **Práctica 6: PASO 1.** 1. F 2. F 3. F 4. F 5. C 6. C

Pronunciación   Práctica 4: 1. Eva Muñoz 2. Luis Flores 3. Carlos Delgado

Tema II

Vocabulario en acción   Práctica 1: 1. b 2. c 3. a 4. a 5. b 6. a 7. a 8. c **Práctica 2:** 1. d 2. c 3. a 4. f 5. h 6. e 7. b 8. g **Práctica 3:** 1. jueves 2. sábado 3. miércoles 4. domingo 5. viernes **Práctica 4:** 1. 12:30 2. 9:25 3. 2:45 4. 5:53 5. 1:05 **Práctica 5:** 1. a las once de la mañana 2. una 3. los jueves y los viernes a las tres de la tarde 4. historia de Europa, ciencias políticas y español 5. trabajar en la cafetería 6. tres horas 7. sicología y geografía

Gramática 1.3   Práctica 2: 1. aburridas 2. grande 3. perezoso 4. antipáticos 5. bajos 6. malas 7. feo **Práctica 4:** 1. tu 2. Su 3. Su 4. Mi 5. tu 6. Mi

Gramática 1.4   Práctica 2: 1. practicamos 2. regresa 3. hablo 4. toman 5. trabajan 6. buscas 7. cantan 8. toco

Síntesis y repaso   Práctica 1: 1. ocho o nueve 2. la cafetería 3. una gran biblioteca 4. cuatro o cinco 5. español, historia, arquitectura, matemáticas 6. flexibles, inteligentes 7. béisbol, tenis, fútbol 8. hablan con sus amigos, bailan **Práctica 2:** 1. b 2. c 3. a 4. b 5. c

Práctica 3:

	LUNES	MARTES	MIÉRCOLES	JUEVES	VIERNES
8:00	historia		historia		historia
9:00					
10:00	ciencias políticas		ciencias políticas		ciencias políticas
11:00		derecho		derecho	
12:00	cafetería		cafetería		restaurante
13:00		sociología		sociología	
14:00					
15:00		español		español	
16:00	estudiar	estudiar	estudiar	estudiar	estudiar

Práctica 4: 1. F: Julio estudia lingüística y Celia estudia ingeniería. 2. F: Celia trabaja en la librería. 3. C 4. C 5. C 6. F: Julio toca el piano. **Práctica 5: PASO 1.** 1. muchos, más de trescientos 2. tres 3. parte del día 4. los niños

Un mundo sin límites Práctica 1: 1. C 2. C 3. C 4. F 5. C 6. C 7. F 8. C **Práctica 2:** 1. escritorios 2. una computadora portátil 3. responsables 4. un estadio 5. un centro estudiantil 6. caminan

CAPÍTULO 2

Tema I

Vocabulario en acción Práctica 1: 1. a 2. b 3. a 4. a **Práctica 2:** 1. parque 2. casa 3. parque 4. parque 5. casa 6. parque **Práctica 3:** 1. b 2. c 3. c 4. a 5. c 6. a **Práctica 4:** 1. a 2. c 3. d 4. a 5. c 6. d **Práctica 5:** 1. verde 2. morado 3. negro 4. amarillo 5. rojo 6. blanco 7. gris 8. anaranjado 9. azul

Gramática 2.1 Práctica 1: 1. creen 2. leen 3. comen 4. escriben 5. viven 6. asisten 7. reciben **Práctica 2:** 1. aprendo 2. escribimos 3. asisten 4. debes 5. comprendo 6. cree 7. lees 8. abrimos 9. recibe 10. venden **Práctica 4:** 1. Corre en el parque. 2. Escucha música. 3. Lee muchos libros. 4. Trabaja en una tienda. 5. Asiste a un concierto. 6. Habla con una amiga.

Gramática 2.2 Práctica 3: 2. va a jugar al fútbol 3. va a patinar en línea 4. van a andar en bicicleta 5. voy a nadar 6. vas a sacar fotos 7. vamos a correr 8. va a mirar televisión

Síntesis y repaso Práctica 1: 1. Nicolás y Felipe 2. Nicolás 3. Nicolás 4. Felipe 5. Nicolás y Felipe 6. Felipe **Práctica 2:** 1. F 2. C 3. F 4. F 5. C 6. C **Práctica 3:** 1. b 2. b 3. d 4. a 5. c 6. d **Práctica 4, PASO 1:** 1. f 2. d 3. g 4. c 5. a 6. e 7. b

Tema II

Vocabulario en acción Práctica 1: 1. cinco, frío 2. veintiocho, calor 3. quince, fresco 4. treinta y cinco, (mucho) calor **Práctica 2:** 1. junio, julio, agosto; hace sol, hace calor 2. diciembre, enero, febrero; hace frío, nieva 3. septiembre, octubre, noviembre; hace fresco, está nublado 4. marzo, abril, mayo; llueve, hace fresco **Práctica 3:** 1. b 2. a 3. b 4. b 5. b

Gramática 2.3 Práctica 2: 1. c 2. f 3. b 4. e 5. a 6. d **Práctica 3:** 1. a 2. b 3. b 4. a 5. b 6. b **Práctica 5:** 1. estoy 2. está 3. están 4. está 5. estamos 6. está 7. están 8. estás

Gramática 2.4 Práctica 1: 1. está comprando 2. están mirando 3. están practicando 4. está leyendo 5. están trabajando 6. estoy hablando 7. estamos paseando 8. estás pasando

Síntesis y repaso Práctica 1: 1. Es sábado. 2. Es junio. 3. Hace muy buen tiempo. 4. 30 grados centígrados. / 86 grados Fahrenheit. 5. No, no está nublado (en Guadalajara). 6. Hace muy mal tiempo. 7. 15 grados centígrados / 59 grados Fahrenheit. 8. Sí, hace viento (en Buenos Aires). **Práctica 2:** 1. C 2. B 3. C **Práctica 3:** 1. trabaja tres o cuatro días por semana y tiene clases todos los días. Trabaja y estudia mucho 2. está enferma y cansada 3. hace buen tiempo   4. jugar al vólibol, nadar / salir a escuchar música y bailar   5. trabajar o estudiar   **Práctica 4, PASO 1:**   1. Paulina   2. Es de Cancún, México.   3. Estudia en la Universidad Nacional Autónoma de México.   4. Desea poder vivir exclusivamente de su arte.   5. Trabaja en un estudio de escenografía. **PASO 2:**   1. Artesanía Blog en español   2. Contacto   3. cinco   4. Publica tu testimonio

Un mundo sin límites   Práctica 1:   1. A   2. E   3. F   4. A   5. A   6. F   7. F   8. A   **Práctica 2:**   1. le gusta comer   2. bicicleta   3. está contento   4. Hace calor   5. julio   6. van a nadar   7. juega al fútbol

CAPÍTULO 3

Tema I

Vocabulario en acción   Práctica 1:   1. lavar los platos, quitar la mesa, sacar la basura, trapear
2. arreglar el cuarto, hacer la cama, pasar la aspiradora, planchar la ropa   **Práctica 2:**   1. e   2. c
3. a   4. d   5. b

   Gramática 3.2   Práctica 1:   1. tengo suerte   2. tiene prisa   3. tenemos calor   4. tienen éxito
5. tienes miedo   **Práctica 2:**   1. tengo   2. tenemos   3. viene   4. quiero   5. prefiere   6. vienen
7. quieren   8. prefiero   9. tengo   10. Prefiero   **Práctica 4. Nota comunicativa:**   1. tiene que pasar la aspiradora / barrer el piso / trapear   2. tengo que sacar la basura   3. tenemos que lavar los platos
4. tienes que planchar la ropa   5. tienen que secar las toallas   6. tiene que lavar la ropa

   Síntesis y repaso   Práctica 1:   1. C   2. F   3. C   4. F   5. C   **Práctica 2:**   1. José   2. Ángela
3. Manuel   4. Lola   **Práctica 3:**   1. Robert necesita cortar el césped.   2. Está lloviendo.   3. Prefiere trabajar en la casa.   4. Va a lavar, secar y planchar la ropa.   5. Va a pasar la aspiradora y trapear.
Práctica 4, PASO 1:   1. en las casas, en empresas pequeñas   2. México   3. «Adelante, mujeres»   4. a sus familias   5. cortar el césped   6. productos orgánicos, productos naturales

Tema II

Vocabulario en acción   Práctica 1:   1. b   2. a   3. a   4. a   **Práctica 2:**   1. jugar a las cartas
2. levantar pesas   3. hacer yoga   4. jugar a los videojuegos   5. ir al cine   6. jugar al billar
7. asistir a la iglesia

   Gramática 3.3   Práctica 1:   1. a. pensar   b. perder   c. cerrar   d. empezar   e. entender   2. a. jugar
b. almorzar   c. dormir   d. volver   e. poder   3. a. repetir   b. pedir   c. servir   d. seguir   **Práctica 2:**
1. piensas   2. quiero   3. Cierro   4. entiendo   5. empieza   6. puedo   7. pierden   8. juega   9. Pienso
10. Tienes   11. almorzamos   12. Podemos   **Práctica 3, PASO 1:**   1. Almuerza a las 12:15.   2. Puede llamar a su novia.   3. Vuelve a clase a las 2:30.   4. Juega al rugby.   5. Duerme a las 11:30.   **Práctica 4:**
1. Sirven   2. podemos   3. puedes   4. consigues   5. pides   6. quiero   7. Pienso   8. entiendo

   Gramática 3.4   Práctica 1:   1. c   2. f   3. e   4. b   5. d   6. a   **Práctica 2:**   1. a   2. b   3. b
4. b   5. a   6. b   **Práctica 3:**   1. pone   2. sale   3. hago   4. ven   5. hace   6. trae   7. salen
8. hacen   9. oímos   10. oyes

   Síntesis y repaso   Práctica 1:   1. b   2. a   3. c   4. a   5. d   **Práctica 2:**   1. 10, D   2. 6, O   3. 5, D   4. 9, D   5. 2, O   6. 12, D   7. 1, O   8. 8, O   9. 3, D   10. 11, D   11. 7, O   12. 4, D   **Práctica 3, PASO 1:**   1. tomar café   2. doblar la ropa   3. asistir a la iglesia   4. hacer yoga   5. mirar la televisión   **PASO 2.** *Possible answers:*   1. María debe practicar yoga.   2. Alisa debe tomar café con sus amigas.   3. Susana debe asistir a la iglesia.   **Práctica 4, PASO 1:**   1. b   2. c   3. c   4. b

   Un mundo sin límites   Práctica 1:   1. F   2. C   3. C   4. F   5. C   6. C   **Práctica 2:**   1. hace la cama   2. secar   3. una lavadora   4. prefiere   5. tienen que   6. se lo pasan bien

CAPÍTULO 4

Tema I

Vocabulario en acción Práctica 1: 1. madre; cuarenta 2. abuelo; setenta y seis 3. hermana; diecisiete 4. padre; cuarenta y tres 5. hermano; tres **Práctica 2:** 1. padre 2. madre 3. abuela 4. hija 5. medio hermano 6. hermanastro 7. hermano 8. abuelo 9. nieto 10. madrastra 11. esposa 12. medio hermana **Práctica 3:** 1. C 2. F: El padre de Santiago es trabajador. 3. C 4. C 5. F: La abuela de Mateo es delgada. 6. C **Práctica 4, PASO 1:** 1. tienen 80 años 2. tiene 54 años 3. tiene 52 años 4. tiene 11 años 5. tiene 12 años 6. tiene 45 años 7. tiene 50 años **PASO 2:** 1. activos y guapos 2. atlética 3. rubia y alta 4. cariñosa y traviesa 5. responsable 6. inteligente y sofisticada

Gramática 4.1 Práctica 1: 1. e 2. g 3. a 4. d 5. h 6. b 7. c 8. f 9. i **Práctica 3:** 1. es aburrido, están aburridos 2. son ricos, está rico 3. es listo, está lista

Gramática 4.2 Práctica 1: 1. e 2. a 3. d 4. f 5. a 6. b 7. c 8. b 9. a 10. c 11. a 12. d **Práctica 2:** 1. sé 2. conocemos 3. sabes 4. saben/sabéis 5. conocen 6. sabe 7. conozco 8. conoces 9. Sabes 10. conocen/conocéis **Práctica 4. PASO 1:** 1. profesor: sí 2. deportes: no 3. casa: no 4. amigo: sí **PASO 2.** 1. a 2. x 3. x 4. a

Síntesis y repaso Práctica 1: 1. a 2. c 3. b 4. c 5. c 6. a 7. c 8. a **Práctica 2** *Possible answers:* 1. Mateo; hermano 2. Andrea; hija, madre de Sandra y Eduardo 3. Eduardo; hijo de Andrea, nieto de María, hermano de Sandra 4. María, abuela de Eduardo y Sandra, madre de Andrea, hermana de Mateo 5. Sandra; hermana de Eduardo, hija de Andrea, nieta de María **Práctica 3:** 1. g 2. e 3. f 4. a 5. b 6. c 7. d 8. h. **Práctica 4, PASO 1:** 1. C 2. C 3. F 4. F 5. C **PASO 2:** 1. Madrid 1974 2. bonita, delgada, morena, no muy alta 3. *Todo sobre mi madre* y *Volver* 4. *Vicky Cristina Barcelona* 5. cuatro años de interpretación y doce años de danza

Pronunciación Práctica 4: 1. aquí 2. delgado 3. matrícula 4. estadística 5. chimpancé 6. simpático 7. alemanes 8. actitud **Práctica 5:** 1. árabe 2. dominó 3. francés 4. japonés 5. matemáticas 6. así 7. está 8. fútbol 9. jardín 10. miércoles 11. café 12. física 13. informática 14. lápiz 15. música

Tema II

Vocabulario en acción Práctica 1: 1. suegra 2. cuñada 3. sobrinos 4. primo 5. yerno 6. tía **Práctica 2: PASO 1.** 1. la soltera 2. el divorcio 3. el matrimonio 4. mi nuera 5. la boda 6. el viudo

Gramática 4.3 Práctica 1: 1. g 2. e 3. a 4. d 5. h 6. i 7. b 8. c 9. f **Práctica 3:** 1. Por 2. por 3. por 4. por 5. para 6. para 7. por 8. Por 9. para 10. por 11. por 12. por 13. por 14. Por 15. por 16. Para 17. por 18. para 19. para 20. por

Gramática 4.4 Práctica 1: 1. estos 2. esos 3. aquellos 4. este 5. ese 6. aquel 7. aquella 8. esa 9. esta 10. aquellas 11. esas 12. estas **Práctica 3:** 1. Este, Ese 2. Este, Ese 3. Esta, Esa 4. Esta, Esa 5. Estas, Esas 6. Estos, Esos

Síntesis y repaso Práctica 1: 1. b 2. b 3. b 4. a 5. a 6. c 7. b **Práctica 2:** 1. soltera 2. nuera 3. viudo 4. ahijada 5. tíos 6. cuñada 7. sobrino **Práctica 3:** 1. c 2. a 3. a 4. b 5. b 6. c **Práctica 4: PASO 1.** 1. F 2. C 3. F 4. C 5. C **PASO 2.** 1. 2005 2. 4.500 3. al divorcio, a la adopción de hijos, a recibir pensiones 4. 66 por ciento 5. el 76,8 por ciento de los jóvenes, la mayoría de los españoles

Un mundo sin límites Práctica 1: 1. C 2. F 3. F 4. C 5. C 6. F 7. C **Práctica 2:** 1. yerno 2. la hermana 3. tíos 4. abuela 5. la familia 6. el matrimonio

CAPÍTULO 5

Tema I

Vocabulario en acción Práctica 1: 1. la casa 2. el jardín 3. el balcón 4. la ventana 5. el edificio de apartamentos 6. la planta baja 7. el primer piso 8. el segundo piso 9. la calle **Práctica 2:** 1. a 2. a 3. a 4. b 5. a 6. b

Gramática 5.1 Práctica 1, PASO 1: 1. inglés, lo 2. los libros, los 3. un estudio pequeño, lo 4. español, lo 5. las lecciones, las 6. dos botellas de agua, las 7. la televisión, la 8. un lavabo, lo 9. las rosas, las 10. una estantería, la 11. al billar, lo 12. la música que me gusta, la **PASO 2:** 1. Lo estudio. 2. Los traemos a clase todos los días. 3. Lo tengo. 4. El profesor lo enseña. 5. Las leemos cada día. 6. Mi compañero las bebe todos los días. 7. La miras mucho. 8. Lo tenemos en nuestro cuarto. 9. Las ponen en la mesa. 10. A la derecha de mi mesita de noche, la tengo. 11. En mi casa lo jugamos. 12. La escucho en casa. **Práctica 2, PASO 1:** 1. a Anita, la 2. a Damián, lo 3. a la muchacha guapísima, la 4. a mí, me 5. a ti, te 6. a ti, te 7. a tu hermanito, lo 8. a los abuelos, los 9. a nosotras, nos 10. a Uds., los **PASO 2:** 1. la 2. lo 3. la 4. te 5. me 6. me 7. lo 8. los 9. las 10. nos **Práctica 3:** 1. Los voy a hacer. / Voy a hacerlos. 2. No los puedo invitar. / No puedo invitarlos. 3. La voy a llamar. / Voy a llamarla. 4. ¿La quieres pedir? / ¿Quieres pedirla? 5. ¿La debemos beber? / ¿Debemos beberla? 6. ¿Me puedes ayudar? / ¿Puedes ayudarme? **Práctica 4:** 1. Sí, lo estoy barriendo. / Sí, estoy barriéndolo. 2. Sí, lo estoy arreglando. / Sí, estoy arreglándolo. 3. Sí, la estoy haciendo. / Sí, estoy haciéndola. 4. Sí, la estoy pidiendo. / Sí, estoy pidiéndola. 5. Sí, las estoy limpiando. / Sí, estoy limpiándolas. 6. Sí, te estoy escuchando. / Sí, estoy escuchándote.

Gramática 5.2 Práctica 1: 1. e 2. b 3. a 4. d 5. c **Práctica 3:** 1. bañarme 2. despertarme 3. relajarme 4. maquillarme 5. vestirme 6. ducharme 7. Me, divertir 8. Me, lavar 9. Me, afeitando 10. Me, vistiendo 11. secándome 12. divirtiéndome **Práctica 4:** 1. se despierta 2. se baña / se ducha 3. se seca 4. se viste 5. se lava los dientes 6. se maquilla 7. se divierte 8. se acuesta **Práctica 5:** 1. nos afeitamos, nos bañamos, nos duchamos, nos lavamos, nos maquillamos 2. nos despertamos, nos vestimos, estudiamos, hacemos la cama, pasamos la aspiradora 3. cocinamos, desayunamos, almorzamos, cenamos, trapeamos el piso

Síntesis y repaso Práctica 1: 1. b 2. c 3. a 4. b 5. c **Práctica 2:** 1. las afueras de Madrid, un barrio muy bonito 2. se levanta, hace ejercicio 3. una hora 4. los vecinos son simpáticos 5. ascensor 6. se relaja, se divierte **Práctica 3:** 1. Vive en las afueras de Segovia. 2. Es alto, delgado y extrovertido. 3. Porque su vecino y los amigos escuchan música. 4. Le gusta cocinar. 5. Lo visita los fines de semana. **Práctica 4, PASO 1:** 1. F: Mi casa ideal está en Marbella, España. 2. C 3. F: Mi casa ideal tiene un jardín con muchas flores. 4. C 5. C

Pronunciación Práctica 5: 1. Mamá vive detrás de la tienda. 2. Voy a devolver este vestido. 3. Mis abuelos están divorciados. 4. Veo todo el barrio desde el balcón. 5. La ventana del baño está abierta. 6. El vecino viene de visita. 7. Se ducha dos veces al día. 8. Se despierta después de mediodía.

Tema II

Vocabulario en acción Práctica 1: 1. una mesita, un sillón, una chimenea 2. una cafetera, un refrigerador, un horno 3. un cuadro, una alfombra, una cómoda 4. un inodoro 5. una mesa, unas sillas **Práctica 2:** 1. entre 2. dentro de 3. debajo de 4. a la izquierda de 5. enfrente de 6. encima de 7. a la derecha de 8. al lado de 9. delante de

Gramática 5.3 Práctica 1: 1. más rica que 2. más dormitorios que 3. más grande que 4. ayudan menos que 5. cocinan mejor que 6. más horas que 7. menos inteligentes que 8. más horas que **Práctica 2, PASO 2:** 1. corre tanto como 2. estudia tanto como 3. come tanto como 4. tiene tanto dinero como 5. tienes tantos gatos como 6. tiene tantas casas como 7. tengo tanta suerte como **Práctica 4:** 1. más que 2. tanto como 3. más ascensores que 4. peor 5. tantas, como 6. peores

Síntesis y repaso Práctica 1: 1. sofá: Hay un sofá. Es grande. 2. lámpara: Hay dos lámparas. Son altas pero una lámpara es más alta que la otra. 3. televisión: Hay una televisión. Es pequeña pero funciona bien. 4. estanterías: Hay cuatro estanterías. Son antiguas. **Práctica 2:** 1. La casa de Sara 2. La casa de Sara 3. La casa de Sara 4. La casa de Sara 5. La casa de Sean 6. La casa

de Sean **Práctica 3:** 1. F: No hay una estantería. 2. F: No hay una mesita de noche. 3. C
4. F: La cómoda cuesta más que el sillón. 5. C 6. F: No hay un tocador. 7. F: El sillón cuesta más que
el microondas. 8. C **Práctica 4, PASO 1:** 1. piso 2. ambos 3. casa adosada 4. piso
5. piso 6. casa adosada **PASO 2:** 1. F, La casa adosada cuesta menos que el piso. 2. C
3. F, El piso es más chico que la casa adosada. 4. C 5. C

    Un mundo sin límites **Práctica 1:** 1. C 2. F 3. C 4. F 5. C 6. C **Práctica 2:** 1. el hogar
2. piso 3. la cocina 4. salón 5. chimenea 6. una terraza

CAPÍTULO 6

Tema I

Vocabulario en acción **Práctica 1:** 1. el bistec, el pavo, el pollo, el tocino 2. las espinacas, la piña,
las uvas, la zanahoria 3. el atún, los camarones, la langosta 4. la leche, el queso, el yogur 5. el
arroz, el pan 6. el azúcar, la sal 7. el agua, el champaña, la leche **Práctica 2:** 1. el pavo 2. el
arroz 3. la lechuga 4. el mango 5. el aceite

    Gramática 6.1 **Práctica 1:** 1. le 2. les 3. les 4. me 5. nos 6. le 7. les 8. te **Práctica 3:**
1. vamos a mostrarte (te vamos a mostrar) nuestros buenos modales 2. vamos a darte (te vamos a
dar) nuestros juguetes antes de comer 3. vamos a decirle (le vamos a decir) «Gracias» a la camarera
4. vamos a pasarles (les vamos a pasar) la comida a las otras personas en la mesa 5. vamos a
decirte (te vamos a decir) cuándo necesitamos ir al baño

    Gramática 6.2 **Práctica 1, PASO 1:** 1. ensalada, la mujer de pelo largo; la, le 2. unas servilletas, ti;
las, te 3. el aceite de oliva, los ricos; lo, les 4. las gracias, los jóvenes; las, les 5. el azúcar, el hombre
que bebe café; lo, le **PASO 2:** 1. Se la doy. 2. Te las traigo. 3. Se lo pongo. 4. Se las doy. 5. Se
lo necesito dar. / Necesito dárselo. **Práctica 2:** 1. Les 2. Se las 3. Les 4. Se la 5. Les 6. Se la
7. Les 8. Se los 9. Le 10. Se las 11. Les 12. Se los 13. Le 14. Se las **Práctica 4:** 1. Sí, se lo
puedo ofrecer / Sí, puedo ofrecérselo. 2. Sí, se lo puedo cocinar. / Sí, puedo cocinárselo. 3. Sí, se las
cocino. / Sí, nos las cocino. 4. Sí, se lo preparo. 5. Sí, se lo llevo. 6. Sí, se los puedo preparar. / Sí,
puedo preparárselos. / Sí, te los puedo preparar. / Sí, puedo preparártelos. 7. Sí, se la puedo llevar. / Sí,
puedo llevársela.

    Síntesis y repaso **Práctica 1:** 1. la tienda de comestibles 2. la carnicería 3. la frutería 4. el
supermercado, el puesto callejero 5. la pescadería **Práctica 2, PASO 1:** el aceite de oliva, la cebolla,
las espinacas, los huevos, el jamón, la leche, la pimienta, el queso, la sal, el tocino **PASO 2:** 3, 4, 1, 2, 5
Práctica 3: 1. Les va a comprar jamón. 2. Va a comprar pescado para sus primos. 3. Va a ir a la
tienda de comestibles para comprar verduras porque ahí tienen muy frescas. 4. Va a comprar papas,
tomates y pepinos. 5. Va a comprar dos sandías. **Práctica 4, PASO 1:** 1. las familias hispanas
2. casi 20 mil personas 3. el 70 por ciento 4. Los Ángeles, Nueva York, Miami, Chicago y
Houston 5. Univisión 6. $10.000 en efectivo más un viaje

    Pronunciación **Práctica 3:** 1. caro 2. carro 3. moreno 4. barrer 5. abril 6. rubia
7. rosado 8. triste

Tema II

Vocabulario en acción **Práctica 1:** 1. almuerzo 2. desayuno 3. cena 4. desayuno 5. cena
Práctica 2: 1. C 2. F 3. C 4. C 5. C 6. C 7. F 8. F

    Gramática 6.3 **Práctica 1:** 1. a 2. b 3. c 4. a 5. c 6. c 7. b 8. b 9. c 10. b
Práctica 2: 1. pasaron 2. llegué 3. busqué 4. encontré 5. me senté 6. llegó 7. llamé 8. oyó
9. se sentó 10. habló 11. contó 12. dejó 13. vio 14. me levanté 15. llegaron 16. nos
sentamos 17. pasamos **Práctica 3:** 1. caro 2. carro 3. moreno 4. barrer 5. abril 6. rubia
7. rosado 8. triste

    Síntesis y repaso **Práctica 1:** 1. F 2. F 3. C 4. C 5. F **Práctica 2:** 1. Jorge 2. Esteban
3. Esteban 4. Amanda 5. Jorge 6. Amanda **Práctica 3:** 1. en un restaurante cubano 2. ropa
vieja 3. el platillo moros y cristianos 4. toda la familia 5. relajante **Práctica 4, PASO 1:** 1. C
2. F 3. F 4. F 5. F 6. C

    Un mundo sin límites **Práctica 1:** 1. b 2. c 3. a 4. b 5. c **Práctica 2:** 1. pescado
2. siete carnes 3. agua 4. unos postres 5. en efectivo 6. les encantó

CAPÍTULO 7

Tema I

Vocabulario en acción   Práctica 1:   1. b   2. e   3. i   4. j   5. d   6. a   7. f   8. g   9. c   10. h
Práctica 2:   1. material   2. diseño   3. talla   4. diseño   5. diseño   6. material   7. diseño
8. diseño   9. talla   10. material   11. talla   12. material
   Gramática 7.1   Práctica 2:   1. fui   2. Dimos   3. fuimos   4. buscamos   5. compramos
6. encontramos   7. Estuvimos   8. compré   9. Tuve   10. tuvimos   11. se puso   12. pudo
Práctica 4:   1. tuve   2. quiso   3. quise   4. pudo   5. pudo   6. conocí   **Práctica 5:**   1. fue
2. enseñó   3. se quedó   4. vendió   5. pudo   6. contribuyó   7. hizo   8. hizo   9. fue
10. pagaron   11. ganó   12. compró   13. hizo   14. vino   15. fue
   Síntesis y repaso   Práctica 1:   un traje de baño verde, pantalones de última moda de color gris,
zapatos de tenis, una blusa negra de seda   **Práctica 2:**   1. ropa de última moda para hombres,
mujeres y niños   2. la ropa para hombres   3. de lana   4. las corbatas   5. ciento cincuenta dólares /
$150   **Práctica 3:**   1. F   2. F   3. F   4. C   5. C   **Práctica 4, PASO 1:**   1. Santo Domingo   2. Madrid
3. la República Dominicana, España, Francia   4. para trabajar en la casa Elizabeth Arden   5. en 1967
6. el uniforme oficial de los Boy Scouts
   Pronunciación   Práctica 3:   1. El traje está dentro del tocador.   2. No tienen mi talla.   3. Tienes
que ponerte el suéter.   4. No tengo ni una prenda de ropa limpia.   5. ¿Trajiste pantalones cortos?
6. Tienen perlas en este puesto.

Tema II

Vocabulario en acción   Práctica 1:   1. madera   2. diamante   3. arcilla   4. oro y plata   5. cuero
Práctica 2:   1. a   2. b   3. a   4. c   5. c
   Gramática 7.3   Práctica 3:   1. Se me olvidó   2. Se me cayó   3. Se me acabó   4. se me
rompieron   **Práctica 4:**   1. Se me cayeron los libros.   2. Se te olvidó el libro.   3. Se le rompió el
espejo.   4. Se nos acabó la leche.   5. Se le/les acabó la gasolina.   6. Se les cayó la escultura.
   Síntesis y repaso   Práctica 1:   1. C   2. F   3. C   4. F   5. C   **Práctica 2:**   la floristería: unas
flores; la zapatería: unas botas; la joyería: un brazalete, un collar; la librería: unas novelas; la frutería: las
fresas, las uvas   **Práctica 3:**   1. una falda   2. una escultura   3. unos guantes   4. un collar
5. una cartera   **Práctica 4, PASO 1:**   1. 1550–1730   2. Gran Bretaña, Francia, España, Portugal, los
Países Bajos   3. los españoles   4. oro, plata, esmeraldas, maderas exóticas, azúcar, especias, tabaco,
sal   5. la Española
   Un mundo sin límites   Práctica 1:   1. C   2. C   3. F   4. C   5. F   6. C   **Práctica 2:**   1. diseño
local   2. faldas   3. zapatos de tacón alto   4. pantalones cortos   5. trajes de baño   6. en madera

CAPÍTULO 8

Tema I

Vocabulario en acción   Práctica 1:   1. metro   2. avión   3. barco   4. parada   5. carnet   6. acera
Práctica 2:   1. g   2. d   3. a   4. b   5. f   6. i   7. h   8. j   9. e   10. c
   Gramática 8.1   Práctica 1:   1. Cruza   2. Dobla   3. Sigue   4. dobles   5. pares   6. cruces
7. sigas   8. Para   **Práctica 2:**   1. Pon, pongas   2. Sal, salgas   3. Haz, hagas   4. Ve, vayas
5. Ven, vengas   6. Ten, tengas   7. Diles, les digas   8. Sé, seas   **Práctica 4:**   1. Házmela.
2. Pónmela.   3. Búscaselas.   4. Pídenosla.   5. No la pongas en la mesa.   6. No me hables ahora.
7. Dísela.   8. Escríbeselo.   9. No me mires.   10. Ábresela.
   Gramática 8.2   Práctica 1:   1. mucho   2. rápidamente, ahora   3. bien   4. Nunca   5. Mañana
6. un poco   7. bien   8. muy   **Práctica 2:**   1. rápidamente   2. lentamente   3. cómodamente
4. Tristemente   5. inmediatamente   6. cuidadosamente   7. Solamente   8. Felizmente
   Síntesis y repaso   Práctica 1:   la fuente   **Práctica 2:**   1. Ve, bar   2. Visita, centro de salud /
hospital   3. Corre, parque   4. Mira, mapa / plano   5. Sal, cine   **Práctica 3:**   1. c   2. a   3. b   4. b   5. b
Práctica 4, PASO 1:   1. C   2. F   3. F   4. C   5. C   **PASO 2:**   conventos, una catedral, iglesias, un
palacio, una universidad, museos, parques, plazas, jardines, fuentes, mercados de artesanías, restaurantes,
bares, cafés, centros de idioma

Pronunciación Práctica 2: 1. generoso 2. junio 3. refrigerador 4. viejo 5. gimnasio
Práctica 4: 1. los gatos gordos 2. me gusta el ajo 3. geografía y geometría 4. la hija juega en junio 5. unos guantes grandes 6. lechuga y guisantes

Tema II

Vocabulario en acción Práctica 1: 1. e 2. g 3. h 4. a 5. f 6. c 7. b 8. d **Práctica 2:** 1. el camino 2. la huerta 3. los caballos 4. el cerdo 5. el agricultor 6. el gallo 7. la gallina 8. el árbol 9. el ganado / las vacas 10. el perro

    Gramática 8.3 Práctica 1: 1. ciudad 2. ciudad, campo 3. ciudad 4. campo 5. ciudad 6. campo 7. ciudad 8. campo **Práctica 2:** 1. pasaba 2. eran 3. vivían 4. era 5. había 6. despertaba 7. Tenía 8. corrían 9. iba 10. íbamos 11. volvíamos 12. tenía 13. ayudaba 14. cultivaba 15. gustaba **Práctica 3:** 1. manejaba, abría 2. montaban, llamaban 3. daba, preparaba 4. cantaba, nos levantábamos **Práctica 4:** 1. Hacía 2. Eran 3. brillaba 4. estaba 5. parecía 6. salía 7. estaba 8. miraba 9. veía 10. oía 13. se extendía 14. susurraba 15. sabía 16. iba

    Síntesis y repaso Práctica 1: 1. a 2. a 3. c 4. b 5. b **Práctica 2:** 1. C 2. F: Hay dos penínsulas en la costa del océano Pacífico. 3. F: Hay muchos ríos en el país. 4. F: Hay varios volcanes activos. 5. C 6. C **Práctica 3:** 1. transporte, comida, hotel, caminatas 2. caminatas, exploración, excursiones en barco 3. la Ciudad de Panamá, el Canal de Panamá, la selva de Panamá **Práctica 4, PASO 1:** *Possible answers.* 1. Fue fenomenal. 2. Eran dueños de una cadena de hoteles. 3. Costa Rica, por sus playas espectaculares 4. a los monos y osos 5. peces y arañas 6. por sus quemaduras del sol

    Un mundo sin límites Práctica 1: 1. Sí 2. Sí 3. Sí 4. No 5. No 6. Sí **Práctica 2:** 1. el centro 2. banco 3. una plaza 4. el museo 5. los puentes 6. iglesias

CAPÍTULO 9

Tema I

Vocabulario en acción Práctica 1: 1. bien 2. bien 3. mal 4. mal 5. bien 6. mal 7. bien 8. mal 9. bien 10. mal 11. mal 12. bien **Práctica 2:** 1. c 2. a 3. e 4. b 5. d

    Gramática 9.1 Práctica 1: 1. d 2. e 3. c 4. a 5. b 6. j 7. i 8. g 9. f 10. h **Práctica 2, PASO 1:** 1. por 2. por 3. para 4. por 5. por 6. para 7. para 8. para 9. para **PASO 2:** 1. d 2. c 3. b 4. a 5. a 6. f 7. b 8. e 9. b **Práctica 3:** 1. para 2. por 3. por 4. para 5. para 6. por 7. por 8. por 9. por 10. por 11. por 12. por 13. por 14. para 15. por 16. para 17. para 18. por

    Gramática 9.2 Práctica 1: 1. f 2. d 3. e 4. h 5. i 6. j 7. g 8. b 9. a 10. c **Práctica 2:** 1. No 2. Siempre 3. ningún 4. ni 5. ni 6. Tampoco 7. nadie 8. nunca 9. algún 10. alguien **Práctica 3:** 1. algo 2. no 3. Nadie 4. Siempre 5. alguien 6. ni 7. tampoco 8. nada

    Síntesis y repaso Práctica 1, *Possible answers:* 1. Se conocieron en la escuela secundaria. 2. Cuando eran jóvenes nunca se peleaban. 3. Pensaba que era inteligente y guapo. 4. Se enamoraron en su primera cita. 4. Fueron novios por tres años. 5. No, discuten algunas veces. **Práctica 2:** 1. e 2. c 3. b 4. d 5. a **Práctica 3:** 1. A 2. A 3. M 4. M 5. A 6. L **Práctica 4, PASO 1:** 1. C 2. F 3. F 4. C 5. C **PASO 2:** 1. c 2. a 3. a 4. b

    Pronunciación Práctica 4: 1. el compromiso de Carlos 2. el cariño de Cecilia 3. quererse poco 4. por si acaso 5. el divorcio de Paco 6. la infancia

Tema II

Vocabulario en acción Práctica 1: 1. papel 2. televisión / computadora 3. televisión / computadora 4. computadora 5. bicicleta 6. papel **Práctica 2:** 1. e 2. b 3. f 4. a 5. c 6. d

    Gramática 9.3 Práctica 1: 1. P 2. P 3. I 4. P 5. P 6. P 7. P 8. I 9. P 10. P **Práctica 2:** 1. I 2. P 3. P 4. P 5. I 6. I 7. I 8. I 9. I 10. I 11. I 12. I 13. I 14. P 15. P 16. I 17. P 18. P **Práctica 3:** 1. nació 2. Era 3. Tenía 4. montaba 5. se llamaba 6. era 7. gustaba 8. mataba 9. temían 10. era 11. seguía 12. atrapó 13. había 14. protegían 15. seguía 16. se transformaba 17. se colgó 18. se convirtió 19. llegaron 20. veían 21. vieron 22. se llevaron 23. volvió 24. estaba

Síntesis y repaso   Práctica 1:   1. F; En su infancia, vivía en el campo.   2. C   3. F; Iba al cine con sus amigos.   4. C   5. F; En el futuro, quiere hacer actividades tranquilas como leer y la fotografía.
Práctica 2:   1. c; ayer   2. d; los fines de semana   3. a; una vez   4. f; los veranos   5. e; todos los domingos   6. b; todos los lunes   **Práctica 3:**   *Possible answers:*   1. Estuvo cinco años en la universidad.   2. Vivieron en un edifcio de apartamentos en el centro.   3. Hacían fiestas e iban a una discoteca.   4. Patinó en línea.   5. Hicieron alpinismo.   **Práctica 4, PASO 1:**   1. c   2. c   3. a   4. c   5. b

Un mundo sin límites   Práctica 1:   1. F   2 C   3. C   4. F   5. C   6. C   7. F   **Práctica 2:**   1. jugaba con muñecas   2. adolescencia   3. noviazgo   4. se llevaban bien   5. enamorados   6. unida

CAPÍTULO 10

Tema I

Vocabulario en acción   Práctica 1:   a. 7   b. 4   c. 1   d. 8   e. 6   f. 2, 3   g. 9   h. 10   i. 5   j. 3, 2   **Práctica 2:**   1. crucero   2. pasaporte   3. maletas   4. tarjeta de embarque   5. clase económica
Gramática 10.1   Práctica 3:   1. me he preparado   2. has bajado   3. ha llamado   4. hemos comprado   5. han pedido   6. ha viajado   7. han llegado   8. han sido   9. nos hemos sentado   10. has salido
Gramática 10.2   Práctica 1:   1. e   2. d   3. c   4. f   5. a   6. b
Síntesis y repaso   Práctica 1:   1. ha llegado a su destino   2. ha hecho las maletas   3. ha bajado del avión   4. ha tomado el tren del aeropuerto   5. ha subido al avión   **Práctica 2:**   *Possible answers:*   1. Llegó hace cuatro días.   2. Ha viajado a Machu Picchu dos veces.   3. Tiene un poco de dinero extra.   4. Es popular porque es bello y misterioso.   5. Va a salir el sábado.   **Práctica 3:**   1. C   2. F   3. C   4. C   5. F
Práctica 4, PASO 1, *Possible answers:*   1. La geografía en Bolivia es muy diversa, como el Altiplano, la cordillera de los Andes, la Amazonía.   2. Es un país multiétnico y pluricultural, rico en la mezcla de tradiciones recibidas de los pueblos indígenas y los conquistadores españoles.   3. Pueden presentar el carnet de identidad o el pasaporte. Los turistas de otras nacionalidades deben presentar el pasaporte y los boletos de ida y vuelta o el itinerario de viaje.   4. Un máximo de 90 días, pero las autoridades de inmigración pueden reducir la estadía a 30 días.   5. El autobús es muy económico, las líneas de autobuses recorren todo Bolivia y casi todas las rutas principales están en buenas condiciones.   6. El tren tiene aire acondicionado y calefacción, y comida incluida.
Pronunciación   Práctica 3   1. c   2. s   3. c   4. z   5. z   6. z   7. s   8. c   9. s   10. z

Tema II

Vocabulario en acción   Práctica 1:   1. la recepción   2. el ascensor   3. el recepcionista   4. el botones   5. la maleta   6. el huésped   7. la mochila   8. la huéspeda   **Práctica 2:**   1. c   2. b   3. a   4. b   5. b   6. c   7. a   8. b
Gramática 10.3   Práctica 1:   1. Esperen   2. No se preocupe   3. sea   4. Hable   5. Pónganse   6. pidan   **Práctica 2:**   1. Llegue   2. No facture   3. Muestre   4. Haga   5. Traiga   6. Escriba
Práctica 3:   1. e   2. f   3. b   4. d   5. a   6. c   **Práctica 4:**   *Details will vary.*   1. lleven   2. tomen   3. saquen   4. escriban   5. hablen   6. coman   7. vayan   8. hagan   **Práctica 5:**   1. Háganla.   2. Pruébenlas.   3. No lo lleven.   4. Búsquenlas.   5. No los compren.   6. Léanlas.   7. Cómprenlos.   8. No la dejen.
Síntesis y repaso   Práctica 1:   1. Patagonia   2. España   3. El Caribe   **Práctica 2:**   1. e   2. c   3. d   4. f   5. a   6. b   **Práctica 3:**   1. Pase; un hotel en la playa   2. Vaya; reclamo de equipaje   3. Visite; la reserva biológica   4. Haga; excursiones   5. Hospédese; un hotel de lujo
Práctica 4, PASO 1, *Possible answers:*   1. Hay que viajar en avión y en lancha.   2. sí, porque hay WiFi   3. en el restaurante   4. pesca, viajes en canoa y kayaks, excursiones para la observación de fauna y flora   5. una vacuna contra la fiebre amarilla
Un mundo sin límites   Práctica 1:   1. T   2. J   3. A   4. T   5. A   6. T   **Práctica 2:**   1. una agencia de viajes   2. el aeropuerto   3. las maletas   4. los boletos   5. el turismo   6. dar caminatas

CAPÍTULO 11

Tema I

Vocabulario en acción Práctica 1: 1. g 2. c 3. e 4. b 5. d 6. a 7. f **Práctica 2:** 1. b
2. d 3. h 4. e 5. a

   Gramática 11.1 Práctica 1: 1, 3, 4, 7, 8 **Práctica 2:** 1. hagamos 2. traigas 3. lleve 4. venga
5. preparen 6. busque 7. suba 8. nos divirtamos **Práctica 3:** 1. den 2. sepan 3. haya
4. sean 5. vayamos 6. estén 7. cuide 8. respete **Práctica 5:** 1. la veas 2. las comas 3. lo
recorras 4. los abras 5. los invites 6. la hagas 7. los compres 8. lo tomes/la tomes

   Gramática 11.2 Práctica 1: 1. d 2. b 3. h 4. c 5. e 6. f 7. g 8. a **Práctica 2:** 1. trabaje
2. aprendas 3. lave 4. estén 5. lleves 6. recojas 7. tome 8. sugieras 9. deje

   Síntesis y repaso Práctica 1: 1. el cumpleaños 2. el Día de la Independencia 3. la Navidad
4. las vacaciones 5. el Año Nuevo **Práctica 2:** 1. C 2. F 3. C 4. F 5. C **Práctica 3:** 1. F 2. F
3. C 4. C 5. F **Práctica 4, PASO 1:** 1. el salón y la iglesia 2. dos meses antes 3. una Biblia
especial y una limosina 4. al padre o al compañero de honor 5. comidas con exceso de grasas y
chocolates 6. mandar tarjetas de agradecimiento

   Pronunciación Práctica 3: 1. pequeño 2. champaña 3. charlo con mis compañeros 4. la
muchacha cariñosa 5. champiñones 6. escuchar

Tema II

Vocabulario en acción Práctica 1: 1. escribe libros 2. pinta cuadros o murales 3. saca fotos
4. escribe óperas 5. esculpe estatuas 6. dirige orquestas **Práctica 2:** 1. b 2. e 3. d 4. a
5. f 6. c

   Gramática 11.3 Práctica 2: 1. vayamos 2. reconozca 3. hagamos 4. haya 5. tengamos
6. guste 7. digas 8. preparemos 9. tengan 10. seas 11. se diviertan **Práctica 4:** 1. tengamos
2. vamos 3. visitemos 4. nos alojemos 5. tengamos 6. vamos 7. cuesten 8. salimos
9. lleguemos 10. pensamos 11. puedo

   Síntesis y repaso Práctica 1: 1. C 2. F 3. F 4. C 5. F **Práctica 2:** 1. haya, F: Se alegra
de que Simón la haya invitado. Es el lugar ideal para pasar sus vacaciones de primavera 2. sea, C
3. guste, F: Se alegra de que Karla haya venido y le guste Guayaquil 4. esté, C 5. esté, pueda, C
Práctica 4, PASO 1: 1. I 2. L 3. I 4. I 5. L 6. L 7. I

   Un mundo sin límites Práctica 1: 1. F 2. C 3. C 4. C 5. F 6. C 7. F 8. C **Práctica 2:**
1. el Año Nuevo 2. los fuegos artificiales 3. brindar 4. Carnaval 5. el arte 6. las pinturas

CAPÍTULO 12

Tema I

Vocabulario en acción Práctica 1: 1. la cabeza 2. el ojo 3. la nariz 4. la oreja 5. la boca
6. el cuello 7. el hombro 8. el pecho 9. el brazo 10. la mano 11. el dedo 12. el estómago
13. la pierna 14. la rodilla 15. el pie **Práctica 2:** 1. los pulmones 2. la boca; los dientes
3. las piernas; los pies 4. el cerebro 5. las manos; los dedos 6. los ojos 7. los brazos
Práctica 3: 1. c 2. e 3. a 4. g 5. b 6. h 7. d 8. f

   Gramática 12.1 Práctica 1: 1. I 2. S 3. S 4. I 5. S 6. S 7. S 8. S **Práctica 2:** 1. esté
2. quiera 3. digas 4. confíes 5. vas 6. sigan 7. lleves 8. llego 9. invites 10. tenga
11. pases 12. te sientas 13. respondas 14. sean

   Gramática 12.2 Práctica 1: 1. ganen 2. tienen 3. trabajan 4. duerman 5. pueden 6. estén
7. sea 8. aprenda 9. se diviertan 10. sean **Práctica 3:** 1. No creo que sea una buena noche
para salir. 2. No dudo que hay mucha gente en la sala de espera. 3. No es cierto que los médicos
escriban muy claramente. 4. Es verdad que cuesta mucho dinero. 5. No es probable que mi amigo
esté esperando varias horas para hablar con los enfermeros. 6. No niego que yo estoy enferma
ahora. 7. Dudo que quieras sentirte mejor pronto. 8. No estoy seguro de que nos divirtamos
observando la gente en la sala de espera. **Práctica 4:** 1. debemos 2. empecemos 3. necesitemos
4. conocen 5. son 6. van 7. trabajemos 8. discutas 9. tienes 10. te calles 11. va

Síntesis y repaso   Práctica 1:   1. b   2. e   3. d   4. a   5. c   **Práctica 2:**   1. dolor muscular, fiebre alta y dolor de cabeza   2. tiene un resfriado muy grande   3. tenga un resfriado   4. tenga gripe   5. se quede en casa unos días para descansar   6. visite a su médica; ella puede recetar medicinas adecuadas   7. se va a poner mejor   **Práctica 3:**   1. tome jarabe / se tome la temperatura   2. beba agua / no beba alcohol   3. tome aspirinas / descanse   **Práctica 4, PASO 1,** *Possible answers:*   1. Por el clima benigno y porque existen servicios sanitarios de alta calidad. 2. En algunas zonas de Argentina porque el clima es tropical.   3. Es cara y se recomienda que el turista compre un seguro de viaje.   4. Están bien equipadas con medicinas importadas de Europa y los Estados Unidos y muchas de las medicinas se venden sin receta médica. Le suguieren a los viajeros que no lleven medicamentos en su equipaje.

Pronunciación   Práctica 3:   1. ¿Cómo te llamas?   2. El valle es grande.   3. Me gusta el yogur. 4. Quiero que vayas.   5. La pastilla es amarilla.   6. Yo ya llamé a Yolanda.

Tema II

Vocabulario en acción   Práctica 1:   1. g   2. a   3. e   4. f   5. c   6. h   **Práctica 2:**   1. c   2. e   3. a 4. g   5. b   6. h   7. d   8. f

Gramática 12.3   Práctica 1:   1. interesa   2. preocupan   3. molesta   4. importa   5. fascina **Práctica 2:**   1. me   2. les   3. les   4. les   5. te   **Práctica 3:**   1. a.   2. c   3. e   4. d   5. b

Síntesis y repaso   Práctica 1:   1. P   2. L, J, and R   3. R   4. J   5. L   6. P   **Práctica 2:**   1. F 2. C   3. F   4. C   5. F   **Práctica 3:**   1. (No) Me importa / llevar   2. (No) Me preocupa / beba 3. Es / estés   4. (No) Me molesta / sean   5. Me fascina, No me gusta / hacer   6. Me encanta / asistas   7. No creo / sea   8. Me sorprende / coman   **Práctica 4, PASO 1:** *Possible answers*   1. Por las posibles repercusiones legales y, en el caso de drogas intravenosas, la exposición a VIH y SIDA. 2. La drogadicción es una enfermedad.   3. Un programa con cuatro iniciativas: apoyo, investigación, prevención y entrenamiento.   4. Porque ideas como el cambio de aguja son para muchos difíciles de aceptar.   5. La drogadicción puede afectar a todos: hombre o mujer, joven o viejo, rico o pobre.

Un mundo sin límites   Práctica 1:   1. F   2. C   3. C   4. C   5. C   6. F   7. C   **Práctica 2:**   1. las piernas / le duelen   2. dañar   3. la rodilla   4. estrés   5. recuperarse

CAPÍTULO 13

Tema I

Vocabulario en acción   Práctica 1:   1. h   2. a   3. e   4. d   5. g   6. b   7. i   8. c   9. j   10. f **Práctica 2:**   1. El entrenador   2. La abogada   3. El veterinario   4. El banquero   5. El médico   6. La cocinera   7. La pintora   8. El programador   9. La farmacéutica   10. La traductora

Gramática 13.1   Práctica 3:   1. me graduaré   2. tomaré   3. iremos   4. haremos   5. subiremos 6. llevaremos   7. nos alojaremos   8. pediré   9. dirá   10. estará   11. llorará   12. daré   13. abrazará 14. nos besaremos   15. contará   16. será   **Práctica 4:**   1. se graduará   2. hará   3. iré   4. seguiré 5. podré   6. querré   7. saldré   8. diré   9. querrá   10. podré   11. Tendré   12. sabré   **Práctica 5:** 1. será   2. vendrá   3. tendrá   4. habrá   5. será   6. llevará   7. Habrá   8. estará   9. contestará 10. Estará

Gramática 13.2   Práctica 1:   1. antes de que   2. cuando   3. Después de que   4. En cuanto 5. hasta que   **Práctica 2:**   1. S   2. I   3. S   4. I   5. S   6. I   7. S   8. I   9. S   **Práctica 3:**   1. se enferma   2. vaya   3. se resfría   4. dejó   5. se mejore   6. salga   7. visite   8. esté

Síntesis y repaso   Práctica 1:   1. C   2. F   3. C   4. C   5. C   6. F   **Práctica 2:**   1. C   2. C   3. F: Es electricista.   4. C   5. C   6. F: Habla español y chino.   7. F: Trabaja para una compañía de negocios internacionales.   8. C   **Práctica 3:**   1. a   2. b   3. c   4. a   **Práctica 4, PASO 1:**   1. C   2. F 3. F   4. C   5. C

Pronunciación   Práctica 3:   1. Tengo éxito en mi curso de historia mexicana.   2. A Ana le encanta el boxeo.   3. Cenamos en los restaurantes extravagantes.   4. Pasé el verano en el extranjero.

Tema II

Vocabulario en acción   Práctica 1:   1. maneja   2. supervisa   3. solicita   4. archiva   5. entrevista
6. anota   **Práctica 2:**   1. b   2. c   3. c   4. a   5. b   6. a   7. c   8. b
       Gramática 13.3   Práctica 2:   1. pueda   2. tenga   3. sea   4. sepan   5. tengan   6. disfrute
7. guste   8. sepa   9. esté   10. cuide   **Práctica 4:**   1. sea   2. es   3. dan   4. haga   5. tenga   6. tengo
7. trata   8. trate   9. quiere   10. quiera   11. trabaje   12. trabaje
       Síntesis y repaso   Práctica 1:   1. C   2. F   3. C   4. F   5. F   **Práctica 2:**   1. d   2. f   3. b   4. c
5. e   6. a   **Práctica 3:**   1. tenga carisma   2. incluya un paquete   3. sepa hacer copias   4. sea fuerte
5. sean organizados   **Práctica 4, PASO 1:**   1. desde las 8:00 hasta las 3:00   2. a las 6:30   3. jornada
completa   4. salario fijo con comisiones   5. en Santiago   6. *Possible answers:* tenga experiencia de al
menos un año en ventas, preferiblemente del sector de computación y tecnología; sea tenaz y motivado
en alcanzar sus metas; tenga ambición económica y profesional; sea bilingüe; tenga título en ventas y/o
computación
       Un mundo sin límites   Práctica 1:   1. C   2. C   3. C   4. C   5. F   6. C   7. F   8. C
Práctica 2:   1. llenar la solicitud   2. vacaciones pagadas   3. El horario de trabajo   4. Los sueldos
5. puestos

CAPÍTULO 14

Tema I

Vocabulario en acción   Práctica 1:   1. hielo, glaciares   2. arena, gaviotas   3. agua, olas   4. caballos,
vacas   5. quetzales, animales salvajes   **Práctica 2:**   1. la ballena, la foca, el delfín, el tiburón,
el pingüino   2. el mono, el oso, el puma, el tigre, la serpiente, la rana   3. el águila, la serpiente,
el oso, el puma
       Gramática 14.1   Práctica 1:   1. e   2. b   3. f   4. d   5. c   6. g   7. a   **Práctica 2:**   1. preste
2. se quede   3. autoricen   4. se enfermen   5. haya   6. siga   7. usemos   8. dejemos
9. haya   10. utilicen
       Síntesis y repaso   Práctica 1:   1. la selva amazónica, África   2. arañas   3. África   4. elefantes, leo-
nes   5. ambientes naturales   **Práctica 2:**   1. vaya, selva   2. haga, zona ártica   3. bosque tropical,
pueda   4. descubran, hábitat   5. camine, río   6. vaya, lago   **Práctica 3:**   1. F   2. C   3. C   4. C   5. F
Práctica 4, PASO 1:   1. C   2. F   3. C   4. C   5. F   6. C   **PASO 2:**   1. Porque se las comen y mueren
por asfixia   2. carteras, bolsos, brazaletes y sandalias que venden en los mercados
       Pronunciación Práctica 1:   1. Dónde, tu   2. cuándo, mi   3. el, dé   4. Si, más   5. de
6. Él, dónde, tú   **Práctica 4:**   1. comerá   2. Juego   3. Trabajé   4. recicle   5. estará   6. beba
7. visité   8. Bebí   9. mejorará   10. será

Tema II

Vocabulario en acción   Práctica 1:   1. e   2. d   3. a   4. f   5. b   6. c   **Práctica 2:**   1. C   2. C
3. F   4. C   5. C   6. F   **Práctica 3:**   1. a   2. b   3. c   4. b   5. a   6. a   7. b   8. c
       Gramática 14.2   Práctica 1:   1. sea   2. proteja   3. hay   4. conserves   5. evitar   6. hagan
7. mejoremos   8. estés   9. me ducho   10. tenemos   11. van   12. tomes   **Práctica 2:**   1. tenga
2. se cierre   3. estaba   4. duren   5. reutilizar   6. tome   7. sean   8. está   9. esté   10. vive
11. buscar   12. está   13. eran   14. van   15. renovar   **Práctica 3:**   1. cuidemos   2. éramos
3. costaba   4. tenga   5. puedan   6. compren   7. contamine   8. vivan   9. construir   10. pueden
11. encuentre   12. esté   13. comprar   **Práctica 4:**   1. se especialice   2. haya   3. puedan   4. fue
5. hacer   6. tienen   7. tengo   8. decidió   9. veo   10. ayudar   11. esté   12. vivir   13. encuentre
14. prometa   15. encuentre   16. descubramos   17. vamos   18. haya   19. dé   20. quiera
21. se interesen   22. acabe
       Síntesis y repaso   Práctica 1:   *Possible answers:*   1. El problema es la contaminación del aire.
2. No maneja porque ya hay mucho tráfico.   3. Cierra el grifo y se ducha por corto tiempo.
4. Es importante para conservar los recursos naturales.   5. Trata de reutilizarlos.   **Práctica 2:**   1. usemos
la energía renovable   2. cerremos el grifo   3. reciclemos todo el papel   4. reutilicemos nuestras cosas
5. creemos reservas naturales   **Práctica 3:**   1. a. la contaminación del agua b. las focas; las gaviotas

2. a. el cambio climático b. los osos polares; los pingüinos   3. a. la deforestación b. los monos; los tigres
Práctica 4, PASO 1:   *Possible answers:*   1. Hacen sus investigaciones en la Antártida. Usan la perforación para estudiar el hielo de tiempos pasados.   2. ANDRILL es una colaboración multinacional compuesta de más de 200 científicos, estudiantes y profesores para investigar el clima.   3. Alemania, Italia, Nueva Zelanda, Gran Bretaña y los Estados Unidos   4. Quieren aprender más sobre los cambios del medio ambiente en los tiempos pasados y saber cómo eran los cambios glaciales en nuestro planeta.   5. En octubre de 2009 y en mayo de 2014 encontraron evidencia de un período de calor en la Antártida.
6. Significa que el clima de ese período incluía temperaturas de por lo menos 50 grados Fahrenheit.

Un mundo sin límites   Práctica 1:   1. C   2.   C   3. F   4. C   5. F   6. C   7. C   **Práctica 2:**
1. contaminación   **2.** una mariposa   **3.** volcanes   **4.** monos / ballenas   **5.** calentamiento global

CAPÍTULO 15

Tema I

Vocabulario en acción   Práctica 1:   1. F   2. C   3. F   4. C   5. F   6. C   **Práctica 2:**   1. los archivos
2. digitalizar   3. adjuntar   4. la conexión WiFi   5. estar informado   6. televisión de alta definición
   Gramática 15.1   Práctica 2:   1. nos presentaríamos   2. viajarían   3. compraría   4. se mudaría
5. tendrían   6. comerían   7. encontraría   8. buscarías   9. guardaría   10. harían   **Práctica 3:**   1. haría
2. sabrían   3. iría   4. tendría   5. dirían   6. saldría   7. resolvería   8. gustaría   9. podrían   10. Habría
11. tendríamos   12. querría   13. pondría   14. devolvería   15. vendría   **Práctica 5:**   1. guardaron, vendría   2. ocurrieron, estarían   3. prometió, daría   4. escondieron, sería   5. cumplieron, saldría
6. escribieron, podría   7. dijeron, perderían   8. ocurrió, pararía
   Síntesis y repaso   Práctica 1:   1. C   2. F   3. F   4. C   5. F   6. F   **Práctica 2:**   1. Candidato 1
2. Candidato 1   3. Candidato 2   4. Candidato 1   5. Candidato 2   6. Candidato 2   **Práctica 3:**
1. Nieva.   2. El hielo podría causar accidentes de coches.   3. Están en huelga por el sueldo.
4. Los ciudadanos podrán votar.   5. Es mala.   6. un asesinato   7. La gente no obedece las leyes.
8. Aparecerá uno de los testigos.   **Práctica 4, PASO 1:**   *Possible answers:*   1. *Answers will vary.*
2. Es un banco dedicado al desarrollo de los países latinoamericanos y caribeños.   3. Acabar con la diferencia en el campo científico y tecnológico entre Latinoamérica y otras naciones como los Estados Unidos, Canadá y los países europeos.   4. Pueden aumentar el número de publicaciones científicas, el número de empleados que trabajan en investigaciones y desarrollo y el número de patentes pedidos.   5. Chile es el líder en tecnología y ciencia, especialmente en el campo de tecnologías de información y comunicación.

Tema II

Vocabulario en acción   Práctica 1:   1. controlar los gastos   2. un préstamo estudiantil
3. la formación académica   4. respirar profundo   5. estrés   6. presión   **Práctica 2:**   1. relaciones personales   2. casarse   3. pareja   4. se enamoró   5. trabajo estable   6. pagar las cuentas
7. yoga   8. medita
   Gramática 15.2   Práctica 1:   1. dice, pregunto   2. tiene, gusta   3. se queja, recomiendo   4. puede, doy   5. explica, sugiero   6. da, grabo   7. quiere, quiero   8. es, tengo   **Práctica 2:**   1. llamaban, mostraba   2. estaban, abría   3. gustaba, hacían   4. se ponían, hablaba   5. se enojaban, olía
6. recibían, hacían   **Práctica 3:**   1. da, compraré   2. gano, invertiré   3. gano, pondré   4. prestan, pagaré   5. invierto, leeré   6. termino, tendré   **Práctica 4:**   1. d   2. h   3. c   4. e   5. b   6. f
7. a   8. g   **Práctica 5:**   1. tuviera   2. fueras   3. hiciera   4. fuéramos   5. hablaran   6. estuvieran
   Síntesis y repaso   Práctica 1:   *Possible answers:*   1. Lo leyó en una revista de sociedad.
2. Compraría una computadora y un coche.   3. Pagaría las tarjetas de crédito y la hipoteca.
4. Daría dinero a un grupo dedicado a la conservación de especies.   5. Se mudaría al campo porque el aire es puro.   **Práctica 2:**   1. c   2. a.   3. c   4. a   5. c   **Práctica 3:**   1. tomarían   2. habría
3. serían   4. enfermaría   5. perderías   **Práctica 4, PASO 1:**   *Possible answers:*   1. los empleados de la limpieza, los maestros, los empleados de transporte y las amas de casa   2. las secretarias, los camareros y los obreros de la construcción.   3. dolor de cabeza, espalda y nuca, tensiones musculares, visión borrosa, problemas digestivos, cansancio excesivo y dificultad en dormir   4. perder el apetito, consumir alcohol y drogas, tener malas relaciones con los compañeros, perder la motivación, deseos

de llorar constantemente, estar de mal humor y sentirse impotente de cambiar la situación
5. haciendo más ejercicio, tratar de relajarse, practicar la meditación, estirarse, respirar profundamente, mantener una dieta baja en carbohidratos y alta en fibras, conocerse a sí mismo y evitar situaciones que le causen estrés

Un mundo sin límites **Práctica 1:** 1. F   2. C   3. F   4. C   5. C   6. C   7. F   **Práctica 2:**
1. conexión   2. ahorrar dinero   3. controlar los gastos   4. presión   5. quitarse el estrés